丛书主编：汪泓

21世纪物流管理系列教材

物流系统规划与设计（第4版）
WULIU XITONG GUIHUA YU SHEJI

张丽　郝勇◎编著

清华大学出版社
北京

内 容 简 介

本书在物流系统规划基本原理的基础上,从规划、设计、分析等方面阐述了物流基本理论与方法。全书共分八章:物流系统及其规划设计、物流系统分析、物流系统节点规划设计、物流系统线路规划设计、物流系统网络规划设计、物流系统仿真、物流系统评价、物流系统决策。本书注重引用国内外物流系统规划与设计的理论架构和操作方法,结合我国物流系统规划与设计的发展现状,强调理论与实际相结合,注重可操作性及实用性,致力于帮助读者提高解决实际问题的能力,对物流专业人员的实际工作有一定的指导作用。

本书封面贴有清华大学出版社防伪标签,无标签者不得销售。
版权所有,侵权必究。举报: 010-62782989,beiqinquan@tup.tsinghua.edu.cn。

图书在版编目(CIP)数据

物流系统规划与设计/张丽,郝勇编著. —4版. —北京: 清华大学出版社,2024.3(2025.1重印)
21世纪物流管理系列教材
ISBN 978-7-302-65223-6

Ⅰ.①物… Ⅱ.①张… ②郝… Ⅲ.①物流－系统工程－高等学校－教材 Ⅳ.①F252

中国国家版本馆CIP数据核字(2024)第016314号

责任编辑: 梁云慈
封面设计: 汉风唐韵
责任校对: 宋玉莲
责任印制: 丛怀宇

出版发行: 清华大学出版社
    网　　址: https://www.tup.com.cn,https://www.wqxuetang.com
    地　　址: 北京清华大学学研大厦A座　　邮　编: 100084
    社 总 机: 010-83470000　　邮　购: 010-62786544
    投稿与读者服务: 010-62776969,c-service@tup.tsinghua.edu.cn
    质量反馈: 010-62772015,zhiliang@tup.tsinghua.edu.cn
印 装 者: 三河市东方印刷有限公司
经　　销: 全国新华书店
开　　本: 185mm×260mm　　印　张: 16.5　　字　数: 371千字
版　　次: 2008年10月1日第1版　　2024年3月第4版　　印　次: 2025年1月第2次印刷
定　　价: 49.00元

产品编号: 098011-01

"上海高等学校本科教育高地建设"项目

21世纪物流管理系列教材

编委会名单

主 编:汪 泓

副主编:郝建平 陈心德 史健勇

委 员:(以下按姓氏笔画排列)

王裕明 汤世强 孙 瑛 李正龙

吴 忠 陈雅萍 郝 勇 贾慈力

徐宝纲 鲁嘉华 谢春讯 魏 建

总　　序

随着经济全球化进程的日益加速和科学技术的迅猛发展,物流的效率对经济运行的质量和效益的影响日益凸显,物流管理这个"第三利润源泉"正在中国改革的热土上喷涌而出,现代物流已成为国民经济中一个新兴产业并正在迅速发展。

现代物流是指原材料、产成品从起点至终点及相关信息有效流动的全过程,它将包装、运输、仓储、装卸、流通加工、配送、物流信息等方面有机结合,形成完整的供应链,为用户提供多功能、一体化的综合性服务。物流活动的总体目标是实现高顾客满意度或者可感知的产品价值。"物流"这一概念在20世纪50年代开始形成。物流一词起源于美国,当时被称作"physical distribution"(PD),意为"实物分配"或"货物配送",现在,物流通常被称为"logistics"。物流一词从"physical distribution"发展到"logistics",是现代物流的一个重要变革,它意味着现代物流已将物流活动从被动、从属的职能系统提升到整体的管理和运行,也就是说物流本身的概念已经从对活动的概述和总结上升到管理学的层次。

在20世纪60年代,当西方管理科学的重心开始从生产领域转到非生产领域时,管理大师彼得·德鲁克(Peter Drucker)把物流管理称为经济增长的"黑暗大陆",是"降低成本的最后边界",是降低资源消耗、提高劳动生产率之后的"第三利润源泉"。

所谓物流管理(logistics management)就是指为了以最低的物流成本达到用户所满意的服务水平,对物流活动进行的计划、组织、协调与控制。现代物流管理已成为当今企业获得竞争优势的必要手段之一。因为:现代物流管理可以促进企业的专业分工,降低交易成本,提高企业效益;现代物流管理可以优化供应链的价值创造过程,提高企业核心竞争力;现代物流管理可以使企业真正围绕顾客的需求为顾客提供"理想的"服务。

我国从20世纪80年代初开始系统引进现代物流理论。随着我国改革开放的进一步深化,特别是我国加入世界贸易组织以后,我国的物流业得到了快速发展,政府和企业都认识到发展现代物流对优化资源配置、促进经济结构调整的重大作用和意义。现代物流作为推动经济发展的新的利润源泉和竞争资源,其所蕴藏的巨大潜力得到了政府、企业和学术研究领域越来越多的重视。物流业已成为我国经济中发展最快、最具活力的一个行业。物流管理也成为当前学术研究、企业实践的热点和高校的热门专业。

但是,我国物流业在快速发展的过程中,还存在许多问题。目前,我国传统的物流活动在管理理念、组织方式、业务流程等方面已不能适应现代物流业发展的要求,我国的物流教育与现代物流发展的需求仍有较大距离。现代物流综合性人才、企业所需的物流管理人才严重匮乏,成为制约物流业发展的"瓶颈"。因此,加速启动现代物流业的人才教育工程,加快、加紧培养适合物流行业发展需要的专门人才,已成为我国 21 世纪物流业大发展中提高物流管理水平的当务之急和提高企业经济效益的一个决定性因素。

上海工程技术大学在物流管理学科和专业建设中,秉承服务国家和地区经济建设的宗旨,坚持教学与研究相结合,理论与实践相结合,在我校多年物流管理的专业建设中,尤其是通过近三年的"上海高等学校本科教育高地"物流管理的项目建设,已取得了一系列的教学与研究成果。该"21 世纪物流管理系列教材"也可以说是"上海工程技术大学物流管理"本科教育高地建设项目的一个成果缩影。

为满足对现代物流人才培养的需要,上海工程技术大学从事物流管理教学和研究的骨干教师在认真总结物流管理专业教学的基础上,精心编写了现代物流管理系列教材,现交由清华大学出版社付梓。

本次出版的"21 世纪物流管理系列教材"包括:《供应链管理》《第三方物流》《物流系统规划与设计》《物流信息技术》《集装箱运输与国际多式联运管理》《国际货物运输实务与案例》《机场运营管理》和《航空货运代理实务》。该系列教材既可作为高等学校物流相关专业的本专科学生的教材,也可作为物流管理从业人员的参考书籍。

该系列教材以理论与实践相结合作为编写的理念和原则,并具有基础性、系统性、应用性等特点。

1. 重视理论知识的基础性

该系列教材在充分借鉴国外先进物流知识和紧密结合我国物流实际的基础上,对有关现代物流管理的相关基本概念、基本知识和基本技能都做了详细的阐述。该系列教材既包含物流管理的基本理论,也包含物流管理现代化手段和方法等基础内容。因此,该系列教材能很好地满足物流管理专业的教学目标和要求。

2. 注重知识结构的系统性

该系列教材由四个层次模块的八本教材组成,四个层次的各模块既有各自的核心知识内容,各模块间的层次又紧密联系,形成了知识结构系统性的特点。

① 物流管理的基础理论模块,如《供应链管理》《第三方物流》;

② 物流管理的方法技术模块,如《物流系统规划与设计》《物流信息技术》;

③ 物流管理的应用模块,如《集装箱运输与国际多式联运管理》《国际货物运输实务与案例》;

④ 物流管理的特色模块,如《机场运营管理》《航空货运代理实务》。

3. 体现知识内容的应用性

该系列教材强调理论联系实际,充分结合我国物流发展的实践和我国物流企业的实际,注重理论的实际运用。在教材编写过程中,还结合上海工程技术大学多年产学合作的办学经验和与物流企业的合作基础,强调物流企业的操作实践。教材案例编排的逻辑关系清晰,应用广泛,针对性强,实用价值较高。该系列教材在注重理论与实务相结合的同时,也十分注意定性研究和定量分析的紧密结合,从而提高了可操作性。

本系列教材在编写过程中参阅了大量的中外文参考书和文献资料,也参考了目前物流企业相关的内部材料,并且吸收和借鉴了当前物流书籍的优点,在此对国内外有关作者和企业一并表示衷心的感谢。

受编者水平和时间所限,书中难免有错误和遗漏之处,敬请读者提出宝贵意见,不足之处还请同行不吝赐教。

汪 泓

2008 年 6 月

于上海工程技术大学

第4版前言

2008年10月《物流系统规划与设计》首次由清华大学出版社出版发行。在我国物流行业快速发展的背景下,物流专业的理论教学和人才培养等都面临全新的挑战,本教材内容的及时更新非常必要。基于此,针对学科新发展和行业新动态,编者根据教学积累和科研实践,分别于2013年和2018年进行了第2版、第3版的修订。得益于出版社的大力支持,以及策划编辑老师的专业精神和高度负责的态度,本教材又一次修订出版。

编者以立德树人为核心,以行业发展为指导,在本教材第4版修订中主要做了如下方面的工作:

(1) 订正了上一版中存在的一些纰漏,再次梳理了教材结构,对部分章节内容进行了调整。

(2) 丰富学习资料,增加了即测即练题库,提供了课后习题答案,便于学生检验学习效果。

(3) 提供了配套课件,教学大纲和模拟试卷,可供教师进行教学设计时参考。

(4) 提炼了思政元素,列举了课程思政融入点,强化了课程育人的导向。

该书自发行以来在专业领域反响良好,曾于2015年荣获上海市教育委员会颁发的上海市普通高校优秀教材奖,先后被国内五十余所大学选用作为相关专业课程的教材,发行量逐步扩大。感谢广大专业人士和使用者的厚爱,给予了本教材更长久的生命力。由于编者水平有限,书中若有不足之处,恳请专家及读者批评指正,以继续丰富完善本教材。

编著者

前　言

物流系统涵盖工农业生产、人民生活与消费等社会经济的各个领域,物流系统运作的过程包含交通运输、仓储配送、库存管理、生产控制等诸多环节,涉及物流、人流、资金等多个方面及水路运输、航空运输、铁路运输、公路运输等多种交通运输方式,组成物流系统的要素种类宽泛、数量庞大,其中各个节点之间的联系呈网状结构。因此,要提高物流系统运营的效率和效益,构建或改造物流系统时所运用的规划和设计方法就显得尤为重要。

目前,国内关于物流系统规划与设计的教材,内容多为统计学、运筹学、系统工程等学科的方法在物流系统中的应用,没有形成独立的理论体系,没有形成稳定的学术流派,多数教材或者论著的层次结构和内容编排稍显混乱,另有部分院校仅利用教案和讲义进行课程教学,客观上造成教学过程中出现诸多障碍,无法满足物流专业及相关专业的教学要求和学科发展需要。因此,迫切需要有侧重于规划和设计、侧重于方法和应用的论著,以供物流专业的学生及不同层次的物流行业人员学习、研究和使用。

《物流系统规划与设计》是物流管理等专业的主干课程教材,它从物流系统的规划、设计、分析等方面,对物流系统战略规划、物流系统节点规划设计、物流系统线路规划设计、物流系统网络规划设计、物流系统的分析与仿真、物流系统规划设计的综合评价、物流系统决策等内容涉及的理论与实务进行阐述,侧重于规划、分析、设计的方法和技术的综合应用,注重理论与实务相结合、定量方法与计算机技术相结合,注重可操作性及实用性,配备有丰富的案例,致力于帮助读者提高解决实际问题的能力,以期提高物流系统规划与设计方法的应用效率,增强其运用效果。

本书由上海工程技术大学组织编写。本书第1、2、3、4、5、8章由张丽编写,第6、7章由郝勇编写,全书由张丽修改统稿。书中所编选的案例,来自于公开出版的书籍和期刊,以及部分学生的科研论文,在此对有关著者表达诚挚的谢意。由于作者的水平有限,书中的错漏之处在所难免,敬请读者和同人批评指正。

编著者

2008年5月

目 录

第1章 物流系统及其规划设计 …………………………………………………… 1
1.1 物流系统的概念、特征和模式 ………………………………………………… 1
1.2 物流系统的要素及集成 ………………………………………………………… 8
1.3 物流系统的规划与设计 ………………………………………………………… 15
1.4 物流系统规划设计的内容与阶段 ……………………………………………… 19
本章小结 ……………………………………………………………………………… 25
复习与思考 …………………………………………………………………………… 26
案例 低温配送中心的规划与设计 ………………………………………………… 27
即测即练 ……………………………………………………………………………… 30

第2章 物流系统分析 ……………………………………………………………… 31
2.1 物流系统分析的本质和原则 …………………………………………………… 31
2.2 物流系统的环境分析与问题识别 ……………………………………………… 33
2.3 物流系统的目标分析 …………………………………………………………… 37
2.4 物流系统的结构分析 …………………………………………………………… 44
本章小结 ……………………………………………………………………………… 48
复习与思考 …………………………………………………………………………… 49
案例 影响物流企业联盟伙伴组合的因素分析 …………………………………… 50
即测即练 ……………………………………………………………………………… 56

第3章 物流系统节点规划设计 …………………………………………………… 57
3.1 物流节点的类型和功能 ………………………………………………………… 57
3.2 物流节点的选址规划 …………………………………………………………… 64
3.3 物流节点布局规划 ……………………………………………………………… 73
3.4 配送中心规划设计 ……………………………………………………………… 77
3.5 物流中心规划设计 ……………………………………………………………… 82
本章小结 ……………………………………………………………………………… 90
复习与思考 …………………………………………………………………………… 91
案例 大连现代物流节点的空间布局规划 ………………………………………… 91
即测即练 ……………………………………………………………………………… 96

第 4 章 物流系统线路规划设计 …… 97

- 4.1 物流系统线路概述 …… 97
- 4.2 物流线路的运输方式 …… 101
- 4.3 物流系统线路的选择 …… 108
- 4.4 物流系统线路规划设计 …… 114
- 本章小结 …… 117
- 复习与思考 …… 117
- 案例 中国与中东地区物流线路规划 …… 118
- 即测即练 …… 122

第 5 章 物流系统网络规划设计 …… 123

- 5.1 物流系统网络概述 …… 123
- 5.2 物流系统网络的结构类型 …… 126
- 5.3 物流系统网络的规划设计 …… 127
- 5.4 物流系统网络的组织设计 …… 131
- 5.5 区域物流系统规划 …… 137
- 本章小结 …… 145
- 复习与思考 …… 146
- 案例 废旧电器回收利用物流网络规划模式分析 …… 146
- 即测即练 …… 151

第 6 章 物流系统仿真 …… 152

- 6.1 物流系统仿真概述 …… 152
- 6.2 蒙特卡罗仿真 …… 158
- 6.3 系统动力学仿真 …… 162
- 6.4 物流系统仿真案例 …… 169
- 本章小结 …… 179
- 复习与思考 …… 179
- 即测即练 …… 180

第 7 章 物流系统评价 …… 181

- 7.1 物流系统评价概述 …… 181
- 7.2 物流系统评价的指标体系 …… 183
- 7.3 多指标综合评价方法 …… 184
- 7.4 物流系统规划设计评价案例 …… 194
- 本章小结 …… 217
- 复习与思考 …… 219

即测即练 ··· 219

第8章　物流系统决策 ··· 220

　8.1　物流系统决策概述 ··· 220
　8.2　非确定型物流系统决策 ·· 231
　8.3　风险型物流系统决策 ·· 234
　本章小结 ··· 240
　复习与思考 ··· 240
　案例　中石化物流供应链管理决策支持项目 ··· 241
　即测即练 ··· 242

参考文献 ··· 243

第1章 物流系统及其规划设计

本章关键词

系统(system)　　　　　　　　　　　要素集成(element integration)
物流系统(logistics system)　　　　　物流系统规划(logistics system planning)
物流系统特征(logistics system feature)　物流系统设计(logistics system design)
物流系统要素(element of logistics system)

物流行业网站

交通运输部 https://www.mot.gov.cn/
中国物流学会 http://csl.chinawuliu.com.cn/
中国物流与采购联合会 http://www.chinawuliu.com.cn/
罗戈网 https://www.logclub.com/
南开物流网 https://logistics.nankai.edu.cn/

> 物流是一个系统,物流系统具有一般系统的基本特征。物流系统往往比较复杂,经常由许多环节组成,如果没有共同的规划可以遵循制约,各个环节独立去发展,就可能产生"效益背反"、低水平重复建设等诸多问题。物流系统规划与设计既是宏观问题又是微观问题。区域物流系统的规划与设计有助于我国物流业跃过低水平的发展阶段,实现跨越式的发展;企业物流系统的规划与设计有助于增强企业的赢利能力,提高企业竞争力。

1.1 物流系统的概念、特征和模式

1.1.1 物流系统的基本概念

系统在我们的日常生活中无处不在。在自然界和人类社会中,可以说任何事物都是以系统的形式存在的。大到宇宙、银河系、太阳系、地球、工业系统、农业系统、计算机系统等,小到肉眼无法观察的微生物环境,每个所要研究的对象都可以被看成是一个系统。人们在认识客观事物或改造客观世界的过程中,用综合分析的思维方法看待事物,根据事物内在的、本质的、必然的联系,从全局的角度进行研究与分析,这类事物就被看成一个系统。

系统的思想来源于人类长期的社会实践。人类很早就有了系统思想的萌芽,主要表现在对整体、组织、结构、等级、层次等概念的认识。可以说,自人类有生产以来,无处不在同自然系统打交道,也无时不在依据自己的生存需要而建立一些人为的系统,以增强人与自然相适应的程度。人们不仅用自发的系统观点考察自然现象,并且还基于这些概念去改造自然。人们从统一的物质本原出发,把自然界当作一个统一体,就是说,人类在社会实践中已经自觉和不自觉地在使用系统的思想改造自然、促进社会发展了。

1. 系统的定义与分类

(1) 系统的定义。"系统"一词来自拉丁语 Systema,有"群"和"集合"的含义。20世纪40年代以来,在国际上"系统"作为一个研究对象被广泛关注。近年来,虽然国内外学者对系统科学展开了深入而广泛的研究,但由于研究的历史不长,以及现实系统的复杂性和不确定性,目前国内外学者对系统的定义还没有统一的说法,下面仅列举其中几个具有代表性的定义。

① 在《韦氏大词典》中,"系统"一词被解释为:有组织的和被组织化了的整体;结合着整体所形成的各种概念和原理的综合;由有规则、相互作用、相互依赖的诸要素形成的集合等。

② 奥地利生物学家、一般系统论的创始人贝塔朗菲把系统定义为:相互作用的诸要素的综合体。

③ 日本工业标准《运筹学术语》中对系统的定义是:许多组成要素保持有机的秩序向同一目标行动的体系。

④ 我国著名科学家、系统工程的倡导者钱学森认为:系统是由相互作用和相互依赖的若干组成部分结合的具有特定功能的有机整体,而且这个系统本身又是它所从属的一个更大系统的组成部分。

上述几种不同的定义中,本质上有两点是相同的:系统是一个整体,其中包含相互关联的诸多要素。如果我们用一种笼统的、思辨的语言来表述系统概念,则系统即是指把考察的事物或对象看成是由相互联系、相互依赖、相互制约、相互作用的事物与过程形成的整体;系统各组成部分的运动规律是由各部分建立的整体的特性所决定,整体性质又是各组成部分相互关系总和的统一性结果。

(2) 系统的分类。按照不同的标准,可以将系统分成多种类别,见表1.1。

表 1.1 系统的分类

分类标准	系统类型
按照事物的自然起源	自然系统和人工系统
按照系统的物质属性	实体系统和概念系统
按照状态变量的性质	动态系统和静态系统
依据系统和环境的关系	开放系统和封闭系统
按照对系统的认识程度	黑色系统、白色系统和灰色系统
按照系统内子系统的关系	简单系统和复杂系统

① 自然系统和人工系统。自然系统是自然物在自然过程中产生的。原始的系统都是自然系统,如天体、海洋、生态系统等。自然系统是一个复杂的均衡系统,如季节的周而复始、气候系统的混沌动力学特性、食物链系统、水循环系统等。

人造系统是人们将有关元素按属性和关系组合而成的,而且人造系统都是存在于自然系统之中,如海洋船只、机械设备、社会经济系统、科学技术系统、各种工程系统等。

人造系统和自然系统之间存在着一定的界面,两者相互影响、相互渗透。多数系统都是自然系统和人造系统相结合的复合系统,如社会系统,看起来是一个人造系统,但是它的发展是不以人的意志为转移的,并有其内在的规律性。

② 实体系统和概念系统。实体系统是指以生物和非生物等实体为构成要素所组成的系统,如计算机系统、通信网络系统、机械设备系统等。

概念系统是指由人的思维创造,以概念、原理、原则、方法、制度、规定、程序、政策等非物质实体为构成要素所组成的系统,如管理系统、社会系统、法律系统、教育系统、国民经济系统等。

在实际生活中,实体系统和概念系统往往是结合起来的。实体系统是概念系统的物质基础,而概念系统是实体系统的中枢神经,为实体系统提供指导和服务,两者是不可分的。例如,管理信息系统中的计算机及其外部设备是实体系统,而运行的管理软件、数据库、应用程序就属于概念系统。

③ 动态系统和静态系统。静态系统的运行规律中不含时间因素。现实生活中的实体网络系统、建筑结构系统、城市规划布局系统都是静态系统。静态系统和实体系统是相对应的。实际应用中,物理学中考虑的平衡系统可以看成静态系统。

动态系统的系统状态变量、内部结构都是随时间变化的,一般都有人的行为因素在内,如生命系统、服务系统、生产系统、社会系统等。动态系统需要以静态系统为基础,需要有概念系统的配合。

事实上,静态系统是动态系统的极限稳定状态或简化假设状态。

④ 开放系统和封闭系统。封闭系统是指系统与环境相互隔绝而孤立,系统与环境之间没有物质、能量和信息的交换,呈封闭状态。封闭系统的存在,首先是该系统内部组成部分及其相互关系存在平衡关系,这种平衡关系的意义是和不同系统的层次、系统的内容及人们观察的侧重点相关的。

开放系统是指系统与环境有物质、能量、信息的交换,如生产系统、商业系统等。这些系统通过系统组成部分的不断调整,来适应周围环境的变化,以使其在某个阶段保持稳定的状态。开放系统往往具有自适应特性。

实际生活中的绝大多数系统都是开放系统。封闭系统的划分是相对的,封闭系统是开放系统的近似和简化,是系统边界的相对明确。

⑤ 黑色系统、白色系统和灰色系统。黑色系统是指只明确系统与环境关系,但是对于系统内部的结构、层次关系、组成元素和实现机理却一无所知。

白色系统是指一切都很明朗化,既明确系统与环境之间相互作用的关系,也明确系统内部结构、元素和系统特性。

黑色系统和白色系统的划分是相对的。例如,对于同一个管理信息系统,从用户角度分析,是属于黑色系统。用户只需要了解如何使用该系统,通过界面完成特定的操作即可,而不需要知道系统是怎样设计、运行的。但对于该系统的开发人员来说,他们对系统的运行过程非常了解,因此,从开发人员的角度看,它又是一个白色系统。

灰色系统是指部分明确系统与环境关系、系统结构和实现过程。在现实世界中,灰色系统是存在形式最多的一种,我们所面临和研究的大部分对象都是灰色系统。

⑥ 简单系统和复杂系统。简单系统是指组成系统的子系统数量较少,或者尽管子系统数量多或巨大,但它们之间的关联关系相对比较简单。简单系统也可划分为简单小系统、简单大系统和简单巨系统。对于某些非生命系统,如一台机械设备,可视为小系统,这一类系统用传统的数学、物理学、化学等知识可以很好地描述。一个仅考虑产品生产的普通工厂,可视为一个大系统,可以用控制论、信息论和运筹学的部分内容加以研究。研究这些简单系统可以将各子系统之间的相互作用直接综合为系统整体的功能。

复杂系统的系统结构复杂,系统的层次也相对较多,要素之间的关系复杂,关系种类多,最终形成具有多目标的多个方案,并且会涉及很多技术种类。复杂系统大多数具有不确定性。例如人体系统、地理系统、气象系统都是复杂系统。

2. 物流系统的定义与分类

(1) 物流系统的定义。物流是一个系统,因为它具有一般系统的特征。物流系统是指在一定的空间和时间里,物流活动所需的机械、设备、工具、节点、线路等物质资料要素相互联系、相互制约的有机整体。它是由物流各要素组成的,要素之间存在有机联系并具有使物流总体合理化功能的综合体。物流系统是社会经济大系统的一个子系统或组成部分。

(2) 物流系统的分类。物流系统可以从不同角度进行分类。按照物流功能或物流活动的范围和业务性质分是较为常见的两种方法。

① 按照物流功能的不同,物流系统可以分为如下不同的子系统,如图1.1所示。

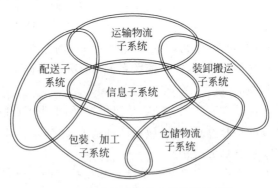

图 1.1 按照物流功能分类的物流系统

- 运输物流子系统。运输物流子系统是指承担着商品位移功能的系统,通过空间变换帮助商品完成市场价值交换并实现商品增值,完成商品由生产者向消费者转移的传递过程。
- 仓储物流子系统。仓储物流子系统是承担商品储存、保管职能,通过时间变换帮助商品实现其价值甚至实现价值增值的物流系统。
- 装卸搬运子系统。装卸搬运子系统是在物流节点上承担着货物装卸搬运职能的物流系统。装卸搬运子系统的装备水平和工作效率影响着企业的市场竞争力和经济效益。
- 包装、加工子系统。包装、加工子系统已被称为现代物流系统的重要组成部分。在物流领域对商品进行必要的加工和包装能够提高消费者满意度和对商品的认同感,从而提高市场占有率。
- 配送子系统。配送子系统从客户的需求出发,依托现代信息技术,把选货、配货和送货结合起来,通过迅速、准确、周到的服务提高客户满意度并实现业务增值。
- 信息子系统。信息子系统是整个物流系统的神经中枢和指挥中心,是提高整个物流系统运行效率的基础条件,也是各子系统之间衔接和配合的桥梁和纽带,是整合全社会物流资源的关键所在。

② 按照物流活动的范围和业务性质,物流系统分为五种类型:
- 生产物流系统。生产物流是从原材料的采购、运输、储存、车间送料、装卸,半成品的流转、分类拣选、包装,成品入库,一直到销售过程的物流。
- 供应物流系统。供应物流是物资(这里主要指生产资料)的生产者或持有者,经过物资采购、运输、储存、加工、分类或包装、装卸搬运、配送,直到用户收到物资的物流过程。
- 销售物流系统。销售物流是指生产工厂或商业批发、物流企业和零售商店,从商品采购、运输、储存、装卸搬运、加工或包装、拣选、配送、销售,到客户收到商品过程的物流。
- 回收物流系统。回收物流是伴随货物运输或搬运中的包装容器、装卸工具及其他可用的旧杂物等,通过回收、分类、再加工到使用过程的物流。
- 废弃物流系统。废弃物流是对伴随某些厂矿产品共生的副产品(如钢渣、煤矸石等)及消费中产生的废弃物(如垃圾)等进行收集、分类、处理的物流。

1.1.2 物流系统的特征

1. 系统的基本特性

因为各种系统的结构不同,所以各种系统的功能也是不大相同的。但是,可以根据各种不同系统本质的、共同的功能特性,概括出一般性的、概念性的系统特性。

(1) 整体性。系统的整体性可以表述为系统不是各个要素的简单集合,系统要素及其相互联系是根据逻辑统一性而协调存在,是以服从系统整体功能为目的的。系统整体中的各个要素即使不都完美,也可协调综合成为有良好功能的系统。

在系统实际运行中,整体性表现为两种情况:整体小于各组成元素之和;整体大于各组成元素之和,多数情况属于这种。

(2) 层次性。系统作为一个相互作用的诸多要素的总体,它可以分解为一系列的子系统,并存在一定的层次结构,这是系统结构的一种形式。在系统层次结构中表述了在不同层次子系统之间的隶属关系或相互作用的关系,在不同的层次结构中存在着不同的运动形式,构成了系统的整体运动特性。

(3) 相关性。整体性确定系统的组成要素,相关性则是表明这些要素并不是孤立工作的,它们之间存在着确定性的关系。系统的要素相互联系,它们之间相互作用、相互制约,有着特定关系和演变规律。它们之间的某一要素发生变化,另一些要素就会做相应的调整,只有追求整体目标而不是单一目标,才能提高系统的整体运行效果,保证系统的整体仍然处在最佳状态。

(4) 目的性。"目的"是指人们在行动中所要达到的结果和意愿。系统的目的是人们根据实践的需要而确定的。系统的目的与功能相统一,是区别不同系统的标志。

由于较大的系统往往具有多个目标,当组织规划大系统时,常采用图解的方法来描述目的与目的之间的相互关系,这种图解的方式称为目的树,如图1.2所示。

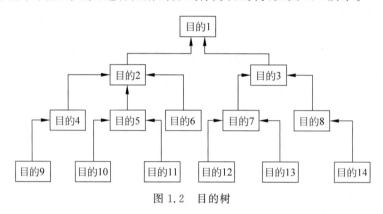

图1.2 目的树

通过目的树,可使各目的层次鲜明,次序明确,并可对目的树各个项目的目的进行分析、探讨和磋商,统一规划和协调。系统的目的性原则要求人们正确地确定系统目标,运用各种调节手段把系统导向预定的目标,从而达到系统整体目标最优的目的。

(5) 适应性。适应性是指环境的适应性。环境是存在于系统以外事物的总称,系统所处的环境就是约束条件,所以,系统时时刻刻处于环境之中。系统与环境互相融入。系统不是孤立存在的,它必然会和外部环境产生物质的、能量的、信息的交换,因此,系统必须适应外部环境的变化。能够与外部环境保持最佳适应状态的系统才是健康运行的系统,不能适应周围环境变化的系统是难以生存的。系统的环境适应性提醒人们要考虑系统与环境的关系。只有系统内部关系和外部关系相互协调、统一,才能全面发挥系统的整体功能,保证系统整体性向最优化发展。

2. 物流系统的特点

物流系统除具有一般系统共有的整体性、层次性、相关性、目的性、适应性的特性外,还具有以下特点:

(1) 物流系统是一个"人机系统"。物流系统是由人和形成劳动手段的设备、工具组成的。在物流活动中,人是系统的主体。因此,在研究物流系统各个方面的问题时,把人和物有机地结合起来,作为不可分割的整体加以考察和分析,并且始终把如何发挥人的主观能动作用放在首位。

（2）物流系统是一个大跨度系统。物流系统大跨度体现在地域跨度大，通常会跨越地区界限；时间跨度大，有些商品在产需的时间方面存在很大差异。

（3）物流系统是一个可分系统。物流系统无论其规模多么庞大，都可以分解成若干个相互联系的子系统。这些子系统的多少和层次的阶数，是随着人们对物流的认识和研究的深入而不断扩充的。系统与子系统之间，子系统与子系统之间，存在着时间上和空间上及资源利用方面的联系，也存在总的目标、总的费用及总的运行结果等方面的相互联系。

（4）物流系统是一个动态系统。由于物流系统一端连接着生产者，另一端连接着消费者，所以，系统内的各个功能要素和系统的运行会随着市场需求、供应渠道和价格变化而经常发生变化，这就增加了系统优化和可靠运行的难度。物流系统是一个具有满足社会需要、适应环境能力的动态系统，人们必须对物流系统的各组成部分经常不断地修改、完善，这就要求物流系统具有足够的灵活性与可改变性。

（5）物流系统是一个复杂的系统。物流系统运行对象——"物"遍及全部社会物质资源，资源的大量化和多样化带来了物流的复杂化。物流系统的范围横跨生产、流通、消费三大领域，这些人力、物力、财力资源的组织和合理利用，是一个非常复杂的问题。在物流活动的全过程中，始终贯穿着大量的物流信息。物流系统要通过这些信息把这些子系统有机地联系起来。如何把信息收集全、处理好，并使之指导物流活动，亦是非常复杂的事情。

（6）物流系统是一个多目标系统。物流系统的多目标常常表现出"效益背反"现象。"效益背反"是指物流系统的各要素之间存在目标不一致的地方。例如，对物流时间，希望最短；对服务质量，希望最好；对物流成本，希望最低等。物流系统恰恰在这些矛盾中运行。要想达到其中一方面目标，必然造成另一方面目标的损失，在处理时稍有不慎就会出现总体恶化的结果。要使物流系统在各方面满足人们的要求，显然要建立物流多目标函数，并在多目标中求得物流的最佳效果。

1.1.3　物流系统的模式

1. 系统的一般模式

系统是相对于外部环境而言的，外部环境向系统提供劳力、手段、资源、能量、信息等，称为"输入"。然后，系统应用自身所具有的功能，对输入的元素进行转换处理，形成有用产品，再"输出"到外部环境供其使用。输入、转换、输出是系统的三要素。另外，由于外部环境的影响，系统的输出结果可能偏离预期目标，所以系统还具有将输出结果的信息反馈给输入的功能。系统的一般模式如图1.3所示。

按照一般系统运作模式，一个完整的系统是由输入部分、输出部分、转换过程（将系统的输入转换成输出）和系统运行过程中的信息反馈环节构成的。系统的有效运行是以诸环节各自的顺畅、高效运作，以及相互之间的高度协同效果为前提的。在系统运行过程中，或当系统循环周期结束时，会有外界信息反馈回来，为原系统的完善提供改进信息，使下一次系统运行得到改进。如此循环往复，便可实现系统有序的良性循环。

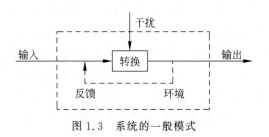

图 1.3　系统的一般模式

2. 物流系统的模式

在企业供应链物流渠道上,物流节点与线路及其功能的组合一旦稳定下来就形成了物流系统模式。物流系统模式的表现形态是物流节点与线路的组合,其内在精髓是组合后的物流系统运行机制,物流系统模式的设计依据是企业物流系统的目的。

物流系统和其他系统一样,具有输入、转换和输出三大功能,通过输入和输出使系统与社会环境进行交换,使系统和环境相依而存,而转换则是每个系统可以凸显其特点的功能。另外,物流系统还具有信息反馈功能,并通过相关调控机构进行调控,以期取得预期的目标。因此可以说,物流系统是"为有效地达到某种目的的一种机制",也就是为了达成某一目的,把人力、物力、资金、信息等资源作为指令输入使它产生某种结果的功能。

物流系统是人参与决策的人工系统,人是系统结构中的主体,直接或间接地影响着系统或子系统的形成。物流系统的基本模式如图 1.4 所示。

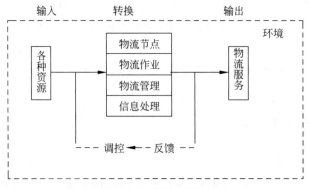

图 1.4　物流系统的基本模式

1.2　物流系统的要素及集成

1.2.1　物流系统的要素

物流系统的元素很多,但是要素只是其中最重要的部分,是可以简单枚举的。根据不同的目的可以将要素分为不同的类型。

1. 网络要素

物流系统的网络由两个基本要素组成,即点、线。

(1) 点。在物流过程中供流动的商品储存、停留以便进行相关后续物流作业的场所称为点,如工厂、商店、仓库、配送中心、车站、码头等,也称节点,点是物流基础设施比较集中的地方。

(2) 线。连接物流网络中的节点的路线称为线,或者称为连线。物流网络中的线是通过一定的资源投入而形成的。线是矢量,分为正向和反向,一般的物流的正向是从供应链的上游经过连线到下游,而物流的反向指的是从供应链的下游经过连线到上游。

物流网络中的线具有如下特点:

① 方向性。一般在同一条路线上有两个方向的物流同时存在,但正向多于反向,反向应该尽量避免。

② 有限性。点是靠线连接起来的,一条线总有起点和终点。

③ 多样性。线是一种抽象的表述,公路、铁路、水路、航空路线、管道等都是线的具体存在形式。

④ 连通性。不同类型的线必须通过载体的转换才能连通,并且任何不同的线之间都是可以连通的,线间转换一般在点上进行。

⑤ 选择性。两点间具有多种线路可以选择,既可以在不同的载体之间进行选择,又可在同一载体的不同路径之间进行选择,物流系统理论要求两点间的物流流程最短,因此,需要进行路线和载体的规划。

⑥ 层次性。物流网络的线包括干线和支线,不同类型的线,比如铁路和公路,都有自己的干线和支线,各自的干线和支线又分为不同的等级,如铁路一级干线、公路二级干线等。

根据载体类型可以将物流线分成以下五类:铁路线、公路线、水路线、航空线、管道线。

根据线间关系可以将物流线分为以下两种:干线、支线。

根据线上物流的流向可以将物流线分为:上行线、下行线。

物流网络不是靠孤立的点或者线组成的,点和线之间通过有机的联系形成了物流网络。点和线其实都是孤立的、静止的,但是采用系统的方法将点和线有机地结合起来以后形成的物流网络则是充满联系的、动态的。点和线之间的联系也是物流网络的要素之一,这种联系才是物流网络有血有肉的灵魂。

2. 物质基础要素

物流系统的建立和运行,需要有大量技术装备手段,这些装备手段就是物流系统的物质基础要素。物流系统的物质基础要素决定了物流系统的水平,其结构和配置决定着物流合理化及物流效率。物流系统的物质基础要素包括:

(1) 物流设施。它是组织物流系统运行的物质基础条件,包括货站、货场、物流中心、仓库、公路、铁路、港口等。

(2) 物流装备。它是保障物流系统开工的条件,包括仓库货架、进出库设备、加工设备、运输设备、装卸机械等。

（3）物流工具。它是物流系统运行的必要媒介，包括包装工具、维护保养工具、办公设备等。

（4）信息技术。它是掌握和传递物流系统信息的手段。包括通信设备及线路、传真设备、计算机及网络设备等。

3. 功能要素

物流系统的功能要素是物流系统所具有的基本能力，如运输、储存、包装、装卸、加工、配送、信息等。这些基本能力有效地组合、联结在一起，便成了物流的总功能，能合理、有效地实现物流系统的总目的。物流系统的功能要素主要包括：

（1）运输功能要素。包括供应及销售物流中的车、船、飞机等方式的运输，生产物流中的管道、传送带等方式的运输。对运输活动的管理，要求选择技术经济效果最好的运输方式及联运方式，合理确定运输路线，以达到安全、迅速、准时、价廉的要求。

（2）配送功能要素。配送集经营、服务、社会集中库存、分拣、线路和行程规划、车辆调度、商品组配、装卸搬运于一体，是物流系统重要的功能要素。

（3）储存功能要素。包括收货、检验、分拣、保管、拣选、出货等仓储管理功能和对库存品种、数量、金额、地区、方式、时间等进行管理的库存管理功能。正确确定库存数量，明确仓库以流通为主还是以储备为主，合理确定制度和流程，提高效率，降低损耗，加速周转。

（4）装卸功能要素。包括对输送、保管、包装、加工等物流活动进行衔接活动，以及在保管等活动中为进行检验、维护、保养所进行的装卸活动。伴随装卸活动的小搬运，一般也包括在这一活动中。

（5）包装功能要素。包括产品的出厂包装，生产过程中在制品、半成品的包装及在物流过程中换装、分装、再包装等活动。主要分为工业包装和商业包装，工业包装又可细分为生产包装和物流包装。对包装活动的管理，应根据产品特性、物流方式和销售要求来确定。

（6）加工功能要素。这是为满足客户的需求，按照客户的要求，在物流过程中进行的辅助加工活动，包括生产型加工、物流型加工、促销型加工等。

（7）信息功能要素。进行以上物流活动有关的计划、预测、动态（运量、收、发、存数）的信息，要求正确选择信息，做好信息的收集、汇总、统计、使用，并保证信息的可靠性和及时性。

上述物流系统的功能、细分功能及其主要业务的关系见表1.2。

表1.2 物流系统的功能、细分功能与主要业务

物流功能	功能细分	主 要 业 务
运输	—	集货、运输方式和工具选择、线路和行程规划、车辆调度、商品组配、送达
配送	—	分拣、拣选、运输方式和工具选择、线路和行程规划、车辆调度、商品组配、送达
储存	仓储管理	收货、检验、分拣、保管、拣选、出货
储存	库存管理	对库存品种、数量、金额、地区、方式、时间等结构的控制

续表

物流功能	功能细分	主要业务
装卸	装上	将流体装入载体中
	卸下	将流体从载体中卸出
	搬运	将物品从一个地方搬到另一个地方
包装	生产包装	按照生产和销售需求规格,用不同于产品的材料将产品包装起来使之成为一个完整的产品
	物流包装	按照物流运作要求,用具有足够强度、印有必要物流信息的包装材料将一定数量的商品进行包装,以及包装加固、打包
	商业包装	按照市场需求规格,将产品用印有必要产品信息的包装材料进行包装,促进销售
流通加工	生产型加工	剪切、预制、装袋、组装、贴标签、洗净、搅拌、喷漆、染色
	促销型加工	烹调、分级、贴条形码、分装、拼装、换装、分割、称重
	物流型加工	预冷、冷冻、冷藏、理货、拆解、贴物流标签、添加防虫防腐剂
物流信息	要素信息	涉及物流全局的信息
	管理信息	物流企业或者企业物流部门人、财、物等信息
	运作信息	功能、资源、网络、市场、客户、供应商信息
	外部信息	政策、法律、技术等信息

4. 支撑要素

物流系统的建立需要有许多支撑手段,确定物流系统的地位,协调与其他系统的关系。物流系统的支撑要素主要包括:

(1) 体制、制度。物流系统的体制、制度决定物流系统的结构、组织、管理方式,是物流系统的重要保障。

(2) 法律、规章。物流系统的运行,都不可避免地涉及限制和规范物流系统活动的法律、规章,责任的确定也得靠法律、规章维系。

(3) 组织及管理。起着联结调运、协调、指挥各要素的作用,以保障物流系统目的的实现。

(4) 标准化。是保障物流环节协调运行,保障物流系统与其他系统在技术上实现联结的重要支撑条件。

上述是对已经存在的物流系统的要素从不同侧面、不同层次进行的分类,这种分类不会改变物流系统的结构,但是会影响我们对物流系统结构的认识,因此,这种分析是重要的。

1.2.2 物流系统的要素集成

"集成"是从英语"integration"翻译过来的一个词,也有译成"一体化"或者"整合"的。

物流集成就是要将分散的、各自为政的要素集中起来,形成一个新的整体,以发挥单个要素不可能发挥的功能,集成已经成为物流发展的一种趋势。

物流集成不是由同一个资本拥有物流系统的所有要素,而是由一个起领导作用的资本或者要素将物流系统需要的其他资本或者要素联合起来,形成一个要素紧密联系的物流系统,这些要素之间就像是在一个完整的系统内部一样互相协调和配合。在这种集成的过程中被集成进来的这些要素应该是专业化的要素,如果不是这样,起主导作用的物流要素就会放弃与它的集成,而去寻找专业化的资源进行集成。所以,物流集成是在专业化分工基础上进行的,一个集成的物流系统都是由专业化的物流要素组成的,这个物流系统就是一个专业的物流系统。

1. 物流要素集成原理

物流要素集成化是指通过一定的制度安排,对物流系统功能、资源、信息、网络要素及流动要素等进行统一规划、管理和评价,通过要素之间的协调和配合使所有要素能够像一个整体一样运作,从而实现物流系统要素之间的联系,达到物流系统整体优化的目的的过程。

理解物流要素集成原理应注意如下要点:

(1) 物流要素集成的最终目的是实现物流系统整体最优化。没有经过集成的物流系统,均以要素为单位进行最优化,这种最优化是将物流系统内部要素之间的联系作为外部环境来对待,将本来应该内部化的关系外部化,如果外部化后并不能实现应有的协同和合作,就会导致更大的交易成本,为了减少这种成本,应该对这些要素进行集成,以恢复要素之间的联系。

(2) 物流要素都应该进行集成。物流系统的组成要素很多,为了实现物流系统整体最优,必须对所有的物流要素进行集成,而不是只对其中某些要素进行集成。在物流的网络要素、物质基础要素、功能要素、支撑要素等之间,首先最应该集成的是功能要素,其他要素的集成是功能要素集成的条件。一个物流系统要素如果不能去主动集成别的要素,它就肯定会被别的要素集成进去。

(3) 物流要素集成就是对要素进行统一规划、管理、评价,使要素之间可以实现协调和配合。不管要素的产权状况、隶属关系、运作安排如何,集成后的完整物流系统必须能够超越产权界限、隶属关系及运作安排,按照物流系统的规划和管理,统一运作、协调发展,并且按照物流系统的标准对物流系统要素集成进行评价,而不是按照要素自身的标准进行评价。

(4) 物流要素集成要靠一定的制度安排作保障。物流系统要素集成可以采用许多种方式,比如多边治理、三边治理、双边治理和单边治理,这些方式就构成了物流系统要素集成的制度安排。物流要素集成主要应该通过多边治理或者三边治理,有些采用双边治理,很少一部分采用单边治理。

(5) 集成需要成本,是有条件、分层次的。影响物流系统集成的因素包括物流发展的环境、物流竞争状况、集成者的领导能力等。

2. 物流要素集成动机

为什么要进行物流要素集成?企业进行物流要素集成的动机是多种多样的,主要可归纳为：

（1）传统储运业向现代物流业转化的需要。中国的传统储运业都在向现代物流业转化。传统储运业按照功能要素进行运作和管理，既不能满足现代生产、销售及消费的要求，也无法实现物流服务与物流成本的系统优化。因此，传统储运需要向现代物流转化，而现代物流将传统储运的功能要素作为一个整体，为了实现物流整体优化，需要对那些要素进行集成。

（2）物流要素的复杂性决定物流要素集成的动机。物流系统庞大，组成要素太多，物流要素的构成非常复杂，在中国仅就运输这一个要素而言，就有铁道部、交通部、国家民航总局、国家邮政局等好几个部门负责，没有哪一个企业或者部门能够掌握它所需要的所有物流要素。这就意味着，物流要素必然处于分散、分割的状态，而物流系统要求要素必须协调和合作，这就使分散、分割的物流要素进行集成成为必要。

（3）提高物流要素运作效率的需要。生产企业、销售企业或者物流企业都遇到物流要素集成化的问题，有些企业拥有大量的物流资源要素，却都存在着严重的物流资源运作效率问题，这并不是由于组织庞大导致内部交易成本过大而出现的效率问题，而是由于物流要素不是以整体和系统的方式运作，导致物流要素分散、分割而出现的运作效率问题，它们有限的资产被分散在全国乃至全球的上千个经济实体中，每个经济实体表面上都属于一个集团，但是内部则实行独立核算、自主经营，系统内部要素之间缺乏统一规划、合作和协调，使用内部资源并不比使用外部资源更经济。

（4）生产、销售和消费发展对现代物流的需要。物流要素集成最终还是由物流服务的需求方，即生产、销售和消费对物流的需求决定的。物流服务需求方要求降低物流总成本，而不是降低运输成本、仓储成本、包装成本等功能性物流成本；要求简化物流过程，使物流成为一个快速反应的过程；要求减少甚至消除物流过程中的不确定性；要求减少物流服务供应商的数量，从而减少发现物流服务供应商的成本及同它们建立和维持关系的成本；要求所有物流服务供应商按照统一的要求提供服务；要求物流服务提供方是智能型的，而不仅仅是运作型的，即要求物流服务供应商具有站在物流服务需求方的角度进行物流系统规划、设计、咨询、协调、运作、管理和控制的能力。经济越发展，物流服务需求方的要求就越严格，它们需要的是一体化的、集成的、系统的物流服务。

（5）企业建立供应链的要求。21世纪的竞争是供应链与供应链的竞争，而不是企业和企业的竞争。企业必须以供应链的方式组织起来，单个企业如果不将自己的要素与其他企业的要素集成起来形成供应链，将无法与以供应链方式组织起来的企业相抗衡，所以，企业的要素必须变成社会的要素才能获得生存和发展的支点。

3. 物流要素集成的角色

既然所有的物流要素都要进行集成，物流系统中被利用的要素不可能是没有被集成的，因此，就存在集成者和被集成者的区分，两者在集成的过程中所得到的收益是不同的。

物流要素集成者是物流要素集成方案的规划者、设计者和物流要素集成过程的协调者、控制者。集成商可能是某些物流要素的拥有者，也可能是物流要素的代理商，或者称为物流要素集成解决方案的提供商。集成是一种艺术，因为集成凭借的主要是智力资本和关系资本，所以，集成商不一定自己拥有物流资产、物流网络、物流技术，但是他一定拥有物流信息,并且还具有对物流系统要素集成方案进行设计、规划的能力和对物流要素集成过程进行协调和控制的能力。他是物流要素集成的领导者和指挥者,是积极推进物流要素集成的力量。

物流要素被集成者是被集成的要素的所有者、运营者、管理者。他是物流要素集成方案的实施者和执行者,按照物流要素集成者的要求去运作所拥有的物流要素,在整个要素集成过程中处于从属地位,但是物流要素集成的基础。

物流要素集成者向物流服务需求者索要的集成物流系统的费用显然要远大于单个的物流要素费用之和;但他向被集成者支付的只是要素的租金,两者之差归集成者所有,而这部分收益是十分可观的。所以如果有可能,企业就要做物流要素的集成者而不做被集成者。当然,做集成者要与物流系统中的所有要素打交道,这不是谁都能做到的,做被集成者只需与部分物流要素打交道,对被集成者的要求就比前者大大降低。

4. 物流要素集成的机制

(1) 从物流要素集成商的角度分析,物流要素集成的主要过程有以下几个方面:

① 物流要素集成商调查和发掘物流服务需求者的物流服务需求;
② 根据需求设计和规划物流集成方案;
③ 寻求可以用来满足物流服务需求的物流要素资源;
④ 确定物流要素的提供者,或者是确定被集成者,确定它们在要素集成中所完成的任务;
⑤ 让被集成者按照分工要求完成具体的集成任务;
⑥ 监督协调和控制物流要素集成过程的具体实施。

(2) 从物流要素被集成商的角度分析,物流要素集成的主要过程有以下几个方面:

① 确定自己的主要要素资源;
② 确定这些要素的使用条件(出租条件);
③ 按照客户(可能是要素集成者)的要求进行签约的集成要素的运作、管理和具体实施。

物流要素集成就是在物流集成商和物流运营商的共同合作下得以完成的,企业在集成中的角色定位由它们的竞争实力和其要素占有类型及占有量等许多因素通过物流市场竞争决定的。

5. 物流要素集成的结果

物流要素集成的结果归纳为以下几种形式:

(1) 要素一体化,也就是纵向一体化。是将物流系统需要的要素纳入一个资本所有和控制之下,由该资本对物流系统进行规划、设计,并且由该资本对这些要素进行经营和管理。这在需要大量的关系性资产和专用性资产的物流系统中是必要的,但应该实现专业化经营,这就是"大而全、小而全",这是要素集成的最高形式,它有时是通过并购的形式,有时是通过内涵式自我扩张形式实现一体化的。

(2) 建立战略联盟,即建立供应链的方式。物流系统中有许多专用性资产,比如专门处理某一类商品的车辆、配送中心、仓库、分拣机、信息系统等,这些要素分属于许多不同的所有者，它们可以通过互相投资、参股、签订长期的战略联盟协议等方式建立供应链从而实现集成。

(3) 资源共享。这有两种形式：第一种，就是通常所说的在不同企业之间进行的横向一体化，即在不改变要素产权关系的情况下，将企业各自拥有的物流资源向物流要素集成者开放并与其他要素的所有者开展物流业务合作，共同利用这些资源，比如共用车辆和仓库等，在实现物流资源要素共享的同时也实现了资源与其他物流要素的集成；第二种，即在企业内部不同部门之间进行的横向一体化，企业不同部门之间都有物流资源，比如生产企业的各个事业部都有仓库，这些内部部门之间在物流资源上的共同利用也是很有潜力的。

(4) 市场化，即采用第三方物流的方式。大量的物流要素集成可以通过物流市场途径完成，但条件是物流市场必须起作用，即在物流市场上价格机制和竞争机制能够调节物流要素的供给与需求，同时，必须有完善的法律保证对于市场投机或者违法行为进行制裁。

1.3 物流系统的规划与设计

1.3.1 物流系统规划与设计的含义

1. 物流系统规划的一般定义

规划是指确定目标与设计实现该目标的策略和行动的过程。物流系统规划是指确定物流系统发展目标及设计实现物流发展目标的工程、措施、解决方案、管理模式、政策保障等的过程。物流系统规划与设计的根本目的是让物流"系统化"。物流系统规划是对拟建的物流系统做出长远的、总体的发展计划与蓝图。具体表现为物流战略规划、营运规划、组织规划、设施规划等。一般的理解是如何对物流系统中的资源做最有效的配置，使系统整体达到最佳的绩效表现。

2. 物流系统规划与物流系统设计

"物流系统规划"与"物流系统设计"是两个不同，但是容易混淆的概念，二者有密切的联系，也存在着重大的差别。在物流系统建设的过程中，如果将规划工作与设计工作相混淆，必然会给实际工作带来许多不应有的困难。因此，比较物流系统规划与物流系统设计的异同，阐明二者相互关系，对于正确理解物流系统规划与设计的含义，在理论和实践上都具有重要意义。

建设项目管理中，我们可将项目设计分为高阶段设计和施工图设计两个阶段。高阶段设计又分为项目决策设计和初步设计两个阶段。项目决策设计阶段包括项目建议书和可行性研究报告。通常也将初步设计和施工图设计阶段统称为狭义的二阶段设计。对于一些工程，在项目决策设计阶段中进行总体规划工作，以作为可行性研究的一个内容和初步设计的依据，如图 1.5 所示。

因此，物流系统规划属于物流项目的总体规划，是可行性研究的一部分；而物流系统设计则属于项目初步设计的一部分内容。

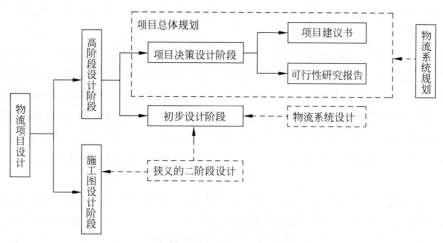

图 1.5 物流系统规划与物流系统设计的关系

（1）物流系统规划与物流系统设计的相同之处。物流系统的规划工作与设计工作都属于物流项目的高阶段设计过程，内容上不包括项目施工图纸等的设计。

理论依据相同，基本方法相似。物流系统规划与设计工作都是以物流学原理为理论依据，运用系统分析的观点，采取定量与定性相结合的方法进行的。

（2）物流系统规划与物流系统设计的不同之处。

① 目的不同。物流系统规划是关于物流系统建设的全面长远发展计划，是进行可行性论证的依据。物流系统设计是在一定技术与经济条件下，对物流系统的建设预先制订详细方案，是项目运作或施工设计的依据。

② 内容不同。物流系统规划强调宏观指导性，物流系统设计强调微观可操作性。

一般情况下，规划与设计两者联系密切，难以截然分割，往往人们将之合二为一，笼统称之为物流系统规划设计。

1.3.2 物流系统规划设计的原则

物流系统规划设计必须以物流系统整体的目标作为中心。物流系统整体的目标是使人力、物力、财力和人流、物流、信息流得到最合理、最经济、最有效的配置和安排，即要确保物流系统的各方面参与主体功能，并以最小的投入获取最大的效益。

1. 系统性原则

系统性是指在物流系统规划设计时，必须综合考虑、系统分析所有对规划有影响的因素，以获得优化方案。首先，从宏观上来看，物流系统在整个社会经济系统中不是独立存在的，它是社会经济系统的一个子系统。物流系统与其他社会经济子系统不但存在相互融合、相互促进的关系，而且它们之间也存在相互制约、相互矛盾的关系。因此，在对物流系统进行规划设计时，必须把各种影响因素考虑进来，达成整个社会经济系统的整体最优。其次，物流系统本身又由若干子系统（如运输系统、储存系统、信息系统等）构成。这些物流子系统之间既相互促进，也相互制约，即存在着大量的"效益背反"现象，这要求我们在进行物流系统规划设计时对物流系统内部也要系统考虑,因此,在进行物流系统规划设计时,必须坚持发挥优势、整合资源、全盘考虑、系统最优的系统性原则。

2. 可行性原则

可行性原则指的是在物流系统规划设计过程中必须使各规划要素满足既定的资源约束条件,也就是说,物流系统规划设计必须要考虑现有的可支配资源必须符合自身的实际情况,无论从技术上,还是从经济上都可以实现。为了保证可行性原则,在进行物流系统规划设计时,要与总体的物流发展水平、社会经济的总体水平及经济规模相适应,既要体现前瞻性和发展性,又不能超越企业本身的整体承受能力,以保证物流系统规划设计的实现。

3. 经济性原则

经济性原则是指在物流系统的功能和服务水平一定的前提下,追求成本最低,并以此实现系统自身利益的最大化。显然,经济性也是物流系统规划追求的一个重要目标。经济性原则具体体现在以下几个方面:

(1) 物流系统的连续性。良好的系统规划设计和节点布局应该能保障各物流要素在整个物流系统运作过程中流动的顺畅性,清除无谓的停滞,以此来保障整个过程的连续性,避免无谓的浪费。

(2) 柔性化。在进行系统规划设计时,要充分考虑各种因素的变化对系统带来的影响,便于以后的扩充和调整。

(3) 协同性。在进行物流系统规划设计时,要考虑物流系统的兼容性问题,或者说是该物流系统对不同物流要素的适应性。当各种不同的物流要素都能够在一个物流系统中运行时,该物流系统的协同性好,能够发挥协同效应,降低整体物流成本。

(4) 资源的高利用率。物流系统的主体投资在于基础节点与设备,属于固定资产范畴,也就是说,不管资源的利用率如何,固定成本是不变的。因此,提高资源的利用率就可以降低物流成本。

4. 社会效益原则

社会效益原则是指物流系统规划设计应该考虑环境污染、可持续发展、社会资源节约等因素。一个好的物流系统不仅在经济上是优秀的,在社会效益方面也应该是杰出的。物流的社会效益原则也越来越受到政府和企业的重视,中国目前正倡导循环经济,绿色物流是其中的重要组成部分。另外,政府在法律、法规上将会对物流系统的社会效益问题做出引导和规定。例如,要求生产某些电子产品的厂家回收废旧产品,这是一个逆向物流的问题。

5. 系统总成本最优原则

企业物流管理在操作层面上出现的许多问题皆是因为公司系统中,没有把某项具体决策的所有影响都考虑进去,包括直接和间接的影响。在某个领域内所做的决策常常会在其他的领域产生出乎意料的后果。例如:关于产品运输政策的调整,可能会影响产品库存持有成本;产品外包装设计的改变会对运输成本和产品的运输、保管质量维护等产生直接的影响。同样地,以提高生产效率为目的的生产进度的改变会导致产成品库存的波动,从而影响到客户服务。

表1.3列举了企业供应链物流管理活动中常见的一些业务活动及其成本项目。可以看出,各种物流活动成本的变化模式常常表现出相互冲突的特征。在进行企业供应链物流规划时,应追求系统总成本最优,而不能是单项成本最优,不能只考虑到某个部门、某项物流活动的效益,而应该追求供应链系统整体的总效益。

表1.3　企业物流活动成本项目

显性物流成本	隐性物流成本
运输费用(包括配送费用) 仓储费用 装卸费用 货物保险费用 退货回收与废物处理费用 人工成本：工资、奖金、津贴等	存货资金成本：利息、机会成本、损失、跌价损失、变质、灭失等 订单处理成本：洽谈、单据/票据、传真/电话费等 信息系统成本：信息购置费用、维护费用、信息处理费用等 缺货成本等

6. 客户服务驱动原则

在当今消费者占主导的客户经济时代,企业的一切经济活动必须时刻牢记以市场为中心、以客户为中心。客户服务驱动原则要求企业在进行内部供应链物流规划设计时应以客户为中心,站在客户的立场看问题,而不是以自我为中心,以产品为中心。要考虑给客户提供时间、地点和交易上的方便,尽可能增大产品或服务的额外附加价值,从而提高客户的满意度和忠诚度。理想的企业物流系统应该遵循以下规划设计思路：识别客户的服务需求→定义客户服务目标→规划设计物流系统。

1.3.3　物流系统规划设计的重要意义

物流系统规划设计的重要性与物流本身的特殊性有关。

1. 物流系统的涉及面非常广泛,需要有各方共同遵循的准则

物流涉及生产领域、流通领域、消费及后消费领域,涵盖了几乎全部社会产品在社会上与企业中的运动过程,是一个非常庞大而且复杂的领域。仅以社会物流的共同基础设施而言,我国相关的管理部门,就有交通、铁道、航空、仓储、外贸、内贸六大领域分兵把口,更涉及这些领域的诸多行业。这些领域和行业在各自的发展规划中,都包含有局部的物流规划。这些规划,由于缺乏沟通和协调,更多是从局部利益考虑,再加上局部资源的有限性,往往不可避免地破坏了物流大系统的有效性,必然给今后的物流发展留下诸多的后遗症,所以必须有一个更高层次的、全面的、综合的物流规划,才能够把我国的现代物流发展纳入有序的轨道。

2. 物流过程本身存在"效益背反"现象,需要有规划的协调、理顺

物流过程往往是很长的过程,一个过程经常由诸多环节组成,物流系统的一个重要特性,就是这些环节之间往往存在"效益背反"现象,如果没有共同的规划制约,或不进行优化,任各个环节各自独立去发展,就可能使"效益背反"现象强化。

3. 物流领域容易出现更严重的低水平重复建设现象，需要有规划的制约

物流领域进入的门槛比较低，而发展的门槛比较高，这就使物流领域容易出现低水平的重复建设现象。尤其最近几年的"物流热"引发一定的"寻租"问题，加剧了物流领域低水平的重复建设。这种低水平重复建设的问题，在配送中心、一般物流中心和小型物流节点方面表现非常突出。

4. 物流领域的建设投资，尤其是基础建设的投资规模巨大，需要有规划的引导

如果没有有效的规划，就不能有效地利用资源，就可能造成巨大损失。物流领域大规模建设项目的规划尤其应当引起我们的重视。这是因为，就我国而言，这种项目的数量相当多，不少城市规划有多个规模比较大的物流园区，如果再加上港口、车站、货场等基础设施，一个城市大型物流项目就会有十几个甚至几十个。由于投资规模巨大，如果没有有效的规划，就不能有效地利用资源，并可能造成巨大损失。

5. 实现我国物流跨越式的发展，需要有规划的指导

如果缺乏规划引导和制约，放任自流，那么必然会有相当多的地区和企业，要从头走起，重复低水平发展阶段，白白地消耗资源和时间。

6. 企业构建新型物流系统的需要

需要改变过去大量投资于生产能力的旧的投资方式，而将大量制造业务外包，建立诸如"供应链"之类的物流系统。这就必须对物流系统进行新的构建，或者对企业的整个流程从物流角度进行"再造"。所以，规划和重新设计物流系统的问题对于生产企业也是非常重要的。社会上存在着一种误解，以为规划物流问题是宏观的问题而不是企业的问题，这显然是低估了物流对于企业发展的重要意义。

1.4 物流系统规划设计的内容与阶段

物流系统规划设计是根据物流系统的功能要求，以提高系统服务水平、运作效率和经济效益为目的，制定各要素的配置方案。物流系统规划设计一是要以最经济的方式将规定数量的货物按照规定的时间、规定的要求送达规定的目的地；二是要合理配置物流节点，维持适当的库存；三是要实现装卸、保管、包装等物流作业的最优效率和效益；四是要在不影响物流各项功能发挥的前提下，尽可能地降低各种物流成本支出；五是要实现物流与信息流的有机结合，保证物流全过程的信息顺畅。

1.4.1 物流系统规划设计的类型

物流系统规划设计的具体内容、要求随其类型不同而不同。

1. 按照物流系统规划设计的层面划分

一个物流系统规划设计通常表现在三个重要层次上，构成物流系统设计环形图，它确立了设计物流系统规划与设计的框架。这三个层次分别为物流系统战略层、物流系统营运层和物流系统操作层。

物流系统战略管理层的主要任务是对物流系统的建设与发展做出长期的总体谋划,即长远规划;物流系统营运层的具体任务是对物流系统营运进行规划与设计,即物流运作方案策划、物流营运系统设计,是物流战略实施与落实;物流系统操作层的具体任务是每个小时或者每天都要频繁进行物流作业及其管理,利用战略规划和系统设计所确定的物流渠道快速、有效地运送产品。

(1) 物流系统战略层。物流系统战略层的规划内容又可细分为全局性战略、结构性战略、功能性战略、基础性战略四个层次。

① 全局性战略。物流管理的最终目标是满足客户需求,因此客户服务应该成为全局性战略目标。对于全局性战略建立用户服务的评价指标体系,实施用户满意工程是战略实施的关键措施。

② 结构性战略。结构性战略包括渠道设计与网络分析两方面内容。渠道设计的任务是通过优化物流渠道、重构物流系统,提高物流系统的敏捷性和适应性,使供应链成员企业降低物流成本。网络分析则主要通过库存分析、用户调查、运输方式分析、信息及其系统状况分析、合作伙伴绩效评价等为优化物流系统提供参考。其目的在于改进库存管理、提高服务水平、增强信息交流与传递效率。

③ 功能性战略。功能性战略主要指通过加强物料管理、运输、仓储管理等物流功能环节的管理,实现物流过程的适时、适量、适地的高效运作。其主要内容有运输工具的使用与调度优化、采购与供应方法策略的采用、库存控制及其仓储管理。

④ 基础性战略。基础性战略主要是为物流系统的正常运行提供基础性保障,其内容包括组织系统管理、信息系统管理、政策与策略管理、基础设施管理等。

对于企业物流系统,战略层的主要任务是建设两大平台和两大系统,以及建立客户服务的战略方向。

物流首先是一种服务,企业建设物流系统的目的首先是实现企业的发展战略,所以,企业发展物流必须首先确立物流规划与管理对企业总体战略的协助作用。同时,企业现代物流的发展必须建设两大平台(基础节点平台和信息平台)和两大系统(信息网络系统和物流配送系统)。在进行企业物流规划管理最初必须进行企业资源能力的分析,充分利用过去和现在的渠道、节点及其他各种资源来完善企业的总体战略并以最少的成本和最快的方式建设两大平台和两大系统。

物流活动存在的唯一目的是要向内部和外部客户及时准确地交货。所以,客户服务是制定物流系统战略的关键。要执行一项营销战略,必须要考察企业在与争取客户和保持客户有关的过程中的所有活动,而物流活动就是这些关键活动之一,可以被开发成核心战略。在某种程度上,企业一旦将其竞争优势建立在物流能力上,它就具有难以复制、模仿的特色。

(2) 营运层。营运层需要落实战略层的规划与设计,特别是有效实施结构性战略。

物流渠道设计包括确定为达到期望的服务水平而需执行的活动与职能,以及渠道中的哪些成员负责执行。渠道体系设计需要在渠道目标的制订,渠道长度和宽度的评价,市场、产品、企业及中间商因素的研究,渠道成员的选择及职责,渠道合作等方面认真分析与判断,因为体系一旦实施,常常无法轻易地改变。随着客户需求变化和竞争者的自我调整,渠道设计必须再评价以维持或增强市场地位。

物流系统的网络战略要解决的问题有：节点的功能、成本、数量、地点、服务对象、存货类型及数量、管理运作方式(自营或向第三方外筹)等,线路的成本、效率、主要工具、管理运作方式等。网络战略必须以一种给客户价值最大化的方式与渠道战略进行整合,涉及和3PL提供商的合作,物流网络可能会变得更为复杂,也比传统网络更加灵活。在动态的、竞争的市场环境中,还需要不断修正网络以适应供求基本结构变化。

(3) 操作层。物流系统战略规划与管理的最后一层为操作层,也称为执行层,包括支持物流的信息系统、指导日常物流运作的方针与程序及组织与人员问题。

其中,指导日常物流运作的方针与程序就是物流系统战略规划的功能性战略在运作层的实施,物流信息系统和组织结构设计是其中最为重要的内容,需要对物流作业管理的分析与优化。运输分析包括承运人选择、运输合理化、货物集并、装载计划、路线确定及安排、车辆管理、回程运输或承运绩效评定等方面的考虑;仓储方面的考虑包括节点布置、货物装卸搬运技术选择、生产效率、安全、规章制度的执行等;在物料管理中,分析可以着重于预测、库存控制、生产进度计划和采购上的最佳运作与提高。

物流信息系统是一体化物流思想的实现手段和现代物流作业的支柱。没有先进的信息系统,企业将无法有效地管理成本、提供优良的客户服务和获得物流运作的高绩效,当今企业要保持竞争力,必须把信息基础结构的作用延伸到需求计划、管理控制、决策分析等方面,并将信息的可得性、准确性、及时性、灵活性、应变性等特点结合到一起,还要注意到与渠道成员之间的连接。

组织一体化、供应链整合、虚拟组织、动态联盟、战略联盟、战略伙伴、企业流程再造、敏捷制造等发生在组织管理领域的变革,要求我们以全新的思维认识企业,同时,物流管理也要对变革做出积极的反应,一个整合的、高效的组织对成功的物流绩效是重要的。一体化的物流管理并不意味着将分散于各职能部门中的物流活动集中起来,单一的组织结构并非对所有的企业都是适宜的,关键在于物流活动之间的协调配合,要避免各职能部门追求局部物流绩效的最大化。

2. 按照规划所涉及的行政级别和地理范围划分

物流系统规划可分为国家级物流系统规划、区域级物流系统规划、行业物流系统规划、企业物流系统规划。

国家级物流系统规划着重于以物流基础节点和物流基础网络为内容的物流基础平台规划。物流基础平台的规划包括铁路、公路、航空等线路的规划,不同线路的合理布局,综合物流节点——物流基地的规划,以及相应的综合信息网络的规划。

区域级物流系统规划着重于地区物流基地、物流中心、配送中心三个层次的物流节点及综合物流园区的规模和布局的规划。物流基地、物流中心、配送中心三个层次的物流节点是区域物流的不同规模、不同功能的物流节点,也是区域物流系统规划较大规模的投资项目。这三个层次物流节点的规划是区域物流系统运行合理化的重要基础。

行业物流系统规划是指在物流基础平台之上,将有大量的企业和经济事业单位进行运作,如供应、分销、配送、供应链、连锁经营等。要使这些运作做到合理化和协调发展,需要有规划的指导,如重要企业、重要产品的供应链规划,现代物流及配送支持的分销及连锁规划等。

企业物流系统规划是最微观层面的物流体系规划,以上述物流规划为基础。上述物流规划最终是为企业物流系统规划服务的。企业物流系统规划包括生产企业、销售企业、服务企业等的物流规划。不同类型企业物流规划的要求也不同。因此,企业物流系统规划更要关注差异性和细节。当前,企业物流系统规划的理念也在不断发展,从"营销支持"和"流程再造"角度进行物流系统的建设规划,会有效地提高企业的素质,增强企业的运营能力。

3. 按照物流系统的特征划分

由于物流系统在物流能力、业务规模、目标客户、地域范围等方面都有所差别,所以应根据系统类型进行规划设计,按照物流系统特征可以分为先驱型、机能整合型、业务代理型和缝隙型四种类型。这个划分角度既适用于物流企业,也适用于企业的物流系统规划与设计。

(1)先驱型物流系统——综合物流系统规划。具有机能整合程度高、服务范围广、物流能力强的特征,它往往是由超大型的跨国物流集团构建的。先驱型物流系统多采用综合物流系统规划,该战略以大规模、长距离运输为主要业务,自身拥有数量多、规模大的物流节点,同时具备运输、保管、流通加工等功能。

(2)机能整合型物流系统——系统化物流系统规划。系统化物流系统注重引进自动化的分拣系统和货物跟踪系统来为客户提供快速、准确的物流服务,同时从集货到配送都由该系统独自承担。有一部分机能整合型物流系统通过对客户的进一步细化来提供具有特色的物流服务,另一部分通过多元化经营来降低由于业务集中所带来的风险。

(3)业务代理型物流系统——柔性物流系统规划。业务代理型物流系统主要是各种规模的代理运输公司和第三方物流企业,该类型系统所采用的规划方案最大特点是柔性化。柔性战略,一方面体现在资源整合的柔性上,系统可以通过将具体业务所需的物流资源动态集成来提供物流服务,而本身不必拥有各种类型的专用化资产;另一方面,从业务角度讲,它可以通过具有不同要求的物流提供基本物流服务和增值物流服务,因而体现了物流系统的灵活性。

(4)缝隙型物流系统——差别化、低定价的物流系统规划。由于在地点、物流能力、业务规模和服务质量等方面并不具有竞争优势,缝隙型物流系统一般采用进入鸡肋物流市场,或者提供差别化、低定价的战略来占领一部分低端物流市场。

上述四种物流系统战略是针对各自特色鲜明的物流系统而言的,而在现实生活中,物流系统是千差万别的,而且客户要求提供的服务也是相差千里。因此,上述四种规划内容可能会在同一物流系统中存在,而且发挥不同的作用,同一个物流服务提供商针对不同客户物流需求很有可能采取不同的物流系统方案加以应对。

1.4.2 物流系统规划设计的阶段

满足一定服务目标的物流系统往往由若干子系统组成。物流系统设计包含了众多可能的选择，从物流网络构筑到仓库内部布局等，需要对每一个子系统或环节进行规划设计。每一个子系统的设计需要与其他子系统和整个物流系统相互协调、相互平衡。

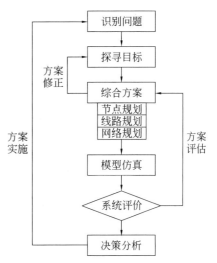

图1.6　物流系统规划设计流程

参照霍尔三维结构的逻辑维，可以形成物流系统规划与设计的总框架。霍尔三维结构是美国系统工程专家霍尔(A. D. Hall)于1969年提出的一种系统工程方法论，为解决大型复杂系统的规划、组织、管理问题提供了一种统一的思想方法。三维结构由时间维、逻辑维和知识维所组成。其中，逻辑维是指应该遵循的思维程序，包括明确问题、确定目标、系统综合、系统分析、优化、决策、实施七个逻辑步骤。将逻辑维应用于物流系统规划与设计的流程中，如图1.6所示。

1. 问题的识别与确定

爱因斯坦说过，"如果我有1小时的时间来解决问题，我会花55分钟思考这个问题，5分钟思考解决方法"。意思是花费时间在识别问题上是非常值得的，有助于后续解决正确的问题，以及正确地解决问题。"问题是什么？"很多时候其答案还未清晰，没有考虑到待解决的问题的本质、界限等，就急于做出决策。

所以在物流系统规划的最初阶段首先要明确问题，搞清楚要研究的是什么性质的问题，以便正确地设定问题，否则，以后的许多工作将会劳而无功。

2. 建立目标和约束条件

在整个物流系统规划设计的过程中，首先，最重要的是确定物流系统规划设计的目标。目标定位直接决定着物流系统的组成部分。例如，对于企业物流系统规划设计来说，资金成本降低旨在使物流系统中总投资最小，相对的物流系统规划设计方案往往是减少物流节点的数量，直接将货物送达客户或选择公共仓库而不是企业自建仓库；运营成本最低的目标往往需要利用物流节点实现整合运输；客户服务水平最高，往往需要配置较多的物流节点，较好的物流信息系统等。其次，解决系统内部目标不一致问题的依据是考虑以下几个因素：资源可得性、物流系统规模、物流系统各组成部分的相对重要性、系统费用、系统整合程度。最好的方法是考虑整个系统。然而在某些条件下，系统输入条件的改变和系统的每个部分联系不大、时间有限及物流系统太大等不能从整个系统来解决，那么一个比较实际的方法是分步考虑问题，设计独立部分。最后，再把它们结合起来。

由于物流系统庞大而繁杂，各子系统之间相互影响和相互制约也很明显，而且系统受外部条件的限制也很多，因此，在物流系统规划设计时就需要判明各种问题和约束，特别是那些暂时无法改变的系统制约因素。

3. 数据收集、方案拟订

在物流系统规划设计中，要进行大量的相关基础资料的调查和收集工作，作为系统设计的参考依据：一个物流系统规划设计方案的有效性依赖于调查获得的基础资料的准确程度和全面程度。调查的内容根据规划设计目标、调查对象来确定。一般物流系统规划设计需要调查的基础资料包括以下几个方面。

(1) 物流服务需求。包括：

① 服务水平，如缺货率、进货时间、服务费用等；

② 客户分布，如现有的和潜在的客户分布等；

③ 产品特征，如产品尺寸、重量和特殊的搬运需求；

④ 需求特征，如客户的订单特征，客户订货的季节性变化，客户服务的重要性等；

⑤ 需求规模，如 OD 流量等；

⑥ 需求服务内容，如需要提供的服务；

⑦ 其他。

(2) 物流资源状况。调查分析的项目包括：

① 物流节点设备状况，如物流节点分布、规模、功能、交通网络、运输设备、仓储设备、信息系统等；

② 物流系统的基本运营状况，如组织管理体系、服务模式、营业状况、服务种类、作业方式、单据流程、作业流程等。

(3) 社会经济发展。主要调查、分析物流服务区域的社会经济发展状况，具体包括经济规模、发展前景、产业构成、空间布局等。

(4) 竞争状况。调查竞争对手的物流资源配置、网络布局、服务方式、营业状况等。调查方法主要有：访谈调查、问卷调查、查找相关统计资料、现场调查、计算机检索等。在完成数据收集之后，提出异常数据，确定数据样本容量，对数据分类归并、计算整理分析，结合系统目标制订物流系统初步方案，具体包括物流系统的节点规划、线路规划和整体网络规划。

4. 系统仿真分析

在系统方案初步设计成型后，要进行充分的定性及定量分析，继续模型化和仿真分析。方案、模型、仿真是一根链条上的三个环节，是一个工作程序的三个关键步骤。研究系统要借助模型，有了模型之后要进行仿真分析。根据仿真结果，再修改模型，再进行仿真。经过一系列的仿真分析，得出现有系统的调整、改进方案或新系统的设计、建设方案。

5. 系统评估和方案评价

对物流系统进行方案评估的目的就是针对备选方案的经济、技术、操作等层面的可行性做出比较与评价，从而帮助决策者选择最优或最满意的方案。主要的评估方法有程序评价法、因素评价法。

(1) 程序评价法。程序评价法着重于设计过程的评价，目的在于确保能够得到正确且合乎基本条件的设计结果。程序评价法通过对物流系统设计的各个环节进行评价，以判别整个设计过程是否合理。评价过程需要根据不同的物流系统设计项目制定评价表,一般来说,评价的内容主要依据项目设计的过程或程序而定。通常,对物流系统设计的四个阶段进行评价,则应注意以下三点:①判定物流系统设计的目标定位是否正确,这就需要考察物流系统设计人员是否与相关人员进行充分沟通,是否在系统目标上达成一致;②检验资料收集和分析程序是否合理且有效,确保系统设计的基础依据的可靠性;③探讨设计方案产生过程是否符合系统分析设计原则,是否将第一阶段的目标定位和第二阶段的资料分析结果融入设计方案之中。

(2)因素评价法。因素评价法是针对方案建立一个完整的且具有逻辑架构的能够衡量方案成效的评价指标体系,并依照指标属性,将各指标因素分成不同的群组,进行综合分析,对方案给予总效果评价,以作为决策者选择的依据。因素评价法中评价方案优劣的因素可分为定量因素和定性因素。定量因素评价法中以经济评价法最为常用,主要是分析项目发生的费用与产生的经济效益等方面的经济特性。常选用的定量评价法有基于成本和效益的方法、有基于统计学的主成分分析法等。定性因素评价法包括模糊综合评价法、层次分析法等。

6. 方案的决策和实施

方案决策是在没有实施方案的前提下,凭借专家、实践者的经验预先检验模拟效果并加以分析。决策的目的是实际检验方案设计的优劣,以作为今后物流系统规划设计的参考和借鉴。

物流系统方案的实施过程是相当复杂的,方案设计的实际可操作性将在这里得到验证,这就要求实施者根据决策者选出的最优设计方案,严格按照方案设计的要求逐步实施。在这个过程中,可能会遇到各种实际问题,有些是设计者并未事先预料到的。因此在方案实施过程中,实施者首先要充分领会设计者的整体思路和设计理念,在遇到问题时尽可能最大限度地满足设计要求。如果确有无法满足的部分,需要对设计方案做必要调整,但要保证不影响物流系统整体目标的实现。

本章小结

物流系统是指在一定的空间和时间里,物流活动所需的机械、设备、工具、节点、线路等物质资料要素相互联系、相互制约的有机整体。它是由物流各要素组成的,要素之间存在有机联系并具有使物流总体合理化功能的综合体。

按照物流功能的不同,物流系统可以划分为运输物流子系统,仓储物流子系统,装卸搬运子系统,包装、加工子系统,配送子系统,物流信息子系统;按照物流活动的范围和业务性质,物流系统可以划分为生产物流系统、供应物流系统、销售物流系统、回收物流系统、废弃物流系统。

一般系统具有整体性、层次性、相关性、目的性、适应性等特征,物流系统除具有一般系统的特性外还具有规模庞大、结构复杂、目标众多等大系统所具有的特征。

物流系统的要素可具体分为网络要素、物质基础要素、功能要素、支撑要素等。网络要素主要由点、线组成;物质基础要素由物流设施、信息技术、物流工具、物流装备组成;

功能要素包括运输、储存、包装、装卸、加工、配送、信息等；支撑要素有体制与制度、法律与规章、组织及管理、标准化等。

物流要素集成化是指通过一定的制度安排，对物流系统功能、资源、信息、网络要素及流动要素等进行统一规划、管理和评价，通过要素之间的协调和配合使所有要素能够像一个整体一样运作，从而实现物流系统要素之间的联系，达到物流系统整体优化的目的的过程。

"物流系统规划"与"物流系统设计"是两个不同但是容易混淆的概念，一般情况下，规划与设计两者联系密切，难以截然分割，往往人们将之合二为一，笼统称为物流系统规划设计。

物流系统规划设计的目的可以概括为"三大一小"四个方面：最大服务、最大利润、最大竞争优势、最小的资产配置。

物流系统规划设计可以分类。从物流系统规划设计的层面上，可分为物流系统战略层、物流系统营运层和物流系统作业操作层的规划设计；从规划所涉及的行政级别和地理范围看，可分为国家级物流系统规划、区域级物流系统规划、行业物流系统规划、企业物流系统规划。从物流系统的特征来看，可分为先驱型物流系统、机能整合型物流系统、业务代理型物流系统和缝隙型物流系统。

物流系统规划设计流程大致可分为四个阶段。第一阶段，建立目标和约束条件；第二阶段，数据收集和方案拟订；第三阶段，方案评估与选择；第四阶段，方案实施和实效评价。

复习与思考

1. 一般系统具有哪些特征？物流系统与一般系统相比有何特点？
2. 物流系统的构成要素包括哪些？
3. 物流要素集成的原理是什么？
4. 物流系统规划与物流系统设计有何区别与联系？
5. 物流系统规划与设计应该遵循哪些原则？
6. 物流系统战略层、营运层和作业操作层的规划设计有何差异？
7. 物流系统规划设计流程可分为哪些阶段？
8. 位于匹兹堡的一家设备制造商需要从两个供应商 A、B 那里购买 3 000 箱塑料配件，每箱配件的价格是 100 美元。目前，从两个供应商采购的数量是一样的。两个供应商都采用铁路运输，平均运送时间也相同。但如果其中一个供应商能将平均交付时间缩短，那么每缩短一天，制造商会将采购订单的 5%（即 150 箱）转给这个供应商。如果不考虑运输成本，供应商每卖出一箱配件可以获得 20% 的利润。

各种运输方式下每箱配件的运输费率和平均运送时间如下表所示。

运输方式	运输费率（美元/箱）	平均运送时间（天）
铁路运输	2.50	7
公路运输	6.00	4
航空运输	10.35	2

假设供应商 A 仅根据可能得到的潜在利润选择运输方式。供应商 A 是否应该考虑将铁路运输方式改为航空或公路运输以获得更多的收益？请在下表中填写计算依据。

运输方式	销售量(箱)	毛利(美元)	运输成本(美元)	纯利(美元)
铁路运输				
公路运输				
航空运输				

案例

低温配送中心的规划与设计

随着超市、商场及便利店如雨后春笋般地出现，低温物流已渐重要。低温配送中心的规划与设计将影响物流作业的效率和服务水平。建立低温配送中心，能帮助货主减少管理库存的费用及麻烦，提供高效率的后勤支持和改包装、贴卷标、促销商品组合等物流加工服务。本文希望通过案例，介绍建立一套系统的、符合逻辑的规划设计步骤，详述各步骤的重点，以协助设计者能以最短的时间和人力成本，完成低温配送中心规划设计工作。

深圳某公司现规划建设一低温配送中心，目的在于利用企业自身优势，在低温配送中心市场占据一席之地，利用增值服务、低成本、供应链管理，取得与竞争者差异化竞争优势。

1. 计划准备阶段

(1) 制订规划目标。

① 短期规划：满足自用需求(冷冻水产)约 3 600 吨，并对下游经销商客户提供冷冻食品的配送物流服务。

② 中长期规划：在深圳北部、西部各建立一转运型配送中心，土地面积 3 000 平方米左右，发展鲜食水果等产品加工、网络营销及宅配服务。

(2) 基本资料的搜集。

① 配送中心现状是：将原来的冷冻库承租下来改造为低温配送中心。地点为工业区，邻近盐田港，距高速公路口 2 千米左右，邻近 8 车道快速道路。方便北部、西部之整车配送。附近冷冻加工厂林立，邻近又有许多住宅区，招募有低温作业经验的人员非常容易，交通方便，土地价格便宜，自然条件(如地震、降雨、盐度等)无直接威胁。

② 基本要素：

订单(E)：订单来自经销商、便利店、超市、量贩店。

种类(I)：配送商品为冷冻水产品，种类约 600 种。

数量(Q)：配送商品平均每日 5 300 箱，库存量日平均 2 800 托盘。

配送渠道(R)：本市、直送批发零售商。

服务对象(S)：物流的服务对象为本公司及零售商。

时间(T)：交货时间为下单当日或次日送达，配送频度为一天一次。

成本(C)：物流费用约占商品价格的9%。

(3) 基本资料分析。

① 仓储设备：原油仓库缺乏货架、储位，无法做计算机储位管理。理货区及装卸区无空调冷冻设备，理货区为常温，严重影响产品质量，缩短产品的保存期限。楼高约6米，扣除空调管路空间，实际可用高度约5米，只能叠放三层托盘。由于原为储存原料及成品之冷冻库，并未配置货架，托盘只能以堆板方式存放。

② 配送作业：目前配送回程几乎为空车。每月配送峰值低谷之数量差异大，形成月初量大送不完，月中、月底量小而闲置的情况。原因为付款条件是月底月结制，造成客户订货集中在月初的一周里。若能与其他物流公司做共同配送，将可降低配送成本。

③ 库存管理：储位无法妥善管理，造成空间的浪费及盘点困难。没有计算机配车系统，配送成本难以掌握。因为缺乏信息系统，时常造成库存重复被卖而无法交货的窘境。而零散货品寻找不易，常发生库存表有货却找不到货的情况。目前每三个月盘点一次，因仓储设备不足而无法做到精确的盘点。

2. 系统规划阶段

(1) EIQ参数的分析。

① E——配送的对象：经销商、便利店、超市、百货公司。出货状况：整托盘出货12%，整箱出货88%。

② I——配送的商品种类：冷冻的水产品、畜产品、蔬菜、蔬果和调理食品，数量大，体积小。

③ Q——商品的配送数量及库存量：目前的总量为签约企业水产品之配送数量总和。因采取月结货款结算方式，每月20—30日为波谷时间，每月1—10日为高峰时间。若能配合其他进口商/制造商以每月20日为月结款日，可以有效改变上述不平衡峰谷问题。

④ R——配送渠道：配送中心—经销商—零售(便利店、超市、百货公司)—消费者。

⑤ S——物流服务：渠道合理成本下的服务质量。即成本不比竞争对手高，而服务水平比其高的服务原则。

⑥ T——物流的交货时间：采取配送频度一天一次。次日送达(12~24小时)。

⑦ C——建造预算中的物流成本：以仓储费、装卸费、流通加工费、配送费等分别计费。

(2) 规划方案中的基本设计参数。规划的库存周期天数27天。营收(出入库数量)与库存同步增长。出租储位之种类数与使用储位数同比例增长。

① 中心总面积：2 928平方米(楼梯间另计)：长89米×宽32.9米。仓库区：长64.4米×宽32.9米×高24米；处理区：长24.6米×宽32.9米×高23.1米。

② 温度要求：自动仓库－25℃库温，50 000平方米，总收容量8 800托盘，最大入库量200托盘/日，入库初温－15℃，入库24小时内可达－25℃。冷冻区－25℃库温，300平方米。前室1℃~3℃室温，50平方米。理货区5℃~10℃室温，700平方米。冷藏区

1℃～3℃室温,400平方米。

③ 每月出库3 500托盘＝120托盘/日,每月订单数:3 582张,每月累计出货箱数:124 478箱,每日出库种类预估200项(目前170项/日)。

④ 拣货频率:出库25托盘/小时,再入库25托盘/小时;拣货入库15托盘/小时;峰值时间带:6:00～8:30和16:30～19:30。每日车辆进出频率(现况):进拖车2辆×作业时间1.5小时,出车1辆×作业时间1.5小时。

(3) 规划方案说明。规划的两个方案由于篇幅限制,这里做简单介绍。

方案一(平货架):总费用4 325万元。

① 低温配送中心建筑面积4 347平方米(63米×69米),仓库采用一层厂房,内部净高12米,仓储设备采用托盘货架搭配窄道式堆高机的作业方式,共有储位5 640个。规划为6个区域,温度可控制在－25℃～0℃。

② 生鲜加工厂建筑面积3 760平方米(40米×94米)。预计建三层楼,一楼的后面规划为冷冻机械室,右边为原料仓库及活鱼养殖池。生鱼片生产线,其设备包括生鲜解冻机、切割机、急速冷冻机、包装线及冷藏库等设备。二楼计划生产鲜食产品。

③ 进出货区为三层楼方式:一楼做进出货暂存区,其温度设定为5℃～7℃,面积756平方米(63米×12米),楼高5.5米,月台高1.3米,设有升降月台等设备。二楼做理货区或冷藏区,温度为0℃～5℃,面积为1 134平方米(63米×18米),楼高5米,利用二楼延伸的6米作遮雨棚。在楼层间利用电梯与垂直输送机搬运货物。三楼做行政办公室,面积为1 134平方米(63米×18米),楼高3.5米。

方案二(自动仓库＋传统仓库):总费用7 832万元。

① 低温自动仓储中心建筑面积为2 915平方米(33.9米×86米),仓库主体采用一体式自动仓储厂房,高度为24米。自动高架堆垛机5台,储位9 400个。温度可控制在－25℃左右。

② 进出货物暂存区规划为四层楼,一楼做进出货装卸暂存区,其温度为5℃～7℃,面积为508平方米(33.9米×15米),楼高5.6米,月台高1.5米,设有升降月台等。二楼做理货区,其温度设定为0℃～5℃,面积为847平方米(33.9米×25米),楼高5米,利用二楼延伸的8米当遮雨棚。在楼层间利用电梯与自动高架存取机来搬运。三楼做冷藏及冷冻两用的仓储区,其温度为－25℃～7℃,面积为847平方米(33.9米×25米),楼高5.5米,储放不能进自动仓的商品。四楼做行政办公室,面积为847平方米(33.9米×25米),楼高4米。

③ 加工厂为三层楼建筑,面积4 000平方米,一楼的后面规划为冷冻机械室,右边为原料仓库及活鱼养殖池,生鱼片生产线设备包括生鲜解冻设备、生鲜切割处理台、急速冷冻机、包装线及冷藏库等设备,而二楼则生产鲜食产品。

3. 方案评估阶段

根据规划的基本方式,计算各方案的投资金额及运营收支的经济效益,进行效益评估分析。假设计算条件如下所示:

(1) 仓库利用率第一年65%,第二年75%,第三年85%,第四年之后按95%计算。

(2) 拣货时每箱以10元计算,每托盘堆码30箱,因此每托盘理货费为300元。

(3) 集装箱装载量换算时,40英尺集装箱以堆码30托盘计算。拆箱数量以仓库库存量的60%计算。

(4) 第五年物流费费率调整,仓租费为650元/箱,入库费调整为150元/箱。

为利于收发货、库存管理等,由计算机管理随时掌握库存量,正确提供库存状态,而且通过仓储计算机与公司的主计算机联机,可向客户提供实时信息及网上订单和订单查询。由于采用高技术高效率迅速占领市场以及投资较快回收,最后决议选第二方案。

4. 详细设计阶段

从规格种类繁多的各类设施中挑出最佳设备,集成以满足整体效率最大化,需要各专业相互配合。

以下针对重点设施加以叙述:

(1) 自动仓库。室内货架净高24米,采用一体式设计,外墙板直接固定于货架钢柱,节省厂房成本。前处理区为四层:一楼为收出货区,月台可停放货车5台,配5台月台跳板供装卸货。二楼为批量订单拣货区,可供多订合并拣货。三楼一半为冷藏储存区,另一半为冷冻储存区。电动推高机作业。仓库侧边配置2层低温零星拣货区,货品由高架吊车(激光定位FS系统)取至指定区域,员工依拣料单指示拣取。

(2) 处理区厂房。一楼月台高1.45米,一楼楼高6米,二楼楼高5米,三楼楼高5.5米,四楼楼高4米。货用电梯采用4.5吨,每分钟运行30米。

(3) 冷冻、冷藏及空调系统。由2台低温卤水冷冻机组(-25℃)负责自动仓库,2台中温卤水冷冻机(1℃~10℃)负责理货区、冷藏仓库等冷却。

(4) 信息系统功能。全自动低温仓储。储位管理计算机化,先进先出,确保产品质量不逾期。客户能应用互联网实时查询库存。客户能应用Internet(互联网)、EDI(电子数据交换)、FAX(传真)、TEL(电话)等方式下单。

(资料来源:中国物流与采购网)

思考题

1. 你对该配送中心选址有何评价或建议?
2. 方案评估应该考虑哪些因素?

第 2 章　物流系统分析

本章关键词

系统分析(system analysis)　　　　明确问题(define problem)
环境分析(environment analysis)　　系统目标(system objective)
目标冲突(objective conflict)　　　结构分析(structure analysis)

物流专业期刊

环球供应链　　　　　　　　　　　中外物流
中国物流与采购　　　　　　　　　物流
市场周刊(新物流)　　　　　　　　上海物流
物流技术　　　　　　　　　　　　中国物流
物流时代　　　　　　　　　　　　军队采购与物流
物流技术与应用　　　　　　　　　中国物资流通
物流科技　　　　　　　　　　　　物流理论与实践
铁路采购与物流　　　　　　　　　物流管理
物流工程与管理　　　　　　　　　工厂布置与物流技术
物流技术与应用(货运车辆)　　　　天津物流
物流与供应链

> 在物流系统规划与设计的初期应该进行初步的系统分析,以明确整个后续工作要解决的问题和需要实现的目标。确定问题阶段需要详细调研分析,分清主次问题,分清整体和局部问题,分析系统环境,清晰界定问题。在探寻目标的阶段主要任务则是依据认识问题阶段的成果,合理适度地设定目标,要考虑物流系统目标的层次性和多样性,还需要兼顾系统相关利益方和决策者的想法。

2.1　物流系统分析的本质和原则

在对现有物流系统进行重组或设计新的物流系统时,需要进行物流系统的分析;当经济环境、政策发生变化时,也需要对现有的物流系统进行分析;当今的市场处在不断的变化之中,供应链中的合作伙伴关系也会经常发生变化,因而经常需要对物流系统进行分析。

物流系统的分析,指的是在物流网络或者供应链中有序地、有计划地对一个或多个部门进行观察以决定每个部门和整体系统如何有效地运转。

物流系统分析可以是一种简单的运作,如在码头进货处对单独的搬运系统或运输系统进行分析研究;也可能是一个复杂的观察分析过程,如在全国或全球范围内,从完全重组一个企业物流系统的角度出发进行分析,分析与长期供应商、顾客之间的关系,通过观察获取有关的统计数据,并运用于物流网络的模型中进行计算和仿真分析,其最终目的是重组全部的物流系统,实现以最低成本获得最优价值的目的。

物流系统分析是在选定系统目标和价值准则的基础上,运用定量和定性分析的方法,对系统的功能、环境、费用、效益,以及要素间相互关系等问题有步骤地进行分析,以把握系统行为的内在规律,寻求物流系统整体效益最大化或损失最小化的策略活动。

但是,在物流系统分析过程中应遵循一些基本原则。

(1) 内部因素与外部条件相结合的原则。系统的内部因素主要是系统的组成要素、要素之间的关系、系统结构、功能等;系统的外部条件是指系统生存和发展所依赖的外部环境,一般是不可控的。分析系统的外部条件,主要是弄清系统目前和将来所处环境的状况,把握系统发展的有利条件和不利因素。因此,进行系统分析时,必须将内、外部各种相关因素结合起来综合考虑,才能实现系统的最优化。通常可将内部因素作为决策变量,将外部条件作为约束条件,用一组联立方程式来反映它们之间的相互关系。

(2) 当前利益与长远利益相结合的原则。物流系统分析的目的就是要最终实现系统的最优化,而物流系统的最优化既包含空间上的整体最优,还包括时间上的全过程最优。因此,选择最优方案,不仅要从目前利益出发,而且还要同时考虑长远利益,要两者兼顾,如果两者发生矛盾,应该坚持当前利益服从长远利益的原则。

例如,物流设施系统、交通运输系统等的建设是提高国民经济效益的重要因素之一。但这些项目的经济效益需要在一段时间以后才能反映出来,如果对这种滞后性不能客观对待,只看重眼前利益,不考虑长远利益,不重视基础性投资和建设,只会是欲速则不达。

(3) 局部效益与总体效益相结合的原则。各子系统局部效益的最优并不意味着总体系统效益的最优。系统总体的最优有时要求某些子系统放弃最优而实现次优或次次优,所以进行物流系统分析,必须全面考虑总体与局部、局部与局部之间的关系,坚持"系统总体效益最优、局部效益服从总体效益"的原则。

(4) 定性分析与定量分析相结合。定量分析是指采用数学模型进行的数量指标的分析。但是社会经济系统中还存在着众多无法量化的相互交叉、相互影响的社会因素,对这些因素的分析,只能依靠人的经验和判断力进行定性分析。因此在物流系统分析中,定性分析不可忽视,必须把定性分析与定量分析结合起来进行综合分析,或者交叉地进行,这样才能达到系统选优的目的。

2.2 物流系统的环境分析与问题识别

2.2.1 物流系统的环境分析

1. 内部环境分析

（1）企业内部环境。对企业的内部环境进行分析，包括对企业内部各职能部门和生产要素的分析。对企业职能部门的分析涉及各职能部门的现状及发展，以及各职能部门之间的联系和沟通，目的是找出制约企业发展的"瓶颈"。对生产要素的分析从纵向出发，打破职能的界限，站在整体发展的高度研究各生产要素对企业的影响，以更适合于企业总体战略的分析。

（2）物流体系环境。物流体系环境是指构成物流系统的内部环境，主要包括商品产销地理与市场环境、交通运输环境、仓储物流设施环境、物流信息传递处理环境、物流政策与人才环境等。通过对物流体系环境的认识，有利于充分发挥物流体系优势，更好地促进物流畅通，为经济发展服务。

2. 外部环境分析

（1）宏观环境

宏观环境指的是以国家宏观社会经济要素为基础，结合企业的行业特点而制定的环境影响因素指标，它由社会约束力量构成。主要包括政治（国家政体、政局、对外关系）；行政（宏观管理、行政规章、地区封锁与区域合作状况、道路交通管理制度）；经济（银行、税务、工商、海关、商检、检疫、保险；经济政策和发展状况；对外开放状况和政策）；社会（社会状况、公众对物流的认识、商业道德与信用）；地理（物流基础设施地区分布；各地区气候环境对物流的影响）；人口（人口的规模及其构成、教育程度、地区间流动等）；文化（风俗习惯、文化传统、商业惯例）；环保（环保规定；包装和废弃物产生量；噪声和空气污染程度；包装材料要求、回收利用）。

（2）行业环境

建立物流系统时，除了要分析物流系统所处的宏观环境外，更重要的还是要分析一下行业的现状和发展。它是企业必须研究的重要方面，因为它是直接影响物流经营的外部环境。行业环境分析的内容包括：市场规模与发展、竞争者情况、技术经济支持情况和新技术新产品的影响。其中，物流企业的行业竞争环境有以下四个方面。

① 来自国外物流企业的威胁。从 1995 年开始，我国逐步降低了物流相关行业的外企准入门槛，国家层面和一些省市，在通关、金融、税收和业务经营范围等方面提供了一些优惠条件。同时，中国巨大的物流市场和活跃的对外贸易都对国外物流企业形成了巨大的吸引力。国际物流知名企业大量进驻中国。另外，随着我国不断优化外商投资环境，外商以中外合资、中外合作的形式开办物流企业。国外物流企业在带来物流专业知识和经验、为客户提供完善的综合物流服务的同时，也以其国际物流网络、国际客户关系、标准化服务、资本等优势给国内物流市场形成了较大的冲击。

② 来自国内传统物流业的竞争。中国传统的与物流相关的行业,尽管由于观念和体制等方面的原因,在现代物流的发展过程中,明显处于落后状态,但由于其拥有国内绝大多数的物流硬件资源,它们一旦在观念和体制上完成向现代物流的转变,其竞争能力将得到显著加强,国内物流业的竞争将更加激烈。

如中远集团下属的中远物流公司,依托集团资源和网络优势,整合了货运、空运、船舶代理等资源,重点物流业务涉及家电、汽车、石化、电力、会展及零售业等领域。中外运长航集团则是由中国对外贸易运输(集团)总公司与中国长江航运(集团)总公司于2008年12月重组成立,定位是以物流为核心主业、航运为重要支柱业务、船舶重工为相关配套业务的综合物流服务供应商。中外长航是经中国物流标准委员会审定的国内唯一的整体5A级综合服务型物流企业。

③ 来自大型企业自营物流社会化的挑战。大型生产或流通企业自营物流体系的社会化,也形成了中国物流市场上的一支劲旅。生产企业如海尔集团,1999年在家电生产企业中率先改造物流系统,成为典型的自营物流模式,通过JIT采购、JIT配送、JIT分拨实现同步流程,获得了基于时间的竞争优势,从而以时间消灭空间,降低物流总成本的同时又提升了物流服务水平。2003年,海尔物流在发展企业物流的同时,成功地向物流企业进行了转变,海尔第三方物流服务领域已拓展至IT业、食品业、制造业等多个行业。

京东商城则属于流通企业自建物流及物流社会化的佼佼者,形成了基于短链供应,以高效、敏捷为特色的物流服务。物流服务细分至中小件、大件、冷链、B2B、跨境和众包六个类别。同时,致力于技术创新,无人机、无人仓、无人车先后投入使用。通过智能化布局的仓配物流网络,京东物流可以为内外部客户提供仓储、运输、配送、客服、售后的正逆向一体化供应链解决方案。

④ 大型财团投资物流项目所建立的物流企业。随着物流业的兴起,国内大量闲散的、找不到很好投资渠道的资金纷纷投资物流业,如上海南方物流,其投资商本身是以房地产项目投资为主的,现在投资上海南方物流公司。另外,像上海实业、华瑞润、华北高速等大型投资商,也将物流作为新的投资重点。这些新加入者对原有的物流公司形成巨大的压力,同时也为物流市场输入了新的血液。

物流业市场竞争环境分析可以借用波特的五种竞争力量分析模型。依照迈克尔·波特的观点,一个行业中的竞争,远不止在原有竞争对手中进行,而是存在着五种基本的竞争力量,即潜在的加入者、代用品的威胁、购买者的讨价还价能力、供应者讨价还价能力及现有竞争者间的抗衡,如图2.1所示。

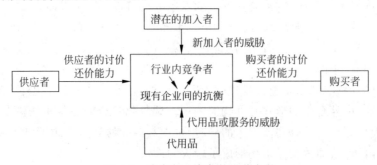

图2.1 决定行业竞争的五种力量

这五种基本竞争力量的状况及其综合强度,决定着物流行业的竞争激烈程度,决定着物流行业中获得利润的最终潜力。

企业战略环境可以采用SWOT分析方法进行分析。SWOT分析法是将企业外部环境的机会(O)与威胁(T),内部条件的优势(S)与劣势(W)同列在一张十字形图表中加以对照,可一目了然,又可以从内外环境条件的相互联系中做出更深入的分析评价。SWOT分析法是一种最常用的企业内外环境条件战略因素综合分析方法。表2.1为某物流企业内外环境条件战略因素SWOT分析。

表2.1 某物流企业内外环境条件战略因素SWOT分析

优势(strong points)	劣势(weakness)
① 原有国际物流操作优势(也就是在国际物流的基础操作,如报关、清关、空运、海运、陆运、储存方面的操作优势)。 ② 物流成功案例与经验。 ③ 全国领先的网络系统。 ④ 较强有力的集约化管理系统。 ⑤ 与海关、空运等系统的良好关系	① 与一些超大型企业比,在资产与资金方面有不小的差距。 ② 与海运、铁路相关联的大批量货物物流基础不强。 ③ 国际网络不很强:有网点,但要建立全球性网络,独自开展全球性物流是远远不够的
机会(opportunities)	威胁(threaten)
① 物流与电子商务高速增长。 ② 国内外大型企业需要高水平物流服务。 ③ 加入WTO后跨国物流公司需要国内网络的配合	① 海陆空大运输企业与大商业公司大力扩展物流业务,正在稳步推进。 ② 加入WTO后跨国物流公司大举进入。 ③ 国内大批"翻牌"物流企业涌现在"零部件"领域形成恶性竞争,导致利润率不断下降

2.2.2 物流系统的问题识别

1. 初步系统分析

"系统分析"一词最早是在20世纪30年代提出的,当时是以管理问题为主要应用对象,是管理信息系统的一个主要和关键阶段,负责这个阶段的关键人物是系统分析员,完成这个阶段任务的关键问题是开发人员与用户之间的沟通。后期进一步的发展,无论是研究大系统的问题,还是建立或优化复杂的系统,都广泛应用了系统分析的方法。

系统分析是一种研究方略,系统分析的主要任务是在不确定的情况下,确定问题的本质和起因,明确目标,找出各种可能方案。系统分析可以尽快明确问题的框架,其内容是今后系统设计、系统规划的基础。

系统分析方法的具体步骤包括:明确问题、确定目标、调查研究收集数据、提出备选方案和评价标准、备选方案评估和提出最可行方案。

明确问题,是对系统进行"诊断",就是要了解问题的本质或特性、问题存在范围和影响程度、问题产生的时间和环境、问题的症状和原因等。明确问题是系统分析中关键的一步,因为如果"诊断"出错,开的"处方"就不可能对症下药。在明确问题时,要注意区别症状和问题,探讨问题原因不能先入为主,同时要判别哪些是局部问题,哪些是整体问题,哪些是主要问题,哪些是次要问题,问题的最后确定应该在调查研究之后。

系统分析目标应该根据客户的要求和对需要解决问题的理解加以确定,如有可能应尽量通过指标表示,以便进行定量分析。对不能定量描述的目标也应该尽量用文字说明清楚,以便进行定性分析和评价系统分析的成效。

2. 明确问题

收集与问题有关的信息,表达问题现状,寻找构成或影响因素及其关系,以便明确系统问题结构。

在系统分析中,问题一方面代表研究的对象,或称对象系统,需要系统分析人员和决策者共同探讨与问题有关的要素及关联状况,恰当地定义问题;另一方面,问题表示显示状况(现实系统)与希望状况(目标系统)的偏差,这为系统改进方案的探寻提供了线索。

在实际的系统规划与设计中,还应特别注意,问题的决策主体和相关利益方,这将影响解决方法的提出,并决定问题的解决程度。表2.2是一个物流系统分析示例。

表 2.2　物流系统环境分析

物流系统分析内容	供应商	企业	客户	合作伙伴	主要竞争对手
战略与战术分析	企业物流战略与战术、竞争力、优势、劣势、竞争策略;采用第三方的比例与态度				
组织与人事分析	决策层、管理层、运作层;组织结构、人员结构;薪酬体系、业绩评估;企业制度、企业文化				
市场与运作分析	物流市场供求、市场竞争、市场占有率;经营目标、战略、手段;物流运作业务流程;业绩指标;运作七项功能要素				
固定资产分析	物流基础设施配套状况;网点选址、数量、结构与运作状况;运输工具数量结构、仓库面积数量结构、其他设施设备				
技术分析	机械化、自动化、信息化、标准化水平;设施设备具体技术				
管理分析	管理层次与幅度、管理人员、管理组织、管理制度、管理方法、管理手段、管理现状				
渠道分析	商流、物流、信息流、资金量等渠道运作现状、结构、效率;渠道之间的合作				
信息系统分析	信息系统的设备、规模、功能、运行状况和环境、公共信息可用量、与外界信息的互联				
供应链关系分析	供应链集成状况、在供应链的位置、供应链合作伙伴的情况;合作协议;与供应链合作伙伴的关系、合作的深度和广度				
风险分析	战略风险、管理风险、财务风险、运作风险、人员风险、市场风险、行业风险				
服务分析	服务项目、服务成本、服务水平、服务创新;顾客满意度、服务的竞争力				

在这个阶段为了尽快明确问题的总体框架,可以借助5W1H方法来展开分析。5W1H分析法也称六何分析法,是一种创造技法,是对选定的项目或系统,都要从对象(WHAT)、目标(WHY)、地点(WHERE)、时间(WHEN)、人员(WHO)、方法(HOW)六个方面提出问题进行思考。5W1H分析表参见表2.3。

表 2.3　5W1H 分析表

项目	为什么	应该如何	采取什么对策
目的	为什么提出这个问题？	应提什么？	删去工作中不必要的部分
对象	为什么从此入手？	应找谁？	
时间	为什么在这时做？	应何时做？	合并重复的工作内容
地点	为什么在这里做？	应在何处做？	
人员	为什么由此人做？	应由谁做？	
方法	为什么这样做？	如何去做？	使工作尽量简化

认识和界定问题的工作有时需要反复进行，直到问题清晰为止，这有助于明确系统目标，也有助于后期对物流系统规划设计的结果进行评估，判断是否很好地解决了需聚焦的问题。

2.3　物流系统的目标分析

2.3.1　物流系统的目标设置

1. 物流系统目标特点

（1）物流系统目标的层次性。物流系统的目标具有层次性，下一层次的系统目标是由上一层次的系统目标决定的，而上一层次的系统目标是由下一层次的系统目标来实现的，可以将物流系统目标进行如下层次划分：

① 营运目标。营运目标是指系统在既定结构的条件下，通过调节具体行为和操作可获得的结果。

② 战略目标。战略目标是一个阶段内确定营运目标的基础，也是系统结构调整的基础。战略目标的出发点是在现在的内外部条件下，把系统调整到更好的结构状态。

③ 基本目标。组织的基本目标是指企业或系统长期的追求与理想。

如决策者提出为新建的物流园区选择合理的地址，则分析者可能会立即按照"选址问题"去处理，由此得出的分析结果也能使决策者满意，但这并非是一项好的系统分析。因为建立的物流园区，其背后的战略目标是提高整个地区的物资交换能力。而再深入下去，基本目标是带动区域经济发展。

一般说来，高层次目标的适用时期长、范围广，越是高层次的目标越能为更多的人所接受。低层次目标应从高层次目标，但是低层次目标比较明确具体，有时，低层次目标不同，系统分析得出的结果会有很大差异。因此，必须全面分析目标结构，选择适当层次的目标。目标太笼统，系统分析难度大；如果太具体又可能使得后续的分析设计很难实现。

（2）物流系统目标的多样性。物流系统的目标一般不止一个，即使同一层次的目标也往往有多个。例如城市物流系统既要能改善公共交通环境,又要能缩短车辆行驶时间,方便商品流动和人员流动。

再如建设物流园区或物流中心的目标可能有:增加货物在运输网络中转点的效率;实现不同运输方式之间的无间隙连接和转运;实现长距离运输与城市配送的有效结合;通过运输设施设备的集中使用带来经济效益;集成化物流运作的服务分享所导致的成本减少;增强对不同货物的处理能力(按产品分类)。

对于一般的物流系统来说,至少会存在两方面的目标。一个是服务目标,一个是成本目标。可见,目标的多样性必然带来目标的矛盾。在资源既定的情况下,如果决策者力争达到某个目标,那么,其他目标则无法在最大程度上达到。物流系统中,这种多目标之间彼此矛盾的现象普遍存在,进行系统目标分析时,必须采取适当的处理方法对冲突目标进行协调。

2. 物流系统目标设置的有关理论

关于物流系统目标设置有三个常用理论,分别是 5S、3S1L、7R 理论。

(1) 5S 目标。优质服务(Service),快速及时(Speed),节约成本(Saving),规模优化(Scale optimization)及合理库存(Stock control)。

(2) 3S1L 目标。以最少的费用提供最好的物流服务,即 Speed、Safety、Service 和 Low cost。

(3) 7R 目标。优良的质量(Right Quality),适合的数量(Right Quantity),适合的时间(Right Time),适合的地点(Right Place),优良的印象(Right Impression),适当的价格(Right Price)和适合的商品(Right Commodity)。

根据上述理论在实际的物流系统中可将目标逐一具体化,如:

(1) 对用户的订货能很快地进行配送;

(2) 接受用户订货时商品的在库率高,存储中商品变质、丢失、破损现象少;

(3) 在运送中交通事故、货物损伤、丢失和发送错误少;

(4) 具有能很好地实现商品运送、存储功能的包装;

(5) 装卸搬运功能满足运送和存储的要求;

(6) 能提供保障物流活动流畅进行的物流信息系统,能够及时反馈物流相关信息;

(7) 合理的流通加工,以保证生产费、物流费之和最少。

如果是用于考核、评价的目标则需要更加具体,在设置的时候需要遵守 SMART 原则,其中,S 代表 Specific(具体的),M 代表 Measurable(可评测的),A 代表 Achievable(可实现的),R 代表 Relevant(有关的),T 代表 Time-bounded(有时限的)。

3. 物流系统目标冲突

在不同层次的系统同类物流目标之间存在冲突,如为降低运输成本进行大批量运输导致储存成本增加(表 2.4)。在同级系统物流成本与物流服务目标之间也存在冲突。如要降低商品破损率应该不同商品选择不同的包装材料和方式,提高包装材料的强度,但这必然会增加包装成本,反过来,如果要降低包装费用就要牺牲包装质量。

表 2.4 物流系统功能要素之间的目标冲突

要素	主要目标	采取的方法	可能的结果	可能对其他要素的影响
运输	运输成本低	批量运输； 集装整车运输； 铁路干线运输	交货期集中； 交货批量大； 待运期长； 运输费用低	在途库存增加； 平均库存增加； 包装费用高
储存	储存费用少	缩短进货周期； 降低每次进货量、增加进货次数； 在接近客户的地方建仓库； 增加信息沟通	紧急进货增加； 送货零散； 储存地点分散； 库存量和费用降低	紧急配送增加； 配送规模小，地点分散； 运输、装卸搬运和物流信息成本增加
包装	包装成本低	内装容量大； 物流包装容器功能多样化； 选择可回收低成本的包装； 选择统一的包装	包装容器的回收费用增加； 商品破损率高； 包装费降低	包装容器的运输费用增加； 装卸搬运费用增加
装卸搬运	装卸搬运费少	根据低成本人力装卸搬运； 改造流程减少装卸环节	装卸搬运效率低； 商品破损率高； 堆放不合理； 装卸搬运费降低	待运期延长； 商品损耗增加； 包装费用增加； 储存费用增加

上述冲突都属于目标间的技术冲突，消除冲突的办法有：建立一个没有矛盾的目标集，把引起矛盾的分目标剔除掉；采用所有分目标，寻求一个能达到冲突目标得以并存的方案。

还有一类目标冲突属于利益冲突，如企业在减员增效的过程中就至少有如下两个目标：一是提高企业的效益；二是保证工作岗位不减员。

这类利益冲突的处理方法有：

目标方之一放弃自己的利益，如一部分员工下岗来减轻企业负担，增加效益。也可以保持其中一个目标，用其他方式补偿或部分补偿受损方的利益。例如以绩效分红或下岗补贴的方式来对下岗员工进行补偿。还可以通过协商调整目标系统，使之达到目标相容。

2.3.2 物流系统目标分析的作用

1. 物流系统目标分析的意义

系统目标的确定关系到整个系统的方向、范围、投资、周期、人员分配等决策，因此，对系统目标进行分析，正确地确定系统发展目标、规划与设计目标、优化目标和改进目标等，都具有十分重要的意义。

无论是改造原有物流系统，还是建立一个新的物流系统，都要有明确的目标。物流系统的目标确定关系到整个系统的方向、范围、投资、周期、人员分配等决策，因此，对系统目标进行分析，正确地确定系统目标，具有十分重要的意义。实践证明，只有目标正确，有科学依据，符合客观实际，才能产生具有预期价值的系统，当目标不明确、不合理或根本就是错误的时候，就会使开发出的物流系统变得毫无意义，其结果只能是浪费大量的人力、物力、财力和时间。所以，进行物流系统分析的首要任务就是对物流系统的目标进行分析。随着物流系统在国民经济中的地位越来越重要，物流系统的规模和范围也越来越大，进行物流系统目标的分析也就更加重要。

2. 物流系统目标分析的内容

物流系统目标分析的主要内容有对系统目标的可行性分析和完备性分析。

(1) 物流系统目标的可行性分析。目标的可行性包括理论上是否有充足的证据,现实条件是否能保证目标的实现。

① 理论依据的充分性。主要是审查所提出的系统目标是否有科学的依据,是否经过充分的论证,是否与有关基础理论相违背等。

② 客观条件的保证。分析和评价现有的技术水平、资金能力、人才条件、外部环境等是否能够保证系统目标的实现。

(2) 物流系统目标的完备性分析。系统目标的完备性是指提出的目标是否充分反映了系统的多样性和系统本身所具有的层次性特点。

建立一个物流系统一般会提出多个目标。例如城市物流系统,既要求能改善公共交通环境、缩短车辆行驶时间,还要求方便商品流动和居民购物,同时还要有利于城市环保。对于物流系统的多目标问题,最突出的问题是在资源一定的情况下,有些目标之间是彼此矛盾的。我们知道,"效益背反"规律是物流系统的特点,如果我们追求包装子系统的最佳化,就不能保证装卸或仓储子系统的最佳化。因此,必须结合具体情况,对物流系统各目标的重要性进行排序,采取适当的处理方法,将多目标问题转换成一个总目标。

另外,物流系统的层次特性说明物流系统目标也是分层次的。高层次的目标适用范围广、适用时期长;低层次的系统目标比较明确具体,但低层次的目标应服从高层次的目标。在审查系统目标的时候,不仅要审查系统的总目标,还要审查子系统的目标,包括子系统目标的科学性、可行性及完备性等。此外,还要考察系统的总目标与各层次子系统的局部目标之间是否协调、子系统的各个局部目标之间是否矛盾等。

进行物流系统的设计或重新设计之前,描述分析中的系统目标和系统指标非常重要。一般说来,系统目标是定性的,如扩大市场份额、成本最小化、利润最大化;而系统指标是一系列具体的、定量的指标,如对客户的订货信息处理时间低于 24 小时、收到发票后的 16 个工作小时内进行订货处理等。目标是通过一系列指标来实现的,指标是对目标的具体化和定量化。一个系统有多个目标,每个目标又可通过多个指标来体现,所有这些指标相互联系、相互影响,就构成了系统的指标体系,或多层次的目标结构。

例如,港口集装箱物流中心总目标与子目标的关系,如图 2.2 所示。

2.3.3 物流系统的战略目标分析

物流系统战略目标是由物流系统宗旨引导、表现为物流系统目的并可在一定时期内实现的量化成果或期望值。物流系统战略目标对物流系统战略基本要点的设计与选择有重要的指导作用,是物流系统战略规划中各种专项策略制定的基本依据。在物流系统战略管理过程中,制订的物流系统战略目标主要包括服务水平目标、物流费用目标、社会责任目标和经济效益目标等。其战略目标应体现纲领性、多元性、指导性、激励性和阶段性等基本特点。战略目标分析的工作内容包括战略导向、战略优势、战略类型、战略态势等,

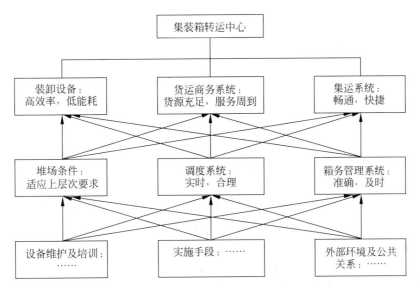

图 2.2　港口集装箱物流中心总目标与子目标的关系

继而形成战略目标。

1. 物流系统战略导向

它指的是物流系统生存、成长与发展的主导方向。物流系统战略活动领域中的服务、市场、技术、规模、资源、组织、文化等方面都可能成为物流系统生存、成长与发展的某一主导方向。物流战略导向的确立,既明确前进方向,又避免竞争与发展中的盲目性。

2. 物流系统战略优势

它是指物流系统能够在战略上形成的有利形势和地位。构成物流系统战略优势的主要方面有:产业优势、资源优势、地理优势、技术优势、组织优势和管理优势。研究物流系统战略优势,关键是要在物流系统成功的关键因素上形成差异优势或相对优势,这是取得物流系统战略优势经济有效的方式,当然也要注意发掘潜在优势,关注未来优势的建立。

3. 物流系统战略态势

它是指物流系统的服务能力、营销能力、市场规模在当前的有效方位及沿战略逻辑不断演变的过程和推进趋势。它反映了企业参与社会物流系统运作时,在客观上的物资、人力资源表现的竞争能力积聚与实力,以及在主观上智慧谋略表现的动态组合运作状况。

4. 物流系统战略类型

物流系统战略根据其战略目的的不同可以划分为以下四种基本类型。具体见图 2.3。

(1) 总成本领先战略。总成本领先战略的核心是采用一系列针对本战略的具体政策在产业中赢得总成本优势。其贯穿于整个战略过程的基本指导思想,即战略方针是物流成本低于竞争对手。成本领先要求积极地建立起有效规模物流设施体系与具备较高的相对市场份额,即要求有一个覆盖面较宽、效率较高、弹性较大的公共物流服务平台,有众多的服务客户群,另在经验基础上全力以赴降低成本,抓紧成本与管理费用的控制,以及最

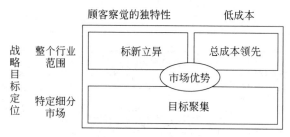

图 2.3　四种基本战略类型的区别

大限度地降低研究开发、服务、推销等方面的费用。为了达到这些目标，有必要在物流管理方面对成本控制给予高度重视，但在服务质量、服务水平方面也不容忽视。

(2) 标新立异战略。标新立异战略也就是以差异化为目标的战略，是将企业提供的产品或服务标新立异，形成行业范围中具有独特性的东西。企业设法使自己的产品或服务乃至经营理念、管理方法、技术等有别于其他企业，在全行业范围内树立起别具一格的经营特色，从而在竞争中获取有利地位。追求市场差异化也是大多数公司所追求的目标，以便在市场上获得更大的竞争优势，赚取更多的经济利润。标新立异可以从设计品牌形象、技术特点、外观特色、经销网络等方面入手，构筑特色。其战略重点是特色构筑、品牌树立。其战略指导思想是利用客户对品牌的忠诚以及由此产生的对价格的敏感度下降使公司避开竞争。但标新立异战略实施的服务成本高昂，如研究、开发设计、高质量的材料、周密的服务安排等。

这种规划模式首先是确定目标，这是由股东的期望和管理者的价值观决定的。目标的差别和当前及预期增长决定了应当填补的规划差异的规模。在此基础上，运用 SWOT 分析方法，详细分析公司的优势与劣势、环境的机会与威胁，在这里，要特别注意规划中存在的特殊问题，然后确定物流系统的战略、实施计划和实施控制，最后获得经营结果。这将反过来印证是否达到股东和管理者的期望。

以差异化为中心的战略规划模式如图 2.4 所示。

(3) 目标聚集战略。目标聚集战略是企业市场定位主攻某个特定的顾客群、某产品系列的一个细分区段或一个地区市场。其战略思想是为某一狭窄的战略对象服务，从而超越在更广阔范围内的竞争对手。目标聚集战略可以通过较好地满足特定对象的需要实现标新立异，同时或在为这一对象服务时可以实现低成本，并在狭窄的目标市场中获得一种或两种优势。

(4) 市场优势战略。这种规划模式与目标聚集战略的区别是从市场现状入手，寻求自身优势并进一步夯实优势，首先需要确定物流所处的市场环境，主要从外部入手开始分析所处的外部环境，并结合股东和高层管理者的期望，然后确定物流系统的使命、政策、目标、方案等。在此基础上，制订物流系统战略实施计划并编制战略实施的预算。最后通过实施战略取得所期望的经营结果。这些过程是环环相扣、相互关联的，这种规划模式适合于基于成型物流系统的战略目标改进，因而目前在企业管理中被广泛采用。该模式战略目标的形成如图 2.5 所示。

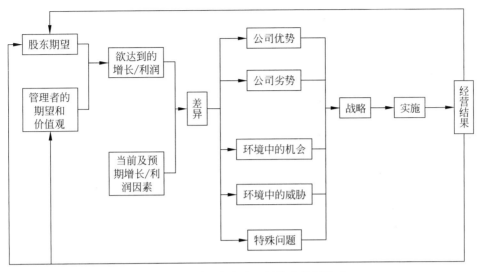

图 2.4 以差异化为中心的战略规划模式

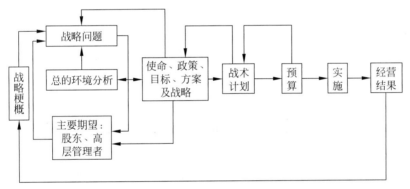

图 2.5 以市场优势及吸引力为中心的战略规划模式

2.3.4 物流系统目标分析方法

物流系统目标分析可以选用目标管理法、总成本分析法、重要业绩衡量指标分析法和目标树分析法等方法,下面重点介绍问题树与目标树分析法。

问题树和目标树都属于特殊的逻辑树,逻辑树是麦肯锡公司分析问题时常使用的工具。

逻辑树是把一个已知问题当成"树干",然后开始考虑这个问题和哪些相关问题或者子任务有关。每想到一点,就给这个问题(也就是"树干")加一个"树枝",并标明这个"树枝"代表什么问题。一个大的"树枝"上还可以有小的"树枝"……如此类推,找出问题的所有相关联项目。好的逻辑树应该完整、清晰,符合逻辑和实际,需要分解到描述清楚为止。

问题树是将问题的所有子问题分层罗列,从最高层开始,并逐步向下扩展。同时分析问题产生的原因,层层挖掘。子问题和问题原因分别形成了问题树的根和枝叶,根部即问题原因是可选的,根据需求选择要不要根部分析。具体如图 2.6 所示。

对系统总目标进行分解而形成的一个目标层次结构,称为目标树,如图2.7所示。通过目标树可以将系统的各级目标及其相互间的关系清晰直观地表示出来。目标树是直接来源于问题树且与问题树有对等的结构。与问题树相对应的是目标树也可以有根部,代表实现目标的具体措施。

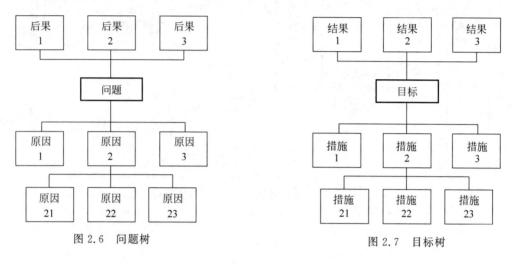

图2.6 问题树　　　　　　　　　图2.7 目标树

在进行初步系统分析时,可以先界定问题,经过详细的调研和分析绘制出问题树,再将问题树转化为目标树,参见图2.8(a)和图2.8(b)所示的例子。

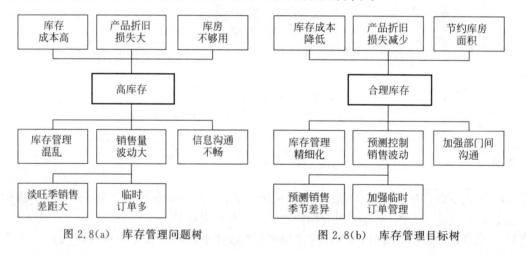

图2.8(a) 库存管理问题树　　　　　图2.8(b) 库存管理目标树

2.4 物流系统的结构分析

结构是指系统内部各组成要素之间的相对稳定的联系方式、组织秩序的内在表现形式。凡是系统必有一定的结构,系统的结构决定系统的功能。破坏该结构,就会完全破坏该系统总体的、特定的功能。因此,研究系统的结构,并从系统结构入手,对于研究系统整体具有普遍意义和重要作用。

结构模型是描述系统各单元之间相互关系,即系统元素结构的模型。从性质上看,结构模型是一个客观模型,表述的是静态的、定性的结构。从作用上看,它以层次结构的形式表明要素之间的相互关系,包括直接关系、间接关系、隶属关系、相对地位等。

物流系统的结构一般基于两种思路,一类是通用结构,由物流系统的要素划分来决定,如功能结构、管理结构、网络结构、组织结构、治理结构、产业结构等。

另一类是特例结构,由不同的物流系统的要素确定的个性化结构,常用系统结构模型化方法如解释结构模型。

2.4.1 物流系统的治理结构

威廉姆森在麦克尼尔合同划分方法的基础上,从交易成本理论的角度对三种合同类型进行了区分,建立了自己的交易分析框架。

(1) 古典合同。古典合同是一种理想化的契约关系,契约条件在缔约时就有明确和详细的界定,并且各方当事人的权利和义务都能准确度量。各方没有长期维持契约的意愿,只关心违约的惩罚和索赔。此外,古典合同中没有第三方的介入,如果有纠纷,强调的是遵循法律规则和正式文件。

(2) 新古典合同。新古典合同是一种长期契约关系,当事人能认识到契约的灵活性和不完全性,有日后调整的心理准备,关心契约的持续性。如果发生纠纷,首先谋求内部协商解决,解决不了再诉诸法律,新古典合同强调一种包括第三方裁决在内的规制结构。

(3) 关系合同。合同期限的延长和合同复杂性的增加导致了关系合同的出现。关系合同也是不完全合同,协议中的缺口依靠关系体系中不断的谈判协商来解决。关系合同强调专业化合作及其长期关系的维持,并且需要建立一种规制结构来对契约关系进行适应性调整。

物流系统的治理是指物流系统资源配置的管理和控制的方法,威廉姆森用(投资的)专用性、(交易的)不确定性和次数来描述交易的特征。物流系统不同的交易形式和特征会产生不同的治理机制,不同的治理机制又形成了不同物流系统治理结构,包括多边治理、三边治理、双边治理和单边治理,见表2.5。

表 2.5 物流系统治理结构

		投资特征		
		非专用型	混合型	专用型
经常性	偶尔发生的	市场结构 (古典合同) 多边治理	三边治理 (新古典合同)	一体化治理 (关系合同)
	重复发生的		双边治理 (关系合同)	单边治理

1. 多边治理

多边治理称为市场治理或古典合同治理,任何一个物流系统所需的所有资源都可以通过市场得到配置,但这些资源不是某一系统的专用资产,而是多个系统的共用资产。适用于偶尔进行的交易,或者物流资源具有高度专业化特征的交易。

其特征是:参与物流市场资源交易方的身份不重要;通过合同确定交易关系;合同中对赔偿有严格的规定;交易方出现纠纷时,可通过法律途径解决,但这种方式不被提倡,更倾向于自我了结纠纷。

2. 三边治理

三边治理是基于新古典合同,通过物流资源的需求方、供给方和第三方(法律)来共同治理的模式,法律方起调解和仲裁作用。适用于偶尔进行的交易或者资产高度专用化的交易。

其特征是:专用性投资是双方的;三边治理中的"第三方"(法律)只是防止万一的补救措施。

3. 双边治理

双边治理是基于关系合同,通过物流资源的买卖双方共同治理的模式。相比三边治理,双边治理的双方关系更加紧密,其专用性资产投资规模更大。冲突需要通过关系机制(而不是法律)解决。适用于重复发生的交易。

其特征是:交易是非标准化的;资产属于混合型,核心资产是专用的;交易的标的、条件、价格相对没有可遵循标准,物流服务对资源有特殊性需求。买卖双方的关系和身份是合作的基础。

4. 单边治理

单边治理即一体化治理。适用于资产高度专用,该物流业务与企业的核心业务高度相关,投资该业务可以获得规模效益等情况。

通常适用单边结构的是生产企业或销售企业,不适用于流通企业。当生产企业和销售企业所需的物流资源(如设施设备和技术性资料)高度专用,且进行投资可获得规模效益,物流与生产、销售密切相关,则可选择单边治理。

2.4.2 解释结构模型

建立结构模型的方法包括只着眼于系统组成要素间有无关联的解释型结构模型ISM方法、用具体数值表示关联度的模糊结构模型FSM方法、决策试行和评价试验室DEMATEL方法等,其中最具代表性的是ISM方法(Interpretative Structural Modeling Method)。ISM方法的建模步骤如下。

(1) 画出有向图。ISM方法建立模型的流程分为画出有向图、构造可达矩阵、分解可达矩阵、形成系统结构模型等几步。其呈多级递进形式,采用有向图描述系统的结构关系。有向图是由点(又称节点或顶点)与连接点的枝组成的图形,枝有方向性,用带箭头的线段或弧线段表示,如图2.9和图2.10所示。节点代表系统的要素,枝代表要素之间的因果关系或层次关系。

生成描述系统的有向图,是在充分了解系统的组成要素 $S_i(i=1,2,\cdots,n)$ 的基础上,规定任意两个要素 S_i 和 S_j 之间的关系,表示为 $S_i R S_j$,其代表"要素 S_i 对 S_j 存在着关系 R",关系 R 可以是"给予影响""先决条件""重要"等不同的影响程度。

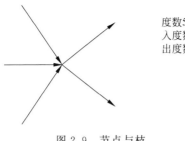

图 2.9 节点与枝

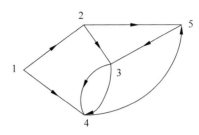

图 2.10 简单有向图

（2）生成邻接矩阵。邻接矩阵与有向图一样，都是描述要素之间的直接影响。它在各个要素之间逐一比较，以输出（施加影响的）要素为行、输入（受到影响的）要素为列，当两个要素之间影响的关系成立时取 1、不成立时取 0，即矩阵中各个元素为

$$a_{ij} = \begin{cases} 1, & \text{有 } i \to j \text{ 的枝} \\ 0, & \text{无 } i \to j \text{ 的枝} \end{cases}$$

然后根据两项关系的有和无，归纳表示成邻接矩阵 $\boldsymbol{A} = [a_{ij}]$ 的形式。

（3）生成可达矩阵。邻接矩阵 $\boldsymbol{A}$ 生成后，接下来求其与单位矩阵 $\boldsymbol{I}$ 的和 $\boldsymbol{A}+\boldsymbol{I}$，再对某一整数 n 做矩阵 $\boldsymbol{A}+\boldsymbol{I}$ 的幂运算，直到下式成立为止：

$$\boldsymbol{M} \equiv (\boldsymbol{A}+\boldsymbol{I})^{n+1} = (\boldsymbol{A}+\boldsymbol{I})^n \neq \cdots \neq (\boldsymbol{A}+\boldsymbol{I})^2 \neq \boldsymbol{A}+\boldsymbol{I}$$

幂运算是基于布尔代数运算（0、1 的逻辑和、逻辑积）进行的，即

$$1+1=1, \quad 1+0=0+1=1, \quad 1\times 1=1, \quad 1\times 0=0\times 1=0$$

矩阵 $\boldsymbol{M} = (\boldsymbol{A}+\boldsymbol{I})^n$ 称为可达矩阵，可达矩阵用于描述元素间的所有影响。可达矩阵 $\boldsymbol{M}$ 的元素 m_{ij} 为 1 代表要素 S_i 到 S_j 之间存在一步或若干步可以到达的路径，即可达矩阵完全表征了要素间的直接和间接的关系，它在把握系统的结构方面有着非常重要的作用。

（4）各要素的级别分配。应用可达矩阵 $\boldsymbol{M}$，对各要素 S_i 求如下集合：

$$P(S_i) = \{S_j \mid m_{ij} = 1\}$$
$$Q(S_i) = \{S_j \mid m_{ij} = 1\}$$

其中，$P(S_i)$ 称为可达集合，即从要素 S_i 出发可以到达的全部要素的集合，这可以通过寻找可达矩阵 $\boldsymbol{M}$ 的第 i 行上元素值为 1 的列所对应的要素求得。而 $Q(S_i)$ 称为先行集合，即可以到达要素 S_i 的全部要素的集合，这可以通过寻找可达矩阵 $\boldsymbol{M}$ 的第 i 列上元素值为 1 的行所对应的要素求得。

再根据 $P(S_i)$ 和 $Q(S_i)$ $(i=1,2,\cdots,n)$，求满足下式的要素的集合 L_1：

$$P(S_i) \cap Q(S_i) = P(S_i)$$

L_1 中的要素所具有的特征是，从其他要素可以到达该要素，而从该要素则不能到达其他要素，即 L_1 中的要素是位于最高层次（第 1 级）的要素。

然后，从原来的可达矩阵 $\boldsymbol{M}$ 中删去 L_1 中要素所对应的行和列得到矩阵 $\boldsymbol{M}'$，对 $\boldsymbol{M}'$ 进行同样的操作，以确定属于第 2 级的集合 L_2 的要素。以后重复同样操作，依次求出 L_3，L_4，$\cdots$，从而将各要素分配到相应的级别上。

归纳以上内容,可得：

令 $\boldsymbol{M}=\boldsymbol{A}+\boldsymbol{I}$,则元素 $m_{ij} = \begin{cases} 0, & \text{由 } i \to j \text{ 无法 1 步内到达} \\ 1, & \text{由 } i \to j \text{ 可以 1 步内到达} \end{cases}$

对于 $\boldsymbol{M}^q(q \leqslant n-1)$,矩阵元素 $m_{ij}^{(q)} = \begin{cases} 0, & \text{由 } i \to j \text{ 无法 } q \text{ 步内到达} \\ 1, & \text{由 } i \to j \text{ 可以 } q \text{ 步内到达} \end{cases}$

由 n 个要素组成的有向图,显然如果 $i \to j$ 可达的话,至多只需要 $n-1$ 步,否则将是不可达的。

实际上,该步骤是在分解可达矩阵。在多数情况下,需要做三项工作。

① 区域划分：区域划分的作用是识别出系统中在结构上没有关系的子系统。具体分为以下几个步骤。

- 分别求出各要素的可达集(矩阵每行中结点为 1 所对应的列元素集合)、前因集(矩阵每列中结点为 1 所对应的行元素集合),以及二者的交集；
- 找出交集与前因集对应相等的要素；
- 根据这些要素的可达集是否不相交划分为不同的区域；
- 若有区域划分,再根据这些要素的可达集中各要素的可达集是否相交确定各区域所包含的要素。

② 级别划分：级别划分的作用是确定每一区域的层次。具体分为以下几个步骤。

- 可达集为前因集子集的要素确定为最高层；
- 去掉上一层要素后余下类似进行,依次求得第二、三、……层；
- 前因集为可达集子集的要素为最低层。

③ 连接划分：连接划分的作用是找出各层中紧密联系可以合并的要素。方法是找出具有互为可达且互为前因的强连接子集的要素,选择其中之一作为代表,而去掉其余的要素。

(5) 生成层次结构图。级别分配结束后,按照区域、级别、连接等要求,调整可达矩阵的行和列,使得可达矩阵 $\boldsymbol{M}$ 的行和列按照级别的顺序排列放置,通过这一操作将 $\boldsymbol{M}$ 化成分块三角阵,最后再分块画图。在最上层放第 1 级 L_1 的要素,它的下面放第 2 级 L_2 的要素,依此类推,把各要素从上至下按级别顺序放置。另外,由于可达矩阵 $\boldsymbol{M}$ 中各元素的数值是从有向枝所代表的相邻级别要素间关系以及同一级别要素间关系转化来的,因而可以用有向图的形式来表示系统的层次结构。

应用中,结构模型往往不是分析问题的最终结果,而只是建立定量模型的初步过程。建立和明确系统的结构,只是为进一步运用定量的方法进行系统评价、系统决策所做的基础工作。实际上,解析结构模型的建立过程就是运用层次分析方法解决问题的初始步骤。

本章小结

具体的物流系统的建立都是为了实现或达到某些功能,而物流系统的规划和设计都需要准确的把脉,明确物流系统本身的问题和规划设计的目标,这关系到整个系统的方向、范围、投资、周期、人员分配等决策。正确地识别和界定问题,恰当地确定系统规划与设计目标,以及合理地解析物流系统的结构,都是物流系统分析的重要组成部分,对后续的规划设计工作具有十分重要的意义。

系统分析方法的具体步骤包括:识别问题、确定目标、调查研究收集数据、提出备选方案和评价标准、备选方案评估和提出最可行方案。

识别问题,是要了解问题的本质或特性、问题存在范围和影响程度、问题产生的时间和环境、问题的症状和原因等。明确问题是系统分析中关键的一步,因为如果"诊断"出错,以后开的"处方"就不可能对症下药。这一步可以采用一些创造性技法如5W1H方法来完整地识别问题。

在问题识别阶段,还有一个关键的步骤是物流系统的环境分析,对于企业物流系统来说,环境分析包括宏观环境、行业环境、企业内部环境和物流体系环境。

物流系统的目标设置没有统一的模式,需要根据实际问题的特点,遵循SMART原则(Specific;Measurable;Achievable;Relevant;Time-bounded)进行设置,物流系统目标的相关理论可以作为参考。

目标设置后,需进一步分析目标间直接和间接的冲突,思考冲突产生的原因和协调冲突的办法。再对物流系统目标进行可行性和完备性分析。

物流系统目标分析可以选用目标管理法、总成本分析法、重要业绩衡量指标分析法和目标树分析法等方法,这些方法各有特点,目标树是较为方便的一种方法。从待解决的核心问题着手,逐层分析出问题产生的原因和带来的后果,生成问题树。再将问题转化为目标。原因转化为具体措施,后果变成良性或中性的结果,得到目标树,这样的分析过程可以避免偏离核心问题。

战略目标分析中的工作内容包括:战略导向、战略优势、战略类型、战略态势等。

物流系统战略根据其战略目的的不同可以划分为总成本领先战略、标新立异战略、目标聚集战略、市场优势战略四种基本类型。

物流系统的结构分析有两种思路:一种是基于物流系统要素的通用结构,如功能结构等;一种是基于具体物流系统的特例结构,常用系统结构方法进行个性化分析。

复习与思考

1. 初步系统分析有何作用?如何做好这项工作?
2. 物流目标设置的原则是什么?
3. 分析服装企业的物流系统目标有哪些。食品企业呢?不同行业的物流系统目标之间差别是如何形成的?
4. 物流系统的目标冲突是如何形成的?怎样协调?
5. 交通拥堵几乎成为城市不可避免的顽疾,请以你所居住的城市或较熟悉的城市为例,建立交通拥堵的问题树,并对应生成目标树。

案例

影响物流企业联盟伙伴组合的因素分析

（1）分析的目的和意义。对于在市场中已经站稳脚跟，并形成一定规模的物流企业来说，为求得更大的发展，在扩大企业经营范围后，接下来就是希望向联盟化的方向发展。企业之间的兼并与联合，有优—优、优—劣、劣—劣等多种组合方式。为了充分发挥企业各自的生产和经营所长，使得联盟企业具有"1+1＞2"的功能，以便产生尽可能大的经济效益和社会效益，事先对联盟伙伴进行评估是非常必要的。

对于企业或人员的评价，有诸多方面。而寻找出在建立物流企业联盟时应着重考察候选企业的主要方面，分析出其中具有比较重要的决定性作用的关键因素，则是确定影响物流企业联盟伙伴最终组合的关键。由于理论界定义的关键因素众多，而且为了增强研究的科学性，需要一种有效的、定量的方法对上述问题进行分析和解决。为此，根据物流企业的需求和研究问题的需要，把层次分析方法作为一个基本的分析方法，用来完成物流企业联盟伙伴选择的初步筛选，将物流系统评价中的定性指标进行量化处理，从而实现候选企业的基本面评估。经过各个方面的考虑，物流企业联盟伙伴的选择主要是对物流企业综合素质的评价，主要考察方面有技术水平、人力资源、历史信誉、合作关系等，对这些方面的优劣性进行评价、排序，然后做出决策。

（2）应用层次分析方法的分析过程。

① 建立系统的解析结构模型

- 确定系统的因素

设系统为 S，把系统用集合形式 $S=\{P_1, P_2, \cdots, P_n\}$ 表示。一般来说，如何确定其中的因素视研究问题的深度和广度决定。

该问题的总目标是评价物流企业的综合素质。根据问题的性质和目前对物流企业评价的研究现状，我们将企业素质、历史信誉、合作关系作为评价目标的基本评估准则。在这三个基本准则下，再设立相应的评价指标。

企业素质：对于候选企业素质的评价，这是一种对企业基本面的评估，包括企业的资产规模、人力资源、财务状况、技术水平、成本节约等因素。

历史信誉：考察物流企业在整个物流行业的历史信誉，反映候选物流企业的运作经验、行业口碑和顾客服务水平。

合作关系：对企业合作关系的研究将反映伙伴企业之间能够合作的历史基础，以及对构建新物流联盟的影响。对于合作性指标，关系理论给出企业或人员选择合作伙伴时，使用持续时间、交互联系频率、多样性、对称性及合作关系的共同促进五个维度，这里采用合作次数、合作时间、文化兼容作为评价指标。

因为我们的侧重点是探讨定量分析方法的应用过程，所以系统中包含因素的定性分析和选择确定的详细过程,我们只做简略介绍。经过综合分析,归纳出影响物流企业联盟伙伴选择的因素共有 13 项,作为系统的因素,汇总列出如表 1 所示。

表 1 影响物流企业联盟伙伴选择的因素

序号	因素内容	序号	因素内容
1	人力资源	8	文化兼容
2	技术水平	9	合作时间
3	资产规模	10	企业素质
4	管理水平	11	历史信誉
5	运作经验	12	合作关系
6	行业口碑	13	物流企业综合素质
7	合作次数		

系统标记为

$S=$(人力资源 P_1,技术水平 P_2,资产规模 P_3,管理水平 P_4,运作经验 P_5,行业口碑 P_6,合作次数 P_7,文化兼容 P_8,合作时间 P_9,企业素质 P_{10},历史信誉 P_{11},合作关系 P_{12},企业综合素质 P_{13})

- 建立系统的可达矩阵

首先要分析各因素之间的两两关系。再根据各因素之间的两两关系,按构造邻接矩阵的方法,建立系统的邻接矩阵 $\boldsymbol{A}$。

	P_1	P_2	P_3	P_4	P_5	P_6	P_7	P_8	P_9	P_{10}	P_{11}	P_{12}	P_{13}
人力资源 P_1	1	0	0	0	0	0	0	0	0	1	0	0	1
技术水平 P_2	0	1	0	0	0	0	0	0	0	1	0	0	1
资产规模 P_3	0	0	1	0	0	0	0	0	0	1	0	0	1
管理水平 P_4	0	0	0	1	0	0	0	0	0	1	0	0	1
运作经验 P_5	0	0	0	0	1	0	0	0	0	0	1	0	1
行业口碑 P_6	0	0	0	0	0	1	0	0	0	0	1	0	1
合作次数 P_7	0	0	0	0	0	0	1	0	0	0	0	1	1
文化兼容 P_8	0	0	0	0	0	0	0	1	0	0	0	1	1
合作时间 P_9	0	0	0	0	0	0	0	0	1	0	0	1	1
企业素质 P_{10}	0	0	0	0	0	0	0	0	0	1	0	0	1
历史信誉 P_{11}	0	0	0	0	0	0	0	0	0	0	1	0	1
合作关系 P_{12}	0	0	0	0	0	0	0	0	0	0	0	1	1
综合素质 P_{13}	0	0	0	0	0	0	0	0	0	0	0	0	1

将邻接矩阵逐级顺序运算,$\boldsymbol{A}_1=\boldsymbol{A}+\boldsymbol{I}$,$\boldsymbol{A}_2=\boldsymbol{A}_1\cdot\boldsymbol{A}_1$,…,直到 $\boldsymbol{A}_n=\boldsymbol{A}_{n-1}$,得到可达矩阵 $\boldsymbol{M}$。可达矩阵用来描述各个因素之间的所有相互影响。

$$M = \begin{array}{c} \\ \text{人力资源 } P_1 \\ \text{技术水平 } P_2 \\ \text{资产规模 } P_3 \\ \text{管理水平 } P_4 \\ \text{运作经验 } P_5 \\ \text{行业口碑 } P_6 \\ \text{合作次数 } P_7 \\ \text{文化兼容 } P_8 \\ \text{合作时间 } P_9 \\ \text{企业素质 } P_{10} \\ \text{历史信誉 } P_{11} \\ \text{合作关系 } P_{12} \\ \text{综合素质 } P_{13} \end{array} \begin{array}{c} P_1 \; P_2 \; P_3 \; P_4 \; P_5 \; P_6 \; P_7 \; P_8 \; P_9 \; P_{10} \; P_{11} \; P_{12} \; P_{13} \\ \begin{bmatrix} 1 & 0 & 0 & 0 & 0 & 0 & 0 & 0 & 0 & 1 & 0 & 0 & 1 \\ 0 & 1 & 0 & 0 & 0 & 0 & 0 & 0 & 0 & 1 & 0 & 0 & 1 \\ 0 & 0 & 1 & 0 & 0 & 0 & 0 & 0 & 0 & 1 & 0 & 0 & 1 \\ 0 & 0 & 0 & 1 & 0 & 0 & 0 & 0 & 0 & 1 & 0 & 0 & 1 \\ 0 & 0 & 0 & 0 & 1 & 0 & 0 & 0 & 0 & 0 & 1 & 0 & 1 \\ 0 & 0 & 0 & 0 & 0 & 1 & 0 & 0 & 0 & 0 & 1 & 0 & 1 \\ 0 & 0 & 0 & 0 & 0 & 0 & 1 & 0 & 0 & 0 & 0 & 1 & 1 \\ 0 & 0 & 0 & 0 & 0 & 0 & 0 & 1 & 0 & 0 & 0 & 1 & 1 \\ 0 & 0 & 0 & 0 & 0 & 0 & 0 & 0 & 1 & 0 & 0 & 1 & 1 \\ 0 & 0 & 0 & 0 & 0 & 0 & 0 & 0 & 0 & 1 & 0 & 0 & 1 \\ 0 & 0 & 0 & 0 & 0 & 0 & 0 & 0 & 0 & 0 & 1 & 0 & 1 \\ 0 & 0 & 0 & 0 & 0 & 0 & 0 & 0 & 0 & 0 & 0 & 1 & 1 \\ 0 & 0 & 0 & 0 & 0 & 0 & 0 & 0 & 0 & 0 & 0 & 0 & 1 \end{bmatrix} \end{array}$$

- 分解可达矩阵

以可达矩阵作为基准,将各个因素划分成不同区域、不同等级,如表2和表3所示。

表2 可达矩阵分解过程(一)

因素 P	可达集 R	前因集 A	$R \cap A$
1	1,10,13	1	1
2	2,10,13	2	2
3	3,10,13	3	3
4	4,10,13	4	4
5	5,11,13	5	5
6	6,11,13	6	6
7	7,12,13	7	7
8	8,12,13	8	8
9	9,12,13	9	9
10	10,13	1,2,3,4,10	10
11	11,13	5,6,11	11
12	12,13	7,8,9,12	12
13	13	1,2,3,4,5,6,7,8,9,10,11,12,13	13

由表2可知,所有因素的可达集 R 有共同的交集{13},则所有因素属于同一区域,并且只有因素13的可达集为其前因集的子集,所以,因素13位于系统的最高层。

表 3 可达矩阵分解过程(二)

因素 P	可达集 R	前因集 A	R∩A
1	1,10	1	1
2	2,10	2	2
3	3,10	3	3
4	4,10	4	4
5	5,11	5	5
6	6,11	6	6
7	7,12	7	7
8	8,12	8	8
9	9,12	9	9
10	10	1,2,3,4,10	10
11	11	5,6,11	11
12	12	7,8,9,12	12

由表 3 可知,去掉因素 13 以后,可达集 $R(1)$、$R(2)$、$R(3)$、$R(4)$ 的交集为 $\{10\}$,则因素 1、2、3、4 属于同一区域;可达集 $R(5)$、$R(6)$ 的交集为 $\{11\}$,则因素 5、6 属于同一区域;可达集 $R(7)$、$R(8)$、$R(9)$ 的交集为 $\{12\}$,则因素 7、8、9 属于同一区域。并且因素 10、11、12 的可达集分别为各自前因集的子集,所以,因素 10、11、12 位于系统的次高层。

与此类似,去掉因素 10、11、12,继续划分。最后,得到第一级因素 $L_1=\{13\}$,第二级因素 $L_2=\{10,11,12\}$,第三级因素 $L_3=\{1,2,3,4,5,6,7,8,9\}$。

至此,所有因素全部划分层次,可以据此得到按分级排列的可达矩阵。

$$M = \begin{array}{c} \\ P_{13} \\ P_{10} \\ P_{11} \\ P_{12} \\ P_{1} \\ P_{2} \\ P_{3} \\ P_{4} \\ P_{5} \\ P_{6} \\ P_{7} \\ P_{8} \\ P_{9} \end{array} \begin{array}{c} P_{13} | P_{10} \ P_{11} \ P_{12} | P_1 \ P_2 \ P_3 \ P_4 \ P_5 \ P_6 \ P_7 \ P_8 \ P_9 \\ \begin{pmatrix} 1 & 0 & 0 & 0 & 0 & 0 & 0 & 0 & 0 & 0 & 0 & 0 & 0 \\ 1 & 1 & 0 & 0 & 0 & 0 & 0 & 0 & 0 & 0 & 0 & 0 & 0 \\ 1 & 0 & 1 & 0 & 0 & 0 & 0 & 0 & 0 & 0 & 0 & 0 & 0 \\ 1 & 0 & 0 & 1 & 0 & 0 & 0 & 0 & 0 & 0 & 0 & 0 & 0 \\ 1 & 1 & 0 & 0 & 1 & 0 & 0 & 0 & 0 & 0 & 0 & 0 & 0 \\ 1 & 1 & 0 & 0 & 0 & 1 & 0 & 0 & 0 & 0 & 0 & 0 & 0 \\ 1 & 1 & 0 & 0 & 0 & 0 & 1 & 0 & 0 & 0 & 0 & 0 & 0 \\ 1 & 1 & 0 & 0 & 0 & 0 & 0 & 1 & 0 & 0 & 0 & 0 & 0 \\ 1 & 0 & 1 & 0 & 0 & 0 & 0 & 0 & 1 & 0 & 0 & 0 & 0 \\ 1 & 0 & 1 & 0 & 0 & 0 & 0 & 0 & 0 & 1 & 0 & 0 & 0 \\ 1 & 0 & 0 & 1 & 0 & 0 & 0 & 0 & 0 & 0 & 1 & 0 & 0 \\ 1 & 0 & 0 & 1 & 0 & 0 & 0 & 0 & 0 & 0 & 0 & 1 & 0 \\ 1 & 0 & 0 & 1 & 0 & 0 & 0 & 0 & 0 & 0 & 0 & 0 & 1 \end{pmatrix} \end{array}$$

- 系统的解析结构模型

根据分级排列的可达矩阵,画出系统的层次结构模型如图 1 和图 2 所示。

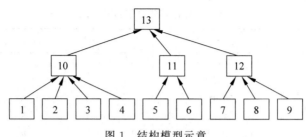

图 1　结构模型示意

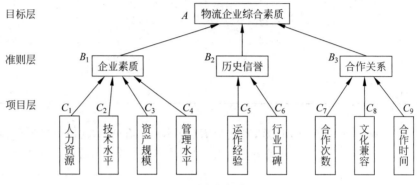

图 2　系统结构模型

② 将各因素按优先级排序

- 层次单排序及一致性检验

根据系统的层次结构模型,分别构造各个层次、各个分枝的判断矩阵,然后根据和积法,计算出各判断矩阵的最大特征值及其特征向量,以确定各相邻两层次之间的、体现各因素相对重要性的优先级权重,并检验判断矩阵的一致性。计算各级判断矩阵的各因素优先级权重,并对 CI 和 CR 进行一致性检验的过程,如表 4～表 7 所示。

表 4　A 的判断矩阵及其一致性检验表

A	B_1	B_2	B_3	优先级权重	CI
B_1	1	1/7	1/9	0.054 9	$\dfrac{3.080\,3-3}{3-1}=$
B_2	7	1	1/3	0.289 8	
B_3	9	3	1	0.655 4	$0.040\,2<0.10$

$\lambda_{\max}=3.080\,3$,CI$=0.040\,2$,RI$=0.58$,CR$=0.069\,3<0.10$

表 5　B_1 的判断矩阵及其一致性检验表

B_1	C_1	C_2	C_3	C_4	优先级权重	CI
C_1	1	1/7	1/2	1/5	0.064 3	$\dfrac{4.021\,4-4}{4-1}=$
C_2	7	1	4	2	0.508 9	
C_3	2	1/4	1	1/3	0.118 9	
C_4	5	1/2	3	1	0.307 9	$0.007\,1<0.10$

$\lambda_{\max}=4.021\,4$,CI$=0.007\,1$,RI$=0.90$,CR$=0.007\,89<0.10$

第2章 物流系统分析

表6　B_2 的判断矩阵及其一致性检验表

B_2	C_5	C_6	优先级权重	CI
C_5	1	1/2	0.333 3	$\frac{2-2}{2-1}=0<0.10$
C_6	2	1	0.666 7	

$\lambda_{max}=2, CI=0, CR=0<0.10$

表7　B_3 的判断矩阵及其一致性检验表

B_3	C_7	C_8	C_9	优先级权重	CI
C_7	1	2	1/3	0.229 7	$\frac{3.003\,7-3}{3-1}=$
C_8	1/2	1	1/5	0.122 0	
C_9	3	5	1	0.648 3	$0.001\,9<0.10$

$\lambda_{max}=3.003\,7, CI=0.001\,9, RI=0.58, CR=0.003\,7<0.10$

- 层次总排序及一致性检验

计算系统的项目层各因素对于总体目标的优先级权重,即确定各个因素的优劣次序,以提供给领导做决策时的参考。根据表4～表7所示数据,可以计算系统总体的优先级权重,如表8所示。

(3) 系统的评价与解释。由表4～表8所示的各层次因素的优先级权重的计算结果,分析影响物流企业联盟伙伴选择的主要原因有以下两个方面。

表8　总体目标的优先级权重及因素排序表

A	B_1 0.054 9	B_2 0.282 9	B_3 0.655 4	总体优先级权重	因素排序
C_1	0.064 3			0.003 5	9
C_2	0.508 9			0.027 9	6
C_3	0.118 9			0.006 5	8
C_4	0.307 9			0.016 9	7
C_5		0.333 3		0.094 2	4
C_6		0.666 7		0.188 6	2
C_7			0.229 7	0.150 5	3
C_8			0.122 0	0.079 9	5
C_9			0.648 3	0.424 9	1

① 合作关系。从表中看出,合作关系是影响物流企业联盟候选企业的主要因素,占总权重的65.54%。而其中决定企业之间合作关系的主要项目是合作时间,占总权重的42.49%;其次是合作次数,占总权重的15.05%。

因为是对物流联盟伙伴的选择,所以合作是首要任务。物流行业本来就是一个流程化的新兴产业。对于物流企业联盟来说,合作关系是否稳定,关系到整个联盟的存亡与发展。因此,相对于企业联盟来说,合作性指标是至关重要的考察方面。物流企业联盟伙伴之间的相互磨合都需要时间。一般认为,合作时间越长,相互合作能力就越强,就可以更好地建立物流企业之间的合作关系。

② 历史信誉。从表中看出，历史信誉是影响候选物流企业选择的第二个主要因素，占总权重的 28.29%。而其中决定候选物流企业历史信誉问题的主要项目是该候选物流企业的行业口碑，占总权数的 18.86%。

企业之间的历史评价是占相当重要地位的。行业口碑是对一个企业的认可程度。在众多的候选企业中，有好的行业口碑的物流企业，在选择伙伴时是具有相当大的竞争力的。

总之，通过层次分析方法的应用，对物流企业联盟伙伴组合选择的影响因素做了详细的分析，明确了物流企业联盟伙伴选择的各项评价指标的优先级关系，为候选企业的确定提供了一个科学的、公平的标准。这就达到了分析的目的。

思考题

1. 物流企业联盟伙伴的选择对于企业发展有什么影响？
2. 制造企业对于物流联盟伙伴有什么要求，流通类企业呢？
3. 试将该案例的结论应用于某一实际物流企业联盟伙伴选择。

第 3 章　物流系统节点规划设计

本章关键词

物流节点(logistics nodes)　　　　　　布局规划(allocation plan)
选址规划(locating plan)　　　　　　　物流中心(logistics center)
配送中心(distribution center)

> 追溯世界各国物流发展的历史,每个重要的阶段几乎都和物流节点的演变发展息息相关,以保管仓库为基础,逐渐出现了流通仓库、货站、编组站、转运站等具备物流动态性的节点,然后又演变成集约化、综合化程度越来越高的配送中心、物流中心。
> 运输线上的节点、运输线与搬运线衔接节点、搬运线上的节点等各种功能的物流节点组合在一起在日益高效的物流网络里发挥作用。

3.1　物流节点的类型和功能

3.1.1　物流节点的概述

1. 物流的过程

物流的过程,如果按其运动的程度即相对位移大小观察,它是由许多运动过程和许多相对停顿过程组成的。一般情况下,两种不同形式运动过程或相同形式的两次运动过程中都要有暂时的停顿,而一次暂时停顿也往往连接两次不同的运动。物流过程便是由这种多次的"运动—停顿—运动—停顿"所组成。

与这种运动形式相呼应,物流网络结构也是由执行运动使命的线路和执行停顿使命的节点两种基本元素所组成。线路与节点相互关系、相对配置以及其结构、组成、联系方式不同,形成了不同的物流网络,物流网络的水平高低、功能强弱则取决于网络中两个基本元素的配置和两个基本元素及网络本身。

2. 物流节点的定义

物流系统节点,简称物流节点,是指物流网络中连接物流线路的结节处,又称物流接点。它们以一定的节点形态存在,在物流系统中发挥着不同的作用。节点和线路结合在一起,构成了物流的网络结构,节点和线路的相互关系和配置形成物流系统的比例关系,这种比例关系就是物流系统的结构。

广义的物流节点是指所有进行物资中转、集散和储运的节点,包括港口、空港、火车货运站、公路枢纽、大型公共仓库及现代物流(配送)中心、物流园区等。狭义的物流节点仅指现代物流意义的物流(配送)中心、物流园区和配送网点。

从物流过程状态来看,包装、卸载、储存、配货、流通加工等活动都是在节点上完成的。除了根据客户的订单进行货物的分配外,为实现对物流系统的控制,节点要进行货物的存储、客户所需货物的收集、零散货物的集装化、配送任务的批处理、包装和货物单元集装化和出货控制。为此,相应的管理工作有订单的接收和验证、货物库存的安排、送货任务的分配、物流任务的形成、数量和质量的跟踪。

3. 物流节点的作用

现代物流网络中的物流节点对优化整个物流网络起着重要作用,从发展来看,它不仅执行一般的物流职能,而且越来越多地执行指挥调度、信息等神经中枢的职能,是整个物流网络的灵魂所在,因而更加受到人们的重视。所以,在有的场合也称为物流据点,对于特别执行中枢功能的又称物流中枢或物流枢纽。

全部物流活动是在线路和节点进行的。其中,在线路上进行的活动主要是运输,包括集货运输、干线运输、配送运输等。物流功能要素中的其他所有功能要素,如包装、装卸、保管、分货、配货、流通加工等,都是在节点上完成的。所以,从这个意义来讲,物流节点是物流系统中非常重要的部分。实际上,物流线路上的活动也是靠节点组织和联系的,如果离开了节点,物流线路上的运动必然陷入瘫痪。

物流节点是现代物流中具有较重要地位的组成部分。物流系统化的观念越是增强,就越是强调总体的协调、顺畅,强调总体的最优,而节点正是处在能联结系统的位置上,总体的水平往往通过节点体现,所以物流节点的研究是随现代物流的发展而发展的,也是现代物流学研究不同于以往之处。

物流节点是物流系统的重要组成部分,是组织各种物流活动、提供物流服务的重要场所。现代物流发展了若干类型的物流节点,不同的物流节点对物流系统的作用是不同的。很多地区在进行物流规划时,对于物流系统中的层次关系界定不清,各地规划的物流节点类型缺乏统一标准,造成物流中心、物流园区等名词大量混用的现象,由此导致物流节点总体指导思想、层次关系及其相应功能界定等诸多方面的混乱。这些问题影响了政府和企业发展现代物流方面的合作与分工。因此,深入探讨物流园区、物流中心等物流节点的概念及其相互关系,可以明确政府和企业在现代物流发展中的合理定位。

3.1.2 物流节点的功能

综观物流节点在物流系统中的作用,物流节点是以以下功能(图 3.1)在物流系统中发挥作用的。

1. 储运功能

储运是物流节点最基本的功能,储运功能基本是仓库也就是最初的物流节点所具备的功能。物流节点需要保障存储和运输中转的需求,货物保管、安全库存、整合、分发、发运等都可以称为物流节点的储运功能。

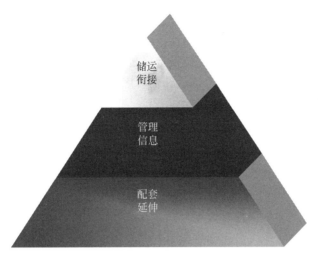

图 3.1 物流节点的功能

2. 衔接功能

物流节点将各个物流线路联结成一个系统,使各个线路通过节点变得更为贯通而不是互不相干,节点的配置规定着物流系统的基本框架,这种作用称为衔接作用。

在物流未成系统化之前,不同线路的衔接有很大困难,如轮船的大量输送线和短途汽车的小量输送线,两者输送形态、输送装备都不相同,再加上运量的巨大差异,所以往往只能在两者之间有长时间的中断后再逐渐实现转换,这就使两者不能贯通。物流节点利用各种技术的、管理的方法可以有效地起到衔接作用,将中断转化为通畅。物流活动往往需要若干环节,在不同的线路间进行转换,才能够达到终点。在这个过程中,不同线路之间的输送形态、输送装备、输送数量都各不相同。如果没有节点,不同线路之间的连接就非常困难,甚至中断。只有节点才能够使不同线路连接起来,成为连续不断畅通无阻的网络。

物流节点的衔接作用可以通过多种方法实现,主要有:通过转换运输方式衔接不同运输手段;通过加工、分拣、配货,衔接干线物流及配送物流;通过储存、保管衔接不同时间的供应物流和需求物流;通过集装箱、托盘等集装处理衔接整个"门到门"运输,使之成为一体。

3. 信息功能

在物流系统中的每一个节点同时又是一个信息点,节点是连接线路的枢纽,各方面的信息都在节点流进流出,因此使节点成为信息收集、处理、传递的集中地,这种信息作用在现代物流系统中起着非常重要的作用,也是复杂物流储存单元能联结成有机整体的重要保证。

在现代物流系统中,每一个节点都是物流信息的一个点,若干个这种类型的信息点和物流系统的信息中心结合起来,便成了指挥、管理、调度整个物流系统的信息网络,这是一个物流系统建立的前提条件。如果说设备、节点、线路是物流的硬件,那么信息网络就是物流系统的软件。如果软件出现问题,则硬件是不可能正常运行的。因此,节点的信息功能是物流系统运行必不可少的前提条件。

4. 管理功能

物流系统的管理设施和指挥机构往往集中设置于物流节点之中,实际上,各种物流节点大都是集管理、指挥、调度、信息、衔接及货物处理为一体的物流综合设施。管理功能也是物流系统的神经枢纽,整个物流系统运转的有序化和正常化,整个物流系统的效率和水平取决于物流节点的管理功能的水平。

5. 配套功能

配套功能包括:

① 车辆停靠及辅助服务,可提供车辆停靠的场地和车辆检修、加油、配件供应等服务;
② 金融生活配套服务,提供餐饮、住宿、购物、提款、保险等服务功能;
③ 工商、税务、海关的服务。

6. 延伸功能

除了具备以上基本功能外,现代物流节点还附加以下功能:

① 货物调剂中心(库存处理中心),物流节点一般能够有效处理库存物资与召开新产品展示会;
② 系统技术设计,吸引高科技进入节点,从事物流软件的开发设计和物流设备的设计开发;
③ 咨询培训服务,利用丰富管理经验,为进区企业或客户提供咨询,提供高附加值服务。

储运功能和衔接功能是物流节点的基础功能,管理功能和信息功能是现代化的物流节点所必需的功能要素,而根据物流节点的作用、类型、地理位置等因素,物流系统节点除具备前面所述的功能外,还具备配套功能、延伸功能和其他服务功能。

3.1.3 物流节点的类型

1. 按功能分类

在各个物流系统中,节点都起着若干作用,但随着整个系统目标不同以及节点在网络中的地位不同,节点的主要功能往往不同,根据主要功能节点可分成以下几类(图 3.2):

(1) 转运型节点。以接连不同线路和不同运输方式为主要职能的节点。铁道运输线上的货站、编组站、车站,水运线路上的港口、码头,空运线路上的空港,连接不同方式的转运站和中转仓库等节点都属于此类节点。一般而言,由于这种节点处于运输线上,又以转运为主,所以货物在这种节点上停滞的时间较短。

(2) 储存型节点。以保管存放货物为主要职能的节点,在物流系统中,储备仓库、营业仓库、中转仓库、货栈等都是属于此种类型的节点。由于储备的需要以及生产和消费的季节性等原因,一些货物需要较长时间的储存,因此储存型节点主要是带有储备性质的仓库。由于货物储存量较大、周转速度较慢,因此对仓库的货物保管、养护的要求比较高。

尽管不少发达国家仓库职能在近代发生了大幅度的变化,一大部分仓库转化成不以储备为主要职能的流通仓库甚至流通中心,但是,在现代世界上任何一个有一定经济规模

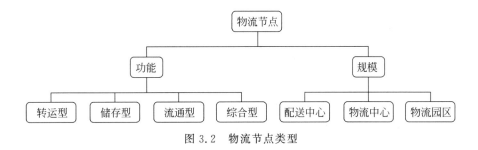

图 3.2 物流节点类型

的国家,为了保证国民经济的正常运行,保证企业经营的正常开展,保证市场的流转,以仓库为储备的形式仍是不可缺乏的,总还是有一大批仓库仍会以储备为主要职能。在我国,这种类型的仓库还占主要地位。

(3) 流通型节点。连接干线物流与末端物流,以货物配备和组织送货为主要功能的节点,在社会系统中则是组织物资流通为主要职能的节点。现代物流中常提到的流通仓库、流通中心、配送中心就属于这类节点。

配送中心是流通型节点的典型代表。配送中心是现代物流业发展中出现的新型物流节点。具有集货、分货、分拣、倒装、加工、配送,为客户调节库存、送货服务以及收集和传递信息的功能。在现代物流中,配送活动已不再是单纯的物流活动,而是与销售或供应等营销活动结合在一起,成为营销活动的重要内容。

(4) 综合型节点。在物流系统中集中于一个节点中全面实现两种以上主要功能,并且在节点中并非独立完成各自功能,而是将若干功能有机结合于一体,有完善设施、有效衔接和协调工艺的集约型节点。这种节点是适应物流大量化和复杂化,适应物流更为精密准确,在一个节点中实现多种转化而使物流系统简化、高效的要求出现的。在一个节点中实现多功能的连接和转化,不仅简化了物流系统,而且大幅度地提高了物流效率,是现代物流系统中节点发展的方向之一。

上述是一种通用的物流节点分类方法,套用在物流实践中,未必能将任何一个物流节点定位于某一类,原因在于:许多节点有同有异,难以明确区别;各种节点尚在发展过程中,其功能、作用、结构、工艺等尚在探索,使分类难以明朗化。

所以上述物流节点的分类并不是绝对的,现实中各类节点的功能往往是交叉并存的。在各种以主要功能分类的节点中,都可以同时承担其他职能。如转运型节点中,往往设置有储存货物的货场或站库,从而具有一定的储存功能,但是,由于其所处的位置,其主要职能是转运,所以按照主要功能归入转运型节点之中。现代物流的发展对节点的要求不断提高,传统的单一型节点出现向多功能、综合性转变的趋势。转运节点可以是流通仓库、中心仓库、运输场站、物流中心(中心仓库+运输场站)、配送仓库等。例如,转运节点的物流功能有装卸、配送,物流在进、出口的控制,货运单元的构成和解体,进库、出库,缓冲和仓储,包装和再包装,分拣与配送等。因此,根据物流节点的功能复杂度又可以将其分为三类:

① 单一功能点。这类点的主要特点是:只具有某一种功能,或者以某种功能为主,比如专门进行储存、运输、装卸、包装、加工等单一作业,或者以其中一项为主,以其他功能为辅;需要的基础设施比较单一和简单,但规模不一定小;在物流过程中处于起点或者终点。工厂的原材料仓库,不具备商品发运条件的储备型仓库,仅承担货物中转、拼箱、组

配的铁路站台,仅供停泊船只的码头等就是这样的点。这类点的业务比较单一,比较适合进行专业化经营。但是从物流系统的角度来看,必须将许多单一功能集成起来才能完成所有的物流业务,因此,如何将各个行使单一功能的不同的点集成起来、由谁来集成以及如何集成,这些都是非常重要的问题。

② 复合功能点。这类点的特点是:具有两种以上主要物流功能;具备配套的基础设施;一般处于物流过程的中间。这类点多以周转型仓库、港口、车站、集装箱堆场等形式存在。规模可能较小,比如商店后面的一个小周转仓,在那里要储存商品、处理退货、粘贴商品条形码、重新包装商品、从那里向购买大宗商品的顾客发货等。规模也可能较大,比如一个年处理 80 万个 TEU 的大型集装箱堆场除了储存集装箱以外,还有集装箱掏箱、商品检验、装箱,同时,一般的集装箱堆场都与码头或者港口在一起,在那里有大规模的集装箱吊车、大型集装箱专用运输车辆等;再如厂家在销售渠道的末端设立的配送中心或者中转仓库、一个城市集中设立的物流基地等,在一个点上具有储存、运输、装卸、搬运、包装、流通加工、信息处理等功能中的大部分或者全部,它们都是这种复合功能的点。

③ 枢纽点。这类点的特点是:物流功能齐全;具备庞大、配套的基础设施以及附属设施;庞大的吞吐能力;对整个物流网络起着决定性和战略性的控制作用,一旦该点形成,以后很难改变;一般处于物流过程的中间。比如辐射亚太地区市场的大型物流中心、辐射全国市场的配送中心、一个城市的物流基地、全国或区域铁路枢纽、全国或区域公路枢纽、全国或区域航空枢纽港等就是这样的枢纽点。这类点的设施一般具有公共设施性质,因而必定采用第三方的方式进行专业化经营。它的主要优势是辐射范围大,通过这个点连接的物流网络非常庞大,但是这类点面临着非常复杂的协调和管理问题,信息的沟通、设施设备的运转效率也是这类点值得注意的主要问题。在一个物流资源分布高度分散、封闭,物流状况非常落后的国家,建设连接多种载体的枢纽点对于形成全国统一、开放和先进的物流网络具有战略意义。

2. 按规模分类

(1) 物流节点的规模类型。按规模划分,物流节点一般被分为物流园区、物流中心、配送中心三种类型。

关于物流园区的概念,国内尚无确切定义,根据物流园区的特征,可表述为:物流园区是在几种运输方式衔接地形成的物流节点活动的空间集散体,是在政府规划指导下多种现代物流设施和多家物流组织机构在空间上集中布局的大型场所,是具有一定规模和多种服务的新型物流业务载体。

物流中心则是综合性、地域性、大批量的货物物理位移转换集散的新型设施设备的集合,它把物流、信息流融为一体成为产销企业之间的中介组织和现代物流活动的主要载体。

配送中心是指从供应者手中接收多种大量的货物进行倒装、分类、保管、流通加工和信息处理等作业,然后按照用户的要求备齐货物,以令人满意的服务水平进行配送的场所及组织。

(2) 物流园区与物流中心的区别。物流园区是物流中心发展到一定阶段的产物,是多个物流中心的空间集聚载体。从许多学者对物流园区和物流中心的概念解释中可以归纳出物流园区和物流中心的不同点,详细比较见表3.1。

表 3.1　物流园区与物流中心的区别

	物流园区	物流中心
功能	具有多式联运、综合运输、干线终端运输等大规模处理货物和提供服务的功能	主要是分销功能,并且具有货物运输中转功能,且以配送业务为主
用地的要求	要求物流企业及相关的一些辅助企业在园区内聚集,且基础设施相对齐全,要处理的物流量大,必须在其周围留有适当的空间以为以后发展之用,所以物流园区要求用地充裕且具有扩展性	物流中心在这方面没有如此严格的要求
改善城市交通环境影响程度	一般建在远离市中心的地区,布设在城市外围或郊区,同时注重园区与城市对外交通枢纽的联动规划建设,所以对改善城市交通环境的影响程度较大	主要是以配送业务为主,要求快速准时为客户提供服务,因此,在空间距离上应尽量靠近需求点,并且要有连接市中心的快速干道,所以物流中心对改善城市交通环境的作用不是很大
市场的要求	所服务的市场是多样化的	服务的市场一般是专业化的
服务的对象	有综合性的基础服务设施,且面向全社会提供服务	只在局部领域进行经营服务
经营管理方式	物流园区不一定是经营管理的实体,物流经营企业之间的关系可以是资产入股、租赁、合作经营或联合开发	物流中心是物流经营和管理的实体
政策环境不同	政府为了吸引各种企业在物流园区内聚集,使其获得规模效益、范围效益,进而降低物流成本,政府通常为入驻的物流企业提供各种优惠政策	对物流中心这样的优惠政策较少

因此,某一物流节点是建设物流园区还是物流中心,应由所服务地域空间的软硬件环境所决定。只有当物流节点选择的类型对空间的特殊要求与所服务空间所提供的软硬件环境相适应时,物流节点选择的类型才是正确的,才能促进物流系统和地区经济的发展。

(3) 物流中心与配送中心的区别。由于规模的差别,区别这两者的角度与物流园区和物流中心的角度又有所不同(表3.2)。

表 3.2　物流中心与配送中心的区别

	物 流 中 心	配 送 中 心
定义	是从事物流活动的场所或组织	是从事配送业务的物流场所或组织
基本符合的条件	① 主要面向社会服务 ② 物流功能健全 ③ 完善的信息网络 ④ 辐射范围大 ⑤ 少品种、大批量 ⑥ 存储、吞吐能力强 ⑦ 物流业务统一经营、管理	① 主要为特定用户服务 ② 配送功能健全 ③ 完善的信息网络 ④ 辐射范围小 ⑤ 多品种、小批量 ⑥ 以配送为主,储存为辅

续表

	物流中心	配送中心
功能	可单可全	较为全面
规模	一般较大	可大可小
在供应链中的位置	在配送中心的上游	在物流中心的下游
物流特点	少品种、大批量、少供应商	多品种、小批量、多供应商
服务对象	通常提供第三方物流服务	一般为公司内部服务

3.2 物流节点的选址规划

3.2.1 物流节点选址规划概述

物流节点选址是指在一个具有若干供应点及若干需求点的经济区域内,选一个地址设置物流节点的规划问题。目标是使商品通过物流中心的汇集、中转、分发直到输送到需求点的全过程效益最好。物流节点有许多基础设施和设备,投资规模也较大,一旦建成很难改造或搬迁,如果规划不当,将有很大的影响和代价。物流节点选址问题涉及的因素非常多,该问题是物流节点规划中至关重要的一步。

1. 物流节点选址原则

物流系统节点如何选址,一般来说,取决于出于哪种考虑建立物流系统节点。如果以解决市内交通拥挤、缓解城市压力为重点考虑建立物流系统节点,可将其建在城乡连接处。如果以经济效益为重点考虑建设物流系统节点,则可以将其建在交通枢纽地区或产品生产与销售的集散地区。根据物流系统节点在城市物流产业发展及物流体系中的地位和作用,可将其分为综合物流系统节点和专业物流系统节点。前者以现代化、多功能、社会化、大规模为主要特征,后者则以专业化、现代化为主要特征,如港口集装箱、保税、空港、钢铁基地、汽车生产基地等专业物流系统节点。专业物流系统节点选址只要符合它自身的专业要求即可。综合物流系统节点的选址主要按照以下原则来确定:

(1) 位于城市中心区的边缘地区,一般在城市道路网的外环线附近;
(2) 位于交通枢纽中心地带,至少有两种以上运输方式连接,特别是铁路和公路;
(3) 位于土地开发资源较好的地区,用地充足,成本较低;
(4) 位于城市物流的节点附近,现有物流资源基础较好,一般有较大物流量产生,如工业中心、大型卖场等,可利用和整合现有的物流资源;
(5) 有利于整个地区物流网络的优化和信息资源利用。

2. 物流节点选址约束

物流节点选址约束主要有:需求条件(顾客现在分布、未来分布预测、货物作业量的增长率及物流区域分析);运输条件(地理位置、交通情况、未来交通规划);配送服务的条件(货物发送频率、根据供货时间计算的从顾客到物流中心的距离和服务范围等);用地条件(节点面积、使用期限);法规制度等。

此外,选址问题实际就是对与选址有关的成本进行的一种权衡,因而成本也是一个至关重要的因素,与选址相关的成本主要包括:生产/采购成本;仓储和搬运成本;仓库固定成本;库存持有成本;仓库订单和客户订单处理成本;仓库内向、外向运输成本。

1987 年 Chosh 和 Melafferty 提出了一系列的影响地点选择较重要的一些因素,见表 3.3。

表 3.3 物流节点选址因素

分　类	因　　　素
费用结构	土地费用、建筑费用、税收、保险及其他
法律规定	分区规划、租借条款、地方商业规章
人口统计	人口基数、收入情况、劳动力供给
交通运输	运输类型及流量、运输方式、到达车站或港口的方便程度
竞争结构	竞争对手、类型
备选地点特征	停车的方便性,建筑物的状况,从其他主要街道到此地的能见度

3. 物流节点选址问题分类

(1) 按设施数量划分。按设施的数量可以划分为单一设施的选址与多个设施的选址。单一设施选址无须考虑竞争力、设施之间需求的分配、集中库存的效果、设施的成本。运输成本是要考虑的首要因素,单一设施选址是较简单的一类。

(2) 按离散程度划分。

① 连续选址法:考察一个连续空间内所有可能的点,并选择其中最优的一个;

② 离散选址法:是在一系列可能方案中做出选择,这些方案事先已经过了合理性分析。这种方法在实践中更为常用,主要针对多设施选址。

(3) 按选址目标划分。按选址目标可分为成本最小化类型、服务最优化类型和物流量最大类型,成本最小化类型主要关注土地成本和建设成本等,小型的实力较弱的企业偏向于此类型。服务最优化类型指的是服务对象属于服务水平敏感型,服务附加值高因而较少考虑成本,更多考虑服务的速度和质量。一些多品种小批量和高频率出入库作业的物流中心比较关注物流中心的作业能力,通常会以物流量最大化作为选址的目标。除了这三种基本类型,实际中更多的是需要多个目标兼顾。

4. 物流节点选址步骤

物流节点选址一般是通过成本计算,也就是将运输费用、配送费用及物流设施费用模型化,采用约束条件及目标函数建立数学公式,从中寻求费用最小的方案。

进行物流节点选址时,可以分成如下的步骤(图 3.3):

① 选址约束条件分析;

② 搜索整理资料;

③ 地址筛选;

④ 定量分析;

⑤ 结果评价;

⑥ 复查和确定选址结果。

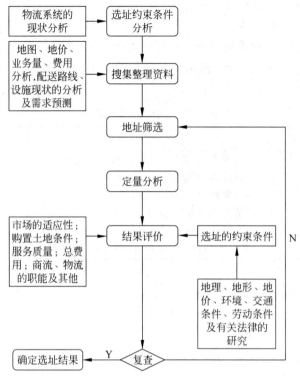

图 3.3 物流节点选址流程

3.2.2 单物流节点选址

确定物流节点最优位置的主要目标是使总运营成本最小。节点选址的固定费用一般是最初投资的年费用,包括土地使用、设备和建筑费用。重新选址费用包括将设备移到新节点地址的费用、新节点初建费用和关闭旧址处的节点费用。新节点选址还包括其他限制因素,如所选位置的数量及可得性、供应源能力、消费点的需求、建新节点的总资金等。

单节点选址方法可用来为工厂、车站、仓库或零售/服务节点选址。单一节点规划布局可采用最简单的方法。下面介绍的三种常用的单节点选址方法:欧几里得选址法、直角选址法和加权因素选址法。前两种主要考虑节点位置和运输量,适用于连续型选址问题,基本思想都是根据运输费率和运输量,寻找连续解空间的最优地址。第三种加权因素选址方法,适用于多因素离散解空间的选址问题。

1. 欧几里得选址方法

该方法可用来为工厂、车站、仓库或零售/服务节点选址。该方法也叫作精确重心法、网格法和重心法。因为选址因素只包括运输费率和该点的货物运输量,所以该方法属于静态连续选址方法。

现有节点 $A(x,y)$ 与新节点 $P(a,b)$ 之间的距离被定义为

$$d(A,P) = k[(x-a)^2 + (y-b)^2]^{\frac{1}{2}} \tag{3.1}$$

其中,k 是将欧氏距离变为实际距离的转换因子,它依赖于区域的实际调查情况。m 个现有节点($A_1, A_2, \cdots, A_m$),每个现有节点同新节点间有一流量 w_j,使总移动费用最小的新节点选址模型可表示为

$$\min \sum_{j=1}^{m} k r_j w_j [(x_j - a)^2 + (y_j - b)^2]^{\frac{1}{2}} \tag{3.2}$$

其中,r_j 为到位置 j 的单位运输费用。上式的最小化问题可以用简单的求导来解决。对 a 和 b 各求偏导,令它们为 0,得 a, b。

$$a = \left(\sum \frac{x_j r_j w_j}{d_j}\right)\left(\sum \frac{r_j w_j}{d_j}\right)^{-1} \tag{3.3}$$

$$b = \left(\sum \frac{y_j r_j w_j}{d_j}\right)\left(\sum \frac{r_j w_j}{d_j}\right)^{-1} \tag{3.4}$$

这里,d_j 代表新节点和现有节点 j 之间的距离,可用式(3.1)计算。因为新节点位置未知,解决此问题可用迭代方法,迭代方法能保证收敛到最优值。其迭代步骤为

(1) 确定 a 和 b 的初始值,$a = \left(\sum x_j r_j w_j\right)\left(\sum r_j w_j\right)^{-1}, b = \left(\sum y_j r_j w_j\right)\left(\sum r_j w_j\right)^{-1}$;

(2) 计算距离 $d(A,P) = k[(x-a)^2 + (y-b)^2]^{\frac{1}{2}}$;

(3) 计算 $a = \left(\sum \frac{x_j r_j w_j}{d_j}\right)\left(\sum \frac{r_j w_j}{d_j}\right)^{-1}, b = \left(\sum \frac{y_j r_j w_j}{d_j}\right)\left(\sum \frac{r_j w_j}{d_j}\right)^{-1}$;

(4) 如果 a 和 b 的差值满足收敛条件,停止,否则转(2)。

例 3.1 某公司由两个工厂向物流中心供货,由物流中心供应三个零售点,各个节点的相应位置可以参见图 3.4,货物运输量和运输费率见表 3.4,试用重心法找出运输成本最小的物流中心位置。

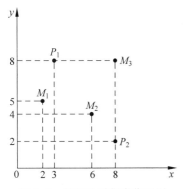

图 3.4 工厂及零售店位置图

表 3.4 工厂及零售店参数

地点	总运输量 w	运输费率 r	坐标 x	坐标 y
P_1	2 000	0.050	3	8
P_2	3 000	0.050	8	2
M_1	2 500	0.075	2	5
M_2	1 000	0.075	6	4
M_3	1 500	0.075	8	8

解 $a = \left(\sum x_j r_j w_j\right)\left(\sum r_j w_j\right)^{-1} = 5.160, b = \left(\sum y_j r_j w_j\right)\left(\sum r_j w_j\right)^{-1} = 5.180$。令 $k = 1$,迭代过程见表 3.5。

表 3.5 选址迭代过程

Dp1	Dp2	Dm1	Dm2	Dm3	a	b
					5.160	5.180
3.552	4.264	3.165	1.448	4.002	5.145	5.057
3.642	4.182	3.146	1.359	4.100	5.056	5.009
3.629	4.210	3.056	1.382	4.197	5.010	5.009
3.604	4.242	3.010	1.413	4.229	4.996	5.019
3.588	4.259	2.996	1.430	4.232	4.996	5.026

欧几里得选址方法限定：

（1）模型常常假设需求量集中于某一点，而实际上需求来自分散于广阔区域内的多个消费点。

（2）单节点选址方法一般根据可变成本来进行选址。没有区分在不同地点建设仓库所需的资本成本，以及与在不同地点经营有关的其他成本（如劳动力成本、库存持有成本、公共事业费用）。

（3）总运输成本通常假设运价随运距成比例增加，然而，大多数运价是由不随运距变化的固定的部分和随运距变化的可变部分组成。最低运费和运价分段统计，则更进一步扭曲了运价的线性特征。

（4）模型中仓库与其他网络节点之间的路线通常假定为直线。实际上这样的情况很少，因为运输总是在一定的公路网络、在既有的铁路系统中或在直线环绕的城市街道网络内进行的。

欧几里得选址方法优缺点：

优点：此类方法不限于在特定的备选地点进行选择，灵活性较大。

缺点：

① 由于自由度较大，由迭代计算求得的最佳地点实际上往往很难得到。因为，所选地址可能位于河流、湖泊中间或街道中间，还有的地点可能在自然条件不容许选用的地方等。

② 从所选节点地点（如物流中心）向需求点发送，被认为都是直线往复的运输，这也是不符合实际的。实际上，多数情况是一辆车巡回于数个零售店之间，而且通常要考虑实际的道路距离，这就使这种方法的求解相当复杂。

2. 直角选址方法

当考虑的问题是一个工厂、仓库或城市时，根据线路结构，物质移动以直角形式进行时最适合此方法。现有节点 A 坐标 (x,y) 和新节点 p 坐标 (a,b)，它们之间的直角距离为 $d(A,p)$，定义如下：

$$d(A,p)=|x-a|+|y-b| \tag{3.5}$$

当有 m 个现有节点 $(A_1, A_2, \cdots, A_m)$ 时，每个旧节点和新节点有一流量 w_j，使总位移最小的新节点选址问题可表示如下：

$$\min \sum_{j=1}^{m} w_j (|x_j - a| + |y_j - b|) \tag{3.6}$$

式(3.6)可重写为式(3.7),即将问题分解成两个单独最小化问题,得式(3.8)、式(3.9):

$$\min \sum_{j=1}^{m} w_j |x_j - a| + \min \sum_{j=1}^{m} w_j |y_j - b| \tag{3.7}$$

$$\min f(x) = \sum_{j=1}^{m} w_j |x_j - a| \tag{3.8}$$

$$\min f(y) = \sum_{j=1}^{m} w_j |y_j - b| \tag{3.9}$$

为了能够简易地确定新节点的坐标,可假设式(3.6)的最优解满足下面两个特征:

(1) 新节点的横坐标将和某一现有节点的横坐标相同。新节点的纵坐标也和某一现有节点的纵坐标相同,但新节点的(x,y)坐标与现有节点(x,y)坐标不同时一致。

(2) 新节点的横坐标(纵坐标)的最优位置是一个中间位置,不超过一半的运输量在新节点位置左边(纵坐标的下边),同时不超过一半的流量在新节点的右边(纵坐标的上边)。

一般情况下,这两个假设可以得到满足。对于特殊情况,如三点一线问题、处于圆周上的点等不一定按上述方法来确定,可以具体问题具体分析。

3. 加权因素分析

这种方法既可考虑影响节点地址的定量因素,也可考虑定性因素,但在分析之前需要确定一系列候选地点。其具体步骤为

(1) 确定选择地点需要考虑的因素及标准、各评价标准的权重或相对重要性。

(2) 给每个地点的所有因素从 1 到 10 进行打分。

(3) 计算每个地点加权分数,并选择加权评分最高的地点作为选址地点。

$$v(j) = \sum w(i) \cdot s(i,j)$$

式中,$v(j)$——加权评分;

$w(i)$——因素 i 的权重;

$s(i,j)$——地点 j 在因素 i 上的打分。

3.2.3 多物流节点选址

多节点选址在实践中有多种类型,常见的有新建物流系统的多节点选址,可在确定物流节点个数后,将单物流节点选址方法扩展解决此类问题,还可以根据选址空间特征选取下文介绍的其他方法。还有一类问题是在存在 m 个现有节点的情况下,进行新节点选址,同时新节点(如 n 个新节点)需服务于现有节点。现有节点也可以认为是客户地址,新节点为配送中心。当 $m=n$ 时,只需在每个现有节点旁建一个新节点即可;当 $m>n$ 时,需要考虑开放连续解空间和运输费用。此类问题多采用欧几里得选址等方法。

多节点物流节点选址需要解决的问题有

(1) 物流网络中应该有多少个仓库?这些仓库应该有多大规模,应位于什么地点?

(2) 哪些客户指定由仓库负责供应?各个工厂、供应商或港口应指定由哪些仓库负责?

(3) 各个仓库中应该存放哪些产品？哪些产品应从工厂、供应商或港口直接运送到客户手中？

1. 多重心法

在多点布局时也可以使用精确重心法。精确重心法是一种以微积分为基础的模型，用来找出起讫点之间使运输成本最小的中介节点的位置。如果要确定的点不止一个，就有必要将起讫点预先分配给位置待定的仓库。这就形成了数量等于待选址仓库数量的起讫点群落。随后，找出每个起讫点群落的精确重心点。

针对仓库进行起讫点分配的方法很多，尤其是在考虑多个仓库及问题涉及众多起讫点时。方法之一是把相互间距离最近的点组合起来形成群落，找出各群落的重心位置，然后将各点重新分配到这些位置已知的仓库，找出修正后的各群落新的重心位置，继续上述过程直到不再有任何变化。这样就完成了特定数量仓库选址的计算。该方法也可以针对不同数量的仓库重复计算过程。

例 3.2 已知四个区域市场，地址为 M_1,M_2,M_3,M_4，见表 3.6。现需要设置一些中转仓库，已知仓库到各市场的运输费率为 0.08 元/件/公里，每修建一个仓库每年需承担的固定成本（如折旧等）为 100 000 元，仓库的平均维持成本为 500 000 $\sqrt{N}$ 万元，其中 N 为仓库的个数。假设该种产品由国外进口，无论中转仓库建在目标市场中的什么位置，产品从生产厂到仓库之间的运输费用都大致相等，因此这部分费用在求解时不考虑。请做出仓库选择决策。

表 3.6 区域市场地址及需求量

	M_1	M_2	M_3	M_4
地址	(3,3)	(6,8)	(11,9)	(9,5)
需求(件)	20 000	50 000	60 000	30 000

解 仓库个数最少为一个，最多为四个。对于每一种可能的仓库个数决策，分别用重心法求出最优选择，并计算物流总成本，然后从中选出总成本最小的方案。

以修建 3 个仓库为例，共有 6 种可能的搭配方式。针对每一种搭配方式，利用重心法求出仓库的选址，其中运输总成本最低的方案就是 3 个仓库的最优选址决策方案（表 3.7）。

表 3.7 3 个仓库的选址方案

方案	仓库 1	仓库 2	仓库 3	最小运输总成本(元)
1	M_1,M_2	M_3	M_4	932 953
2	M_1,M_3	M_2	M_4	1 600 001
3	M_1,M_4	M_2	M_3	1 011 931
4	M_2,M_3	M_1	M_4	2 039 615
5	M_2,M_4	M_1	M_3	1 018 235
6	M_2,M_3	M_1	M_2	1 073 314

对仓库个数 $N=1,2,3,4$ 的情况，可以分别求出最优选址方案，结果汇总在表 3.8 中。

表 3.8　仓库选址方案

仓库数	供货任务	最优仓库地址	运输总成本(元)	库存维持费用(元)	总固定成本(元)	物流总成本(元)
1	M_1,M_2,M_3,M_4	(8.09,7.44)	4 156 042	500 000	1 000 000	5 656 042
2	$M_1,M_2,M_4;M_3$	(6,8);(11,9)	1 951 193	707 107	2 000 000	4 658 300
3	$M_1,M_2;M_3;M_4$	(6,8);(11,9);(9,5)	932 953	866 025	3 000 000	4 798 978
4	$M_1;M_2;M_3;M_4$	(6,8);(11,9);(9,5);(3,3)	0	1 000 000	4 000 000	5 000 000

从计算结果中可以看出，应修建两个仓库，仓库 1(6,8)服务市场$\{M_1,M_2,M_4\}$，仓库 2(11,9)服务市场$\{M_3\}$，物流总成本为 4 658 300 元。

2. 聚类方法

聚类模型有两步：将 m 个现有节点距离接近的程度分成 n 组；每一组中新节点的最佳位置通过使用中线或重心法确定。当新节点数量没有预先制定时，可用合适的聚类方法确定分组的数量，这个数量等于所需的新节点的数量。

例 3.3　某公司要建两个配送中心以满足市场需求，客户位置分别为 4 个地区。表 3.9 给出了地区位置及需求量。

表 3.9　地区位置及需求量

客户区域	位置坐标	需求量(吨)	运输费率(万元/吨公里)
1	(3,8)	5 000	0.04
2	(8,2)	7 000	0.04
3	(2,5)	3 500	0.095
4	(0,4)	3 000	0.095

解：在这个例子中，$m=4$，$n=2$。第一步，把现有节点通过最近距离聚类方法聚类成两组，用距离作为相似系数。这里用直角矩阵来形成表 3.10 的距离相似矩阵。

表 3.10　距离相似矩阵

	1	2	3	4
1	0	11	4	7
2	11	0	9	4
3	4	9	0	5
4	7	4	5	0

应用最近距离聚类方法产生下面两组：

第 1 组——客户区域 1 和 3；第 2 组——客户区域 2 和 4。

至此，本例就有两个单一节点选址问题，第一个在客户区域 1 和 3 中选址，第二个在客户区域 2 和 4 中选址。服务于第一组的新节点最佳位置是在区域 3，因为这样可最大限度地节省运输费用，同样，服务于第二组的新节点的最佳位置在区域 4。因此，两个配送中心分别位于客户区域 3 和 4。

3. 穷举法

穷举法的思路是穷举各种可能性，将多节点问题降维变为单节点选址问题。如例 3.3,一个可能的分配是将客户区域 1 给新节点 1,客户区域 2、3 和 4 给新节点 2。在这种分配下,新节点 1 的位置和客户区域 1 的位置相同。新节点 2 的位置可用中线和重心法确定。另一种可能是把客户区域 2 分给新节点 1,现有节点 1、3 和 4 分给新节点 2。在这种情况下,新节点 1 的位置和客户区域 2 的位置相同,新节点 2 的位置用中线法或重心法确定。不同分配方案如表 3.11 所示。

表 3.11　新节点分配方案

分配方案	新节点 1	新节点 2
1	区域 1	区域 2、3、4
2	区域 2	区域 1、3、4
3	区域 3	区域 1、2、4
4	区域 4	区域 1、2、3

第二个配送中心根据重心法确定,表 3.12 列出了节点的最优位置及运输费用。

表 3.12　节点的最优位置及其运输费用

分配方案	新节点 2 区域	新节点 2 位置	总运输费用(元)
1	2、3、4	(6,2)	3 457.5
2	1、3、4	(3,5)	2 072.5
3	1、2、4	(6,4)	2 550.0
4	1、2、3	(3,2)	3 930.0

最优位置是运输费用最小的位置,是第 2 种选址方案,两个配送中心的位置分别是 (8,2) 和 (3,5),区域 2 由第一个配送中心 (8,2) 服务,区域 1、3 和 4 由第二个配送中心 (3,5) 服务。

4. 计算机辅助节点设计技术

计算机辅助节点设计技术是确定节点布局的一种改进方法,它是一个以各部门间物料搬运费用逐步减少为优化原则的程序。主要的输入数据是初始布局、以制表形式表示的流量数据、费用数据和固定节点的数量及位置。初始布局提供了节点数目及各自的面积。计算机辅助节点设计技术要求所有的部门都是方形或矩形的。如果有内部空的地方,应以虚部门代替。同样固定部分如休息室、楼梯、走廊也以虚部门代替。在计算机辅助节点设计技术中距离以各部门中心点的直线距离计算,算法如下:

(1) 给定初始布局,计算距离矩阵(使用各部门的重心)。根据流量、距离和费用,计算总搬运费用。

(2) 考虑某两个部门(有相同面积或共同的边界)两两交换位置,如果不能通过互换产生一个更好的布局,停止,否则继续第三步。

(3) 选择得到最大费用节省的交换,转第二步。

计算机辅助节点设计技术允许指定一个初始值进行位置交换。如果最大节约少于设定值,程序将不进行位置交换。因为这种方法不能考虑所有位置交换的可能性,所以它不能保证最后得到最优值。

5. 模拟选址和启发式选址

模拟节点选址模型是以代数和逻辑语言做出对物流系统的数学表述,在计算机的帮助下人们可以对模型进行处理,可以使用模拟模型来评估不同布局方法的效果。

选址问题从 20 世纪 60 年代开始,成为了运筹学的经典问题,并细分为 P-中值问题、P-中心问题和覆盖问题。后续的研究中也出现了许多解决选址问题的启发式算法。

3.3 物流节点布局规划

3.3.1 物流节点布局规划的原则

物流系统节点的规划就是指在具有若干供应点和需求点的经济区域内选一个地址设置物流节点的规划过程。

1. 统一规划原则

物流系统节点功能的发挥,需要很多政策、社会等宏观因素和条件的指导和支持,这些都必须由政府出面积极推动甚至实施。政府在物流系统节点的规划建设中应当扮演好基础条件的创造者和运作秩序的维护者的角色,根据长远和近期的货物流通量,确定物流系统节点长远和近期的建设规模。在充分掌握第一手材料的基础上,搞好物流系统节点的规划。这要求政府具体问题具体分析,按照区域经济的功能、布局和发展趋势,依据物流需求量和不同特点进行统一规划,尤其要打破地区、行业的界限,按照科学布局、资源整合、优势互补、良性循环的思路进行规划,防止各自为政、盲目布点、恶性竞争、贪大求洋,避免走弯路、误时间、费钱财。

2. 市场化运作原则

规划建设物流系统节点,既要由政府牵头统一规划和指导协调,又要坚持市场化运作的原则,物流系统节点的运作以市场为导向,以企业为主体,在物流系统节点的功能开发建设、企业的进驻和资源整合方面,都要有优良的基础节点、先进的物流功能和周到有效的企业服务来吸引物流企业和投资者共同参与,真正使物流系统节点成为物流企业公平、公开和公正地竞争、经营的舞台。

3. 高起点现代化原则

现代物流系统节点是一个具有关联性、整合性、集聚性和规模性的总体,其规划应该是一个高起点的中长期规划,并具有先进性和综合性。在设计物流系统节点时,应主要考虑以下因素:

(1) 城市与区域主要物流方向;

(2) 各种运输方式、运输节点的分布;

(3) 产业布局及物流市场、资源的布局;

(4) 物流用地的区位优势;

(5) 对现有物流节点的充分利用;

(6) 有利于整个物流网络的优化；

(7) 有利于各类节点的合理分工、协调配合。

4. 柔性化原则

由于现代物流系统节点的建设投资大、周期长、效应长、风险大，因此现代物流系统节点的规划应采取柔性规划，建立科学的投资决策机制和项目风险评估机制，突出规划中持续改进机制的确定，确立规划的阶段性目标，建立规划实施过程中的阶段性评估检查制度，以保证规划的最终实现。

5. 人才优先原则

物流系统节点的建设规划是非常复杂、非常庞大的工程，涉及的专业领域也很广泛，必须有各种类型的专家型人才参与才能妥善地完成。所谓专家型人才，是在某个领域积聚了多年经验，在理论上有一定造诣、有一定技术专长的人员。他们各有所长，但都不是万能的。例如，按专业划分，有土建专家、机械专家、计算机专家等。在项目进行的不同阶段，应该让不同类型的专家发挥作用。

3.3.2 物流节点布局规划的步骤

物流节点的合理布局是以物流系统和社会的经济效益为目标的，用系统学的理论和系统工程的方法，综合考虑货物流通的供需状况、运输条件、自然环境等因素，对物流配送中心的节点位置、规模、供货范围等进行研究和设计，以达到成本最小、流量最大、服务最优的目标。

1. 约束条件分析

物流节点布局规划的目的就是系统总成本达到最小，但是在规划设计时又面临着不同的约束条件，主要包括：

(1) 资金约束，因为不同的区位价格差异较大。

(2) 交通运输条件。由于只能选择能够达到客户的运输方式，如对大多数客户来说，公路运输是唯一可选择的模式，所以，在选址时就应侧重公路交通枢纽附近或交通干线附近。

(3) 能源条件，供热、供电等能源系统是物流节点赖以生产的基础。

(4) 周边环境约束，税收、关税等与物流节点布局决策直接相关。

此外，一些特殊的商品的物流节点还受到温度、湿度、雨量等自然因素的约束。

2. 初步选址确定

在明确上述约束条件后，就可以聘请专家和高层管理人员初步确定选址范围，即确定初始选址地点。

3. 资料收集整理

确定物流节点布局方案需要对相关因素进行定量和定性分析，这就需要收集整理大量的数据资料，以作为依据。收集整理的资料包括：

(1) 客户分布；
(2) 客户生产经营状况；
(3) 产品特征；
(4) 物流量；
(5) 交通状况；
(6) 运输批量、频率；
(7) 物流节点建设成本；
(8) 客户对时效性的要求；
(9) 其他。

4. 模型定量分析

随着数学和计算机的普及，数学方法广泛应用于解决节点选址问题。在具体的物流节点布局方案中，需要根据对现有已知条件的掌握，选址要求等，针对不同情况选用一个或多个具体模型进行定量分析。

结合市场适应性、土地条件、服务质量等，对计算结果进行评价，看其是否具有现实意义及可行性。

5. 布局方案确定

以定量分析结果为基础，通过专家判断法、模拟法等定性分析求出解，但是所得解不一定为最优解，可能只有符合条件的解。最终确定布局方案。

3.3.3 物流节点布局规划的内容

物流节点布局规划主要包括节点选址和节点布局。前者考虑的是根据费用或其他选择标准确立节点的最佳地址，节点选址对土地使用和建筑费用、地方税收和保险、劳动力成本及可得性或到其他节点的运输费用都有很大的影响；后者则对物流费用的影响较大。节点布局的主要目标是使总费用最小，同时还考虑其他因素，如特定节点间能否相互连接和禁止建立节点的特定区域。

1. 整体布局规划设计

物流系统节点布局规划设计是指在一定层次和地区范围内，确定物流系统节点合理的空间布局方案，物流系统布局设计的目的是要构筑公共物流网络。物流系统布局设计根据不同的规划区域范围可以划分出全国、区域、城市等多个不同的层次。范围越大，层次越高，对物流系统设计的要求侧重点也就有所差异。大范围、高层次的物流网络的设计将更加关注干线通道和主要物流枢纽城市、港口、机场、物流园区、物流中心等物流节点的相互配合。

企业物流系统节点布局规划设计是在共享社会物流系统网络的基础上，对物流系统仓库、车站等的空间布局方案的设计确定过程。设置与构成企业物流系统节点往往需要充分考虑和利用社会物流系统的物流通道资源和已有的物流枢纽和节点。表 3.13 是北京各类物流节点的布局规划。

表 3.13　北京各类型物流节点布局规划

	物流园区	物流中心	配送中心
运输条件	紧邻六环,紧邻至少两条城市道路放射线和联络线,货运汽车进出六环交通方便;紧邻国道、高速公路或者城市快速路出入口,交通方便;不同运输工具之间频繁换装;紧邻干线铁路或者离最近的铁路货运车站距离小于5公里	在四环到六环之间紧邻至少两条城市道路放射线和联络线,货运汽车从四环到六环各个方向进出城市交通方便;紧邻国道、高速公路、城市快速路出入口,或者离铁路货运站距离小于2公里,交通方便;不同运输工具之间要频繁换装	在三环到四环之间紧邻至少两条城市道路放射线和联络线,货运汽车从三环到四环各个方向进出城市交通方便;紧邻国道、高速公路、城市快速路出入口,或者离铁路货运站距离小于2公里,交通方便
商业环境	进出城市的货物流量大(不含过境货流);周边环境好,30公里内有现存或者规划的商业中心区、商业街、万米以上大型购物中心、大型批发市场、边缘集团、卫星城或工业区	进出城市的货物流量大(不含过境货流);10公里内有现存或者规划的地区级商业中心区、商业街、万米以上大型购物中心、大型批发市场、边缘集团、卫星城或工业区	10公里内有现存或者规划的市级、地区级及社区商业中心区、商业街、各种业态的批发和零售企业
土地使用	在北京市总体规划中有足够的仓储用地或者能够将土地性质改变为仓储用地的地块;规划地块的征用、开发和使用成本较低	在北京市总体规划中有足够的仓储用地或者能够将土地性质改变为仓储用地的地块;规划地块的征用、开发和使用成本较低	在北京市总体规划中有足够的仓储用地或者能够将土地性质改变为仓储用地的地块;规划地块的征用、开发和使用成本较低
节点布局	两个物流园区相距在30公里左右,与独立物流中心和配送中心组成布局合理的完整的物流网络体系	两个物流中心之间、物流中心与物流园区、物流中心与配送中心之间的距离均在15公里左右,与物流园区和配送中心组成布局合理的完整的物流网络体系	正常交通情况下,从配送中心到配送区域内最远配送点单程行驶时间不超过1小时;两个配送中心之间、配送中心与物流中心之间的距离均为10公里左右,与独立物流中心和物流中心组成布局合理的完整的物流网络体系

2. 内部布局规划设计

除了在物流系统节点布局设计中要考虑节点的空间布局(包括物流节点的选址、数量、种类、规模的配置),还要设计物流系统节点的内部布局。这种物流节点内部布局的设计主要是根据物流节点的功能、作业流程和服务质量要求,确定物流节点内部各种节点的平面布局方案,如物流中心的仓储区、分拣区、加工区、内部通道等的布局。

根据物流系统的作业要求、作业特点,选择先进适用的物流设备和器具,以提高物流作业效率。设计包括以下内容:仓库货架系统的选型和平面布局设计,装卸搬运设备的选型和布局设计,包装与流通加工装备以及器具的选型和布局设计,运输工具的选型设计,分拣设备的选型和布局设计等。表 3.14 和表 3.15 列出了日本东京都物流团地内货物集散中心的一些情况。

表 3.14　日本东京都物流团地内货物集散中心基本信息

名　称	京　浜	板　桥	足　立	葛　西
占地面积(平方米)	222 890	115 828	113 328	185 000
车位数量(个)	433	320	340	460
站台面积(平方米)	36 242	22 200	22 178	37 959
货物处理能力(每日)	12 000 吨, 438 万吨/年	7 000 吨, 255.5 万吨/年	7 000 吨, 255.5 万吨/年	11 500 吨, 419.75 万吨/年
始用年月	1968 年 6 月	1970 年 10 月	1977 年 4 月	1983 年 4 月
投资额(含土地费)	123 亿日元	69 亿日元	96 亿日元	193 亿日元

表 3.15　日本东京都物流团地内货物集散中心设施信息

名　称	京　浜	板　桥	足　立	葛　西
货物处理场	1 号~11 号	1 号~8 号	1 号~9 号	1 号~9 号
站台面积(平方米)	36 242	22 200	22 178	37 959
台高(米)	1.3	1.3	1.2	1.15
办公室用地面积(平方米)	3 110	1 611	2 638	3 310
配送中心面积(平方米)	50 363	17 427	11 077	26 686
车站(平方米)	18 702	14 400	15 441	19 278
集配车场所(平方米)	18 183	10 186	9 548	12 960
调车场(平方米)	72 163	35 437	29 024	41 653
停车场(平方米)	29 946	17 510	19 841	29 795

3.4　配送中心规划设计

3.4.1　配送中心规划概述

配送中心是从供应者手中接受多种大量的货物,进行倒装、分类、保管、流通加工和信息处理等作业,然后按用户的订货要求备齐货物,以令人满意的服务水平进行配送的节点,是从事服务配备(集货、加工、分货、拣选、配货)和组织对用户的送货,以高水平实现销售或供应的现代化流通中心。

配送中心是在仓库的基础上发展起来的：保管型仓库多处于生产领域，储存物资包括原材料、配件、半成品和产成品，库存周转率低；流通型仓库多处于流通领域，如批发商或分销商仓库，保管物资多为产成品形态，库存周转率较高；配送中心只具有少量库存，甚至不具有库存，周转率最高，不仅有物流职能，还有商流职能；不单单具有保管职能，还有进货、接受订货并按订单配货、流通加工并按用户要求配送上门的功能。

大生产、大流通形势的形成，市场竞争加剧，大多数商品市场呈现买方市场格局，推式生产和供应向拉式生产以及供应转变，使客户对服务的内容、时间和服务水平都提出了更高的要求，JIT模式和"零库存"思想对企业经营产生了巨大的影响，从而产生了对配送中心的需求，社会对物流合理化的要求。配送中心减轻了城市交通、环境和安全的压力，连锁超市和电子商务的发展是推动配送发展的最大动力。

3.4.2 配送中心的分类和功能

1. 配送中心的分类

按照功能划分：储存型配送中心，流通型配送中心，加工型配送中心。

按照地理区域划分：城市配送中心，区域配送中心。

按照社会化程度划分：企业配送中心，社会（专业）配送中心，共同配送中心。

按照服务对象划分：销售配送中心，供应配送中心。

2. 配送中心的功能

一方面，配送中心集成了物流和商流活动，是商物合一；另一方面，配送中心集成了物流活动的所有功能，可以看作物流活动的缩影。具体有以下功能：

（1）备货功能。备货功能是配送的准备工作或基础工作，备货工作包括筹集货源、订货或购货、集货、进货及有关的质量检查、结算、交接等。配送的优势之一，就是可以集中用户的需求进行一定规模的备货。备货是决定配送成败的初期工作，如果备货成本太高，会大大降低配送的效益。

（2）储存功能。配送储备是按一定时期的配送经营要求，形成的对配送的资源保证。这种类型的储备数量较大，储备结构也较完善，视货源及到货情况，可以有计划地确定周转储备及保险储备结构及数量。配送的储备保证有时在配送中心附近单独设库解决。

另一种储存形态是暂存，是具体执行日配送时，按分拣配货要求，在理货场地所做的少量储存准备。由于总体储存效益取决于储存总量，所以，这部分暂存数量只会对工作方便与否造成影响，而不会影响储存的总效益，因而在数量上控制并不严格。

还有一种形式的暂存，即是分拣、配货之后，形成的发送货载的暂存，这个暂存主要是调节配货与送货的节奏，暂存时间不长。

（3）分拣和配货功能。分拣和配货功能是配送不同于其他物流形式的有特点的功能要素，也是配送成败的一项重要支持性工作。分拣及配货是完善送货、支持送货的准备性工作，是不同配送企业在送货时进行竞争和提高自身经济效益的必然延伸，所以，也可以说是送货向高级形式发展的必然要求。有了分拣及配货就会大大提高送货服务水平，所以,分拣及配货是决定整个配送系统水平的关键要素。

(4) 配装。在单个用户配送数量不能达到车辆的有效载运负荷时,就存在如何集中不同用户的配送货物,进行搭配装载以充分利用运能、运力的问题,这就需要配装。

和一般送货不同之处在于,通过配装送货可以大大提高送货水平及降低送货成本,所以,配装也是配送系统中有现代特点的功能要素,也是现代配送不同于以往送货的重要区别之处。

(5) 配送运输功能。配送运输属于运输中的末端运输、支线运输,和一般运输形态的主要区别在于:配送运输是较短距离、较小规模、较高额度的运输形式,一般使用汽车做运输工具。

与干线运输的另一个区别是,配送运输的路线选择问题是一般干线运输所没有的,干线运输的干线是唯一的运输线,而配送运输由于配送用户多,一般城市交通路线又较复杂,所以,如何组合成最佳路线,如何使配装和路线有效搭配等,是配送运输的特点,也是难度较大的工作。

(6) 送达服务。配好的货运输到用户还不算配送工作的完结,这是因为送达货和用户接货往往还会出现不协调,使配送前功尽弃。因此,要圆满地实现运到之货的移交,并有效地、方便地处理相关手续并完成结算,还应讲究卸货地点、卸货方式等。送达服务也是配送独具的特殊性。

(7) 配送加工。在配送中,配送加工这一功能要素不具有普遍性,但是往往是有重要作用的功能要素。主要原因是通过配送加工,可以大大提高用户的满意程度。

配送加工是流通加工的一种,但配送加工有它不同于一般流通加工的特点,即配送加工一般只取决于用户要求,其加工的目的较为单一。

3.4.3 配送中心的区域规划

1. 工作区域

配送中心内部一般划分为几个工作区域:进货区,储存区,理货、配货区,分拣、配装区,发货待运区,流通加工区,管理区。

(1) 进货区。货物运达配送中心称为进货。主要作业有核对发货方的货单,检验货物的质量、货损及品质,做好向仓库或配送场搬运的准备等;主要设施有进货火车专用线或卡车卸货站,卸货站台,分类、验收区和暂存区。进货是为了补充库存,但也有进货后立即分类配送的配送中心。

进货作业的要求是缩短进货检验时间,检验后直接向保管场所下达指示,并移往保管场所。进货检验是对货物品种和送货单的品名、数量进行确认。一种有效方法是通过扫描货物上的条形码从而将品种和数量自动输入计算机,并与送货单明细比较。

(2) 储存区。保管有一定储存时间的货物,占地面积是储存型配送中心的一半以上。储存要求:空间利用的最大化,劳动力和设备的有效使用,货物的方便存取,货物的有效移动,货物的良好保养,良好的管理。

(3) 备货区。备货作业是配送前的准备工作,包括筹集货源、订货、集货、进货及有关的质量检查、结算、交接等。

(4)分货区。根据用户要求,按订单将货物配齐后暂存待装外运。分拣是指根据特定的需要,将正在保管的商品取出的作业。分拣是配送中心的中心业务,占作业量的一大部分,一般要投入仓库作业的一半以上人力,作业时间至少占配送中心全部作业时间的30%~40%,作业速度、效率及出错率直接影响配送中心的效率及顾客的满意程度。高效率的按订单分拣作业能显著缩短订发货周期,不仅改善作业效率,而且提高顾客服务水平。

(5)发货区。对照出货单,把拣取好的货物按客户、车次等逐一核对货物的品名及数量,检查包装与质量做好出货检查,进行发货捆包,做好标记,按配送计划将物品运到出货待运区,可利用条码与计算机辅助出货作业,最后按车辆调度的计划装车配送,主要设施有站台、停车场等。

(6)流通加工区。一般根据加工类型以及加工作业量大小确定所占面积,流通加工作业指在发货之前为商品粘贴标价及其他标记、装袋、切割、包装、将几种商品组合成套作为赠送的礼品等。流通加工是在流通领域中对生产的辅助性加工,从某种意义来讲它不仅是生产过程的延续,实际上还是生产本身或生产工艺在流通领域的延续。这个延续可能有正、反两方面的作用,即一方面可能有效地起到补充完善的作用,但是,也必须估计到另一个可能性,即对整个过程的负效应。各种不合理的流通加工都会产生抵消效益的负效应。

2. 布局流程

(1)规划步骤(图3.5)。根据道路分布决定出入门口的位置和配送中心位置安排;设定配送中心空间范围和各区域空间大小;决定配送中心物流动线类型;按照作业流程的顺序安排各作业区域的位置;安排办公区的位置;进行各区域作业流程关联性检查。

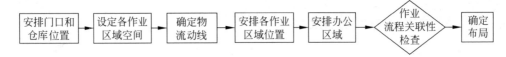

图3.5 布局规划流程

(2)直线形区域布局示例。

① 决定各区域的模板面积大小与长宽比例(图3.6)。

图3.6 工作区域模板

② 决定进出货月台布置及流动线(图3.7)。

③ 布置面积较大且长宽比例不易变更的区域(图3.8)。

④ 布置面积较大但长宽比例可变更的区域(图3.9)。

图 3.7　月台及流动线的布局

图 3.8　大工作区域布局

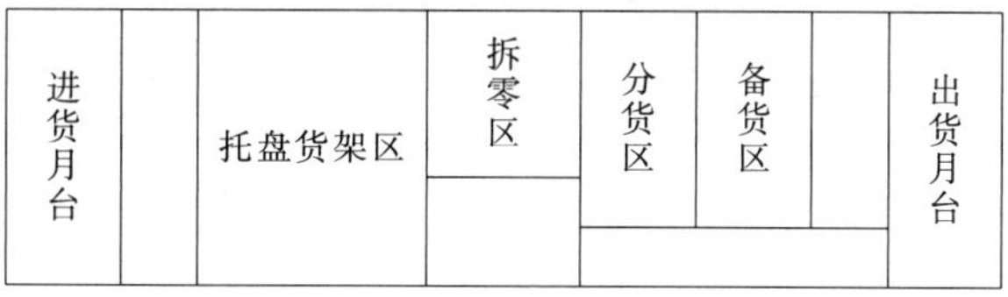

图 3.9　大面积可变更区域布局

⑤ 布置面积较小且长宽比例可变更调整的区域(图 3.10)。

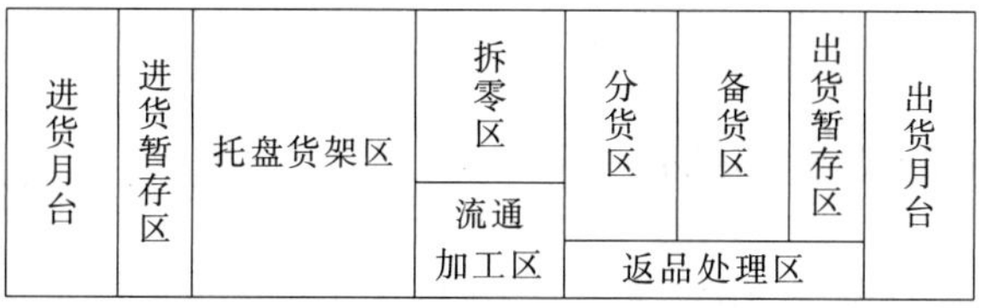

图 3.10　小面积可变更区域布局

⑥ 布置行政管理与办公区域(图 3.11)。

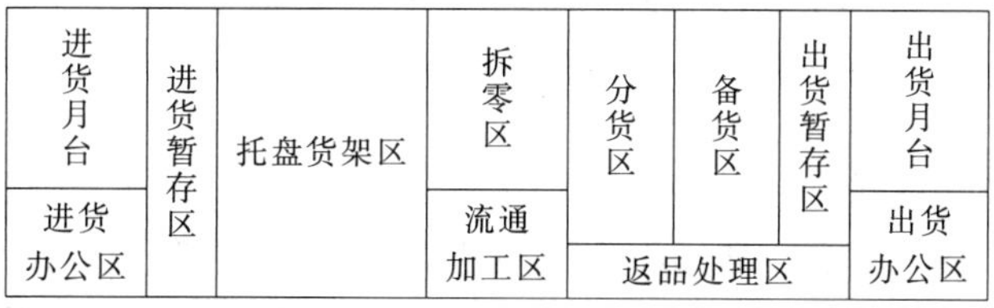

图 3.11　办公区域布局

(3) 其他物流动线布局。

① L 形动线布局(图 3.12)。

图 3.12　L 形动线布局

② S形动线布局(图3.13)。

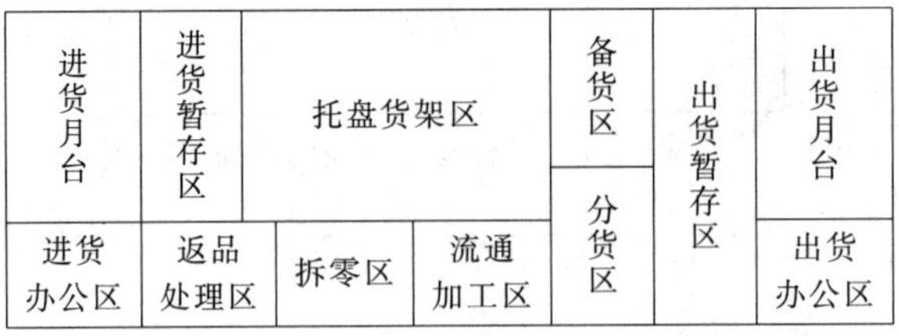

进货月台	进货暂存区	托盘货架区	备货区	出货暂存区	出货月台
进货办公区	返品处理区	拆零区	流通加工区	分货区	出货办公区

图 3.13 S形动线布局

③ U形动线布局(图3.14)。

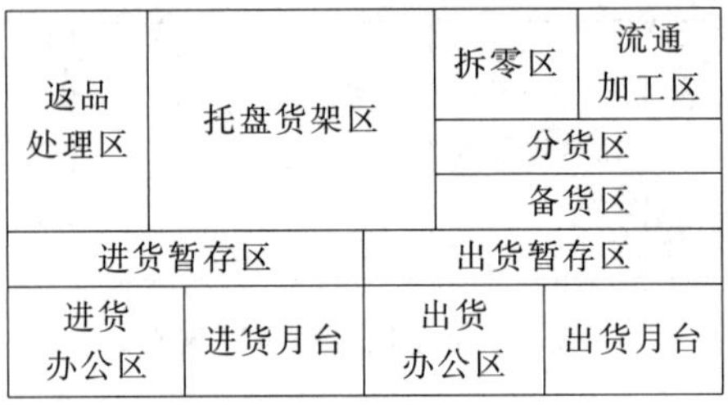

返品处理区	托盘货架区	拆零区	流通加工区
		分货区	
		备货区	
进货暂存区		出货暂存区	
进货办公区	进货月台	出货办公区	出货月台

图 3.14 U形动线布局

3.5 物流中心规划设计

3.5.1 物流中心的概念和类型

1. 物流中心概念

物流中心是社会物流网络中处于主要位置的节点,但不是所有物流节点都能称为物流中心。物流中心必须是较大规模的物资集散或转运地点。属于物资集散类型的如大型物资仓库,它主要在物流系统中起调节和缓冲作用,解决供需节奏或批量不平衡的矛盾。又如商业连锁系统的配送中心,主要是为了降低物流系统的成本,提高服务水平,提高物资输送末端系统效率等。属于转运类型的如港口码头、空港等,其作用是实现运输方式的转换(海—陆、空—陆)。又如,铁道货车编组站和汽车货运终端站,其作用是将货物重新组合,进入下一阶段的输送。也有一种大规模的仓库群,形成以存储功能为主的物流中心。

物流中心是物流系统中的基础设施。它的规划、筹建、运行与完善,涉及交通、物资、商业、外贸、工业、建筑、农业、金融等多个部门、多个行业的企业。不同部门及企业对其内涵及外延的理解不尽一致。概括起来,对物流中心的理解可以归纳为以下几种表述。

(1) 物流中心是从国民经济系统要求出发,所建立的以城市为依托、开放型的物品储存、运输、包装、装卸等综合性的物流业务基础设施。这种物流中心通常由集团化组织经营,一般称为社会物流中心。

(2) 物流中心是为了实现物流系统化、效率化,在社会物流中心下所设置的货物配送中心。这种物流中心从供应者手中受理大量的多种类型货物,进行分类、包装、保管、流通加工、信息处理,并按众多用户要求完成配货、送货等作业。

(3) 物流中心是组织、衔接、调节、管理物流活动的较大的物流据点。虽然物流据点的种类很多,但大都可以看作以仓库为基础,在各物流环节方面提供延伸服务的依托。为了与传统的静态管理的仓库概念相区别,将涉及物流动态管理的新型物流据点称为物流中心。这种含义下的物流中心数目较多,分布也较广。

(4) 物流中心是以交通运输枢纽为依托,建立起来的经营社会物流业务的货物集散场所。由于货运枢纽是一些货运站场构成的联网运作体系,实际上也是构成社会物流网络的节点,当它们具有实现订货、咨询、取货、包装、仓储、装卸、中转、配载、送货等物流服务的基础设施、移动设备、通信设备、控制设备,以及相应的组织结构和经营方式时,就具备成为物流中心的条件。这类物流中心也是构筑区域物流系统的重要组成部分。

(5) 国际物流中心是指以国际货运枢纽(如国际港口)为依托建立起来的经营开放型的物品储存、包装、装卸、运输等物流作业活动的大型集散场所。国际物流中心必须做到物流、商流、信息流的有机统一。当代电子信息技术的迅速发展,能够对国际物流中心的"三流"有机统一提供重要的技术支持,这样可以大大减少文件数量及文件处理成本,提高"三流"效率。

综上所述,在更一般的意义上,可以将物流中心理解为,处于枢纽或重要地位的、具有较完整物流环节,并能将物流集散、信息和控制等功能实现一体化运作的物流据点。将物流中心的概念放在物流系统化或物流网络体系中考察才更有理论和实践意义,物流系统是分为若干层次的,依物流系统化的对象、范围、要求和运作主体不同,应用其概念的侧重点也就有所不同。

2. 物流中心的类型

不同类型的物流据点在物流链管理中的主要功能或侧重点亦有所差别,诸如集货、散货、中转、加工、配送等,由于物流中心分布的地理位置及经济环境特征,这种主要功能差别带有区域经济发展要求的特点。

总结现有的物流设施,典型的物流中心主要有以下几类:

(1) 集货中心。是将分散生产的零件、生产品、物品集中成大批量货物的物流据点。这样的物流中心通常多分布在小企业群、农业区、果业区、牧业区等地域。集货中心的主要功能是:

① 集中货物,将分散的产品、物品集中成批量货物;
② 初级加工,进行分拣、分级、除杂、剪裁、冷藏、冷冻等作业;
③ 运输包装,包装适应大批量、高速度、高效率、低成本的运输要求;
④ 集装作业,采用托盘系列、集装箱等进行货物集装作业,提高物流的连贯性;
⑤ 货物仓储,进行季节性存储保管作业等。

(2) 送货中心。是将大批量运抵的货物换装成小批量货物并送到用户手中的物流据点。送货中心运进的多是集装的、散装的、大批量、大型包装的货物,运出的是经分装加工转换成小包装的货物。此类物流中心多分布在产品使用地、消费地或车站、码头、机场所在地。其主要功能是:

① 分装货物,大包装货物换装成小包装货物;
② 分送货物,送货至零售商、用户;
③ 货物仓储等。

(3) 转运中心。是实现不同运输方式或同种运输方式联合(接力)运输的物流设施,通常称为多式联运站、集装箱中转站、货运中转站等。转运中心多分布在综合运网的节点处、枢纽站等地域。这类物流中心的主要功能是:

① 货物中转,不同运输设备间货物装卸中转;
② 货物集散与配载,集零为整、化整为零,针对不同目的地进行配载作业;
③ 货物仓储及其他服务等。

(4) 加工中心。是将运抵的货物经过流通加工后运送到用户或使用地点。这类物流据点侧重于对原料、材料、产品等的流通加工需要,配有专用设备和生产设施。尽管此类加工工艺并不复杂,但带有生产加工的基本特点,因而对流通加工的对象、种类均具有一定的限制与要求。物流过程的加工特点是将加工对象的仓储、加工、运输、配送等形成连贯的一体化作业。这类物流中心多分布在原料、产品产地或消费地。经过流通加工后的货物再通过使用专用车辆、专用设备(装置)以及相应的专用设施进行作业,如冷藏车、冷藏仓库、煤浆输送管道、煤浆加压设施、水泥散装车、预制现场等,可以提高物流质量、效率并降低物流成本。

(5) 配送中心。是将取货、集货、包装、仓库、装卸、分货、配货、加工、信息服务、送货等多种服务功能融为一体的物流据点,也称为配送中心(城市集配中心)。配送中心是物流功能较为完善的一类物流中心,应分布于城市边缘且交通方便的地带。

(6) 物资中心。是依托于各类物资、商品交易市场,进行集货、储存、包装、装卸、配货、送货、信息咨询、货运代理等服务的物资商品集散场所,一些集团企业的物流中心,就是依托于各类物资交易市场而形成的。全国一些有影响的小商品市场、时装市场、布匹市场等也初步形成了为用户提供代购、代储、代销、代运及其他一条龙相关服务的场所和组织,有的已经成为全国性的小商品、布匹、时装等的专业性物流中心。目前,此类物流中心的电子信息技术应用水平还很低。众多不同类型的物流中心说明,社会经济背景不同,经济地理、交通区位特征不同,物流对象、性质不同,所形成的物流中心模式也不同,强求一律地用同一模式限定物流中心的功能和基础设施建设是不切合实际的。但是不同类型的物流中心应当充分履行其在物流系统化中的功能,既要满足各层次物流的需要,又要避免物流设施重复建设的浪费。

对第三方物流经营者而言,以货运枢纽站场、货运站为依托,建立区域物流中心、城市集配中心,是借助原货运业优势展开延伸服务的基本方式。将原单一功能的集货、送货、中转、贸易中心因地制宜地加以完善,使其成为具有衔接干线运输,能进行城市、厂区配送作业等多功能的物流中心,也是较有利的选择。

3. 物流中心的地位

不同性质的物流中心在不同范围物流链管理中所起的作用不同。完整意义上的物流中心应当成为区域经济圈的枢纽、运输网的依托和物流链管理的中枢。

(1) 物流链管理的中枢。从这个角度可以分不同层次或范围来认识物流中心。企业物流链管理是非常具体的,如品种、数量、时间、场所等,更大范围的物流链管理在某些重要的物流环节如运输、过境运输等管理中。物流中心始终在物流链管理中处于中心地位,在物流链运作中起指挥中枢作用,指导并能控制物流链合理运作。随着电子信息技术对此支持水平的提高,物流中心在物流链管理中的中枢地位能够完全确立。

(2) 运输网的依托。随着现代运输手段的发展和运用,货物的空间效用、时间效用已得到充分的注意和运用。完整意义上的物流中心已成为选择运输手段所需考虑的重要因素,例如,在欧洲,运输手段选择的一般概念范围是:从物流中心(运输枢纽)至250千米范围选择3小时可完成送达的厢式车,从物流中心至300千米范围,3小时到达可选择货车,从物流中心至320千米范围,由4小时的一般铁路运输完成或3小时的高速铁路运输实现,从物流中心至欧洲任何地方或城市之间在3小时内,可利用航空运输作为实现时空效率的手段。物流中心作为物流网的依托,能够使线网骨骼与业务经营的血肉合为一体。

(3) 经济圈的枢纽。大范围的物流中心在区域经济圈的确立中处于重要的基础地位。例如,在法国巴黎南部最大的中心市场,可以为1800万消费者服务,其中1200万人是巴黎150千米圈内的消费者。物流中心的地位不仅主要体现在物流枢纽即物流集散、信息和控制等职能上,而且体现在社会、区域经济圈的形成与运作上。

将完整意义上的物流中心,放到道路网与综合运输网、区域经济圈以及在社会经济运行中的枢纽地位和基础功能上来认识,就会看到现代物流研究的主要课题更多集中在物流总成本的控制、物流系统集约化、全国物流系统的构筑等方面,这正是抓住了物流效益的重要环节。物流中心的理论应用与实践在中国还处于初级阶段,但是新技术的投入与传统经营思想、经营方式的不适应已暴露了许多问题。因此在物流中心的规划中,应当注意吸取国外的经验,完善物流中心、物流网络及运行在中国的实践。在此过程中把握物流中心的选址区域、规模、运营机能,对物流网络规划、建设与运营有着重要作用。

3.5.2 物流中心的功能设定

物流中心应该具备的功能要和建设物流中心的决策思想相符合,是由市场来决定的,也可以说取决于外围环境的条件。功能设定就是市场定位问题。可以说市场定位准确,项目成功的可能性就有了一半。物流中心的基本功能可以从三个层次来认识,完整意义的物流中心在物流链管理、物流网络运作、区域经济圈形成等方面,地位是十分重要的。

物流功能的绝大部分作业可以在物流中心或以物流中心为基地的延伸服务过程中完成。所以,高层次物流中心应当在区域物流系统化中,有效地履行货物集散中心、物流信息中心、物流控制中心的全部功能。

1. 货物集散中心

货物集散中心是物流系统化中物流网络体系的节点,是物流基本功能充分表现的场所。实现普通货物集散的基本物流作业过程,需要相应的物流基础设施、设备,具体包括:

(1) 仓库及货物仓储设施、设备。能够完成相应的仓储、装卸、搬运、分拣、加工的仓库和作业场地,有些还需要较大的货物(包括集装箱货物或空箱)堆场。仓库(电视)监控设备、防灾预警装置等。

(2) 货物装卸搬运设施设备。货物分拣装置、传输搬运设备、承载器具、运输车辆以及进行有关装卸作业的场地。

(3) 停车场地及辅助性服务设施。

(4) 办公场所及通信设备、计算机化管理设备和其他辅助设施。

以上是最基本的内容,涉及集装箱多式联运、特种货物运输等的物流作业还应有集装箱堆场、拆箱等作业场地,特种货物仓库,专用起重设备等。处在这一功能层次物流中心的核心功能是货物集散,可以采用人工作业方式或简单的管理设备完成现场货物集散、物流信息处理、物流运行和控制作业。

2. 物流信息中心

物流信息中心是物流系统的中枢神经,是沟通物流网络体系的血脉,也是进行物流过程调控的前提与基础。物流信息中心可以相对独立于货物集散中心,即不必有货物集散的现场作业条件。但完整地实现这一层次功能,物流信息中心应能够作为联结物流作业现场(包括运输与配送作业中的车辆)与中枢指挥功能的基地,除了一般信息作业手段外,还需要相应的电子数据加工处理设备,包括:

(1) 通信联络系统,固定通信和移动通信设施设备、电子计算机及外围设备,以及处在发展中的多媒体传输设备等,可以播发各种物流信息;

(2) 计算机网络系统,建立企业内联网,并与国际互联网或其他相关网络,如国家经济信息网进行联结,建立物流信息管理系统;

(3) 车载通信系统,运行中的车辆能与中心的计算机网络相联系,物流中心能直接进行车辆调度及相关物流作业。

这一层次功能的核心内容是信息咨询、配载服务、车辆调度等。具有相应硬件的物流中心,可以迅速采集、整理、处理有关数据,为高质量和低成本的物流运作提供技术支持。其中软件开发与应用是关键,它关系到物流信息中心实际功能的发挥。

3. 物流控制中心

物流控制中心是使物流各项功能有效协同起来运行的控制机构,指挥调度和掌握全局服务项目、业务量、服务质量、货物动向、车辆状态、运营成本等的控制机构。物流控制中心是位于货物集散中心、物流信息中心功能之上的最重要的决策智能结构层。物流控制中心能使整个物流过程衔接起来,形成动态管理的企业、区域、全国或国际物流网络体系,进行物流链管理。

信息咨询,货源、车源信息发布,车辆调度,货物跟踪、车辆跟踪服务,仓储与库存控制信息服务,运输、配送计划,各类货物作业统计,物流成本分析与控制,车辆导驶服务,货主资信档案等都是物流中心实现控制中心功能的具体表现。此外,国际物流还应有国际贸易、"一关三检"所需的服务内容。在这一功能层次上,还需要更多的电子信息技术的支持,例如:

EDI 技术的应用。实现商流、物流单证标准化基础上的集成作业;企业内联网(Intrant)、公用信息网及企业 MIS。实现商流、物流、信息流集成的共享信息源;全球移动通信系统的应用;全球定位系统的应用;重要货物的监控;多媒体传输技术在物流系统中的运用;其他电子信息技术的应用。

更重要的是还要有充满活力的、能够形成物流网络化经营的组织及运行机制,它需要将物流系统的硬件设施和软件的组织设计最佳地组合起来,达到预期物流质量控制、物流过程控制和物流成本控制的总目标。

事实上,从物流高级化的发展趋势而言,仅有货物集散中心这层功能无法将各个货物集散中心协同起来,实现更大范围的物流系统化。所以,完整意义上的物流中心应当是能够将货物集散中心、物流信息中心和物流控制中心各层功能有机结合起来,形成多项物流功能、技术等综合集成的组织管理体系。

3.5.3 物流中心的规划与设计

物流中心是服务于区域或社会物流的,而社会物流过程又与资源分布、经济地理、工业布局、运输网络等密切相关。由于中国地域经济发展很不平衡,因此,政府及主管部门、第三方物流经营者必须根据各地区的社会经济特点,确定物流中心建设与完善的规划方案和实现一定范围物流系统化的途径与方式。

1. 物流中心规划的主体

物流中心是物流网络中的节点,更多地体现为道路运输系统的基础结构,也是不同运输方式选择决策的抉择点和协作、协调的接合部。在形成以中心城市为核心的经济圈或区域经济圈的体系中,物流中心有举足轻重的地位和作用;在物流中心的规划、筹建、运营方面直接影响到的不仅是道路运输基础设施运用效率,很多情况下,还与城市规划、经济圈的经济运行有极密切的关系;从区域经济圈形成与运行的角度分析,完整意义上的物流中心已是多学科研究的交叉区和接合部。所以,中国大范围的物流设施规划是由政府主管部门指导、组织制定的。

物流网络、物流中心及物流基础设施的规划与融资、建设和运行密切相关。投资主体将向多元化方向发展,民营企业也将成为投资主体之一,此外,还涉及外国资本投入物流基础建设的运作方式如 BOT。投资与运营体制反过来也会影响物流设施规划。

还应注意到,不同部门之间在物流中心规划、建设、运营及管理等过程中的观念、认识不协调也会产生许多问题,如物流中心选址建设取得土地使用权难度很大、土地费用很高;物流中心的信息化、机械化、自动化有很多困难;各行业的企业在物流据点选址上无秩序,在住宅区有大量大型货车通过;物流中心周边交通阻塞、交通事故增加、环境恶化等问题。不仅在发达国家中成为严重的社会问题,在发展中国家也直接影响到可持续发展战略的实现。

2. 物流中心规划涉及的因素

多层次、多类型理解物流中心的含义,并以此指导物流中心的设立是合乎中国国情的。而一下子将物流中心概念的层次拔得很高,就会使许多在社会物流系统化中地位很重要,但由于种种原因尚存在一些缺陷的物流据点,遗憾地被排斥于物流中心、区域物流系统之外,这样做会使人感到"物流中心"可望而不可即,影响人们进行开发研究区域或社会物流网络体系的积极性及区域物流网络的形成进程,会直接影响到物流服务水准的提高和社会物流总成本的降低。进行物流系统规划需要考虑以下主要因素:

(1) 区域经济发展背景。社会经济发展规划,产业布局,工业、农业、商业、住宅布局规划。

(2) 交通运输网及物流设施现状。交通运输干线、多式联运小转站、货运站、港口、机场布局现状。

(3) 城市规划。城市人口增长率,产业结构与布局。一些城市的物流中心选择不合适,往往会在主干线通道上造成交通阻塞,运距过长造成能源浪费、车辆空载率增高、调度困难等问题。

(4) 环境保护与社会可持续发展。据东京大学的越正毅教授对交通阻塞的间接经济损失的推断,仅东京圈由于交通阻塞的经济损失一年就达一兆日元。

3. 物流据点的数目与规模

(1) 物流据点的数目与服务水准。物流据点的数目少,物流功能比较集中,物流成本一般较低。物流据点多,服务网点分散,集散迅速,物流服务水准一般较高,但物流成本一般也较高。

(2) 物流据点数目与规模。物流据点少,物流功能集中,物流据点的规模较大方能满足物流要求。反之,物流据点数目多,平均物流据点的规模应小一些,以节约投入资本。

(3) 物流据点规模与土地占用。两者关系密切,土地面积占用大,征地及建设费用高,需要削减企业物流成本的装配制造业、流通业,相应企业业务所涉及的物流据点布局要合适。日本是土地资源稀缺的国家,在日本物流设施的平均规模以物流中心类型不同而有所不同,区域物流中心约 15 000 平方米,在首都圈、近畿圈、中部圈三大都市圈最大的可达至 100 000 平方米,配送中心一般约 7 000 平方米,最大的可达 50 000 平方米,三大都市圈以外的地区其物流设施规模都要小一些。

4. 物流中心的规模设计

对于以上的功能进行分析,根据市场总容量、发展趋势及该领域竞争对手的状况,确定目标份额,从而决定该部分的局部规模。规模设定中应该注意两方面的问题:第一是要充分了解社会经济发展的大趋势,进行地区、全国乃至世界经济发展的预测。因为我们所讨论的项目不是短期行为,预测范围必须包含中、长期内容。第二是要充分了解竞争对手的状况,它们目前的生产能力、占有市场份额、经营特点、发展规划等。因为市场总容量是相对固定的,不能正确地分析竞争形势就不能正确地估计出自身能占有的市场份额。

以上预测如果发生大的偏差,将导致设计规模过大或过小。当然,我们不希望由于估计偏低,发生失去市场机遇或是不能产生规模效益的问题;也不应由于估计偏高而造成多余投资,从而使企业效率低下,运营困难。

在对各功能项进行逐个分析的基础上,再突出重点,统一协调,对物流中心的总体规模进行决策。

规模设计和实施步骤没有必然的关系,可以一步到位,也可以分步实施,这要根据资金、市场等具体条件决定。

5. 物流中心设施规划的目的

在预定的区域内合理地布置好各功能板块相对位置是非常重要的。合理布置的目的是：

(1) 有效地利用空间、设备、人员和能源；

(2) 最大限度地减少物料搬运；

(3) 简化作业流程；

(4) 缩短生产周期；

(5) 力求投资最低；

(6) 为职工提供方便、舒适、安全和卫生的工作环境。

据资料介绍，在制造企业的总成本中用于物料搬运的占 20%～50%，如果合理地进行设施规划可以降低 10%～30%。物流中心是大批物资集散的场所，物料搬运是最中心的作业活动，合理设施规划的经济效果将更为显著。

6. 设施规划与设计的原则

(1) 根据系统的概念、运用系统分析的方法求得整体优化，同时也要把定性分析、定量分析和个人经验结合起来。

(2) 以流动的观点作为设施规划的出发点，并贯穿在设施规划的始终，因为企业的有效运行依赖于人流、物流、信息流的合理化。

(3) 从宏观（总体方案）到微观（每个部门、库房、车间），又从微观到宏观的过程。例如布置设计，要先进行总体布置，再进行详细布置，而详细布置方案又要反馈到总体布置方案中去评价，再加以修正甚至从头做起。

(4) 减少或消除不必要的作业流程，这是提高企业生产率和减少消耗最有效的方法之一。只有在时间上缩短作业周期，空间上少占面积，物料上减少停留、搬运和库存，才能保证投入的资金最少、生产成本最低。

(5) 重视人的因素。作业地点的设计，实际是人—机—环境的综合设计。要考虑创造一个良好、舒适的工作环境。

物流中心的主要活动是物资的集散和进出，在进行设施规划设计时，环境条件非常重要。相邻的道路交通、站点设置、港口和机场的位置等因素，如何与中心内的道路、物流路线相衔接，形成内外一体、圆滑通畅的物流通道，这一点至关重要。

7. 软硬件设备系统的规划与设计

这是一个专业性很强、涉及面很广的问题，难以具体论述。

一般来说，软硬件设备系统的水平常常被看成是物流中心先进性的标志，因而为了追求先进性就要配备高度机械化、自动化的设备，在投资方面带来很大的负担。但是，以欧洲物流界为代表，对先进性的理解有不同的侧重。他们认为"先进性"就是合理配备，能以较简单的设备、较少的投资，实现预定的功能就是先进。也就是强调先进的思想、先进的方法，从功能方面来看，设备的机械化、自动化程度不是衡量先进性的最主要因素。

根据我国的实际状况，对于物流中心的建设，比较一致的共识是贯彻软件先行、硬件适度的原则。也就是说，计算机管理信息系统、管理与控制软件的开发，要瞄准国际先进水平;而机械设备等硬件设施则要根据我国资金不足、人工费用便宜、空间利用要求不严格等特点,在满足作业要求的前提下,更多选用一般机械化、半机械化的装备。例如仓库机械化,可以使用叉车或者与货架相配合的高位叉车;在作业面积受到限制,一般仓库不能满足使用要求的情况下,也可以考虑建设高架自动仓库。

8. 物流中心的筹建

(1) 多方筹资组建。物流系统集约化可以大幅度提高物流网络效率,从完整的物流中心职能分析,物流中心经营者应当重视现代高科技特别是信息技术的运用,实现集约化运营。而物流中心具有相当规模的,往往需要较大资金量投入,各国不同的筹资组建物流中心的方式可供我们参考。例如,在法国巴黎最大的中心市场中的 Semmaris 物流中心筹资建设中,国家出资占最大份额 53.21%,巴黎市出资占 2%,Val de Marne 州出资 6.87%,银行出资 5.50%,SAGAMRIS 州出资 3.7%,物流企业及其他方面出资占 14.20%。中国应当取长避短,充分发掘和利用已有的、利用效率尚不高的物流资源,这样可以大大减少区域物流系统以外的资本投入。由于区域性物流中心的效益更多地体现为社会经济效益和综合效益,如汽车空驶的减少、道路运用效率的提高、物流费用的降低、货物时间效能的增加等,中国各级政府应对其予以特别的重视,在筹资、选址及运营中也应给予必要的支持。

(2) 逐步完善物流中心的功能。从物流系统的结构可知,社会物流系统化是可以分层次形成的,对相应的物流中心的功能也可以分层次逐步完善。不同层次功能的物流中心所需的相应硬件与软件、资金与技术投入也是不同的,物流中心的基础设施建设要尽快形成规模,一次性的投入资金较大,政府、有关部门及物流企业可以先从局部的、专项的物流系统化逐步延伸到区域的、全国的、综合的物流系统化,乃至国际物流系统化。物流中心也可以在物流集散中心的功能层上,逐步向"三中心合为一体"的高级功能层发展。

(3) 政府主管部门要注重宏观规划与监督。尽管提出研究物流系统化报告标志着一项物流软科学研究任务的完成,但物流软科学专家还应注意向有关方面宣传物流系统化研究成果,关心其研究成果的实施情况并在实施过程中不断总结经验,完善实践成果。

物流中心的布局、建设直接关系到其效率、效益的发挥,因此,政府及有关主管部门,应当站在部门、行业协作的高度,一方面应当做好社会物流中心的宏观规划工作,如交通部提出的全国 45 个城市建立公路运输主枢纽的规划,规划中的货运枢纽经过功能扩展之后,基本上能够履行货物集散中心、物流信息中心、物流控制中心的综合职能;另一方面在法规、政策等方面为社会物流系统化开绿灯,鼓励多元主体投资筹建、完善各种类型物流中心。对业已存在的物流中心,应促进其功能完善、向经济规模方向发展,对于过度分散、功能单一的物流据点,可以考虑应用市场机制进行物流所需资源的社会配置,使物流中心在社会物流网络中确立应有的地位,起到应有的作用。

本章小结

本章主要介绍物流节点规划设计的相关内容,详细说明了物流节点的布局规划和选址规划的原则和方法,并对重要的物流节点——配送中心和物流中心进行了详细阐述。

本章的重点和难点是物流节点的布局规划及选址规划的原则和方法。

物流节点是物流系统的基础,物流节点有多种类型和特定的功能,物流节点的发展促进了物流网络的完善。要让物流节点高效运行,并在物流系统中发挥最大作用,还需要进行合理的选址和科学的布局规划。

物流节点的选址有很多定量和定性的分析方法,在节点选址实践中应该根据具体情况选择适合的方法。而物流节点的布局则需根据实际的需求和物流节点的功能定位,结合交通地理环境,进行整体和内部的布局规划设计。

配送中心和物流中心是相互联系又有区别的两种物流节点,企业和城市配送中心及物流中心建设的规模和速度也在加快,如何合理地规划建设,避免造成单纯的规模扩张和圈地行动,避免重复建设和资源浪费,需要有科学的功能定位和规划设计。

复习与思考

1. 物流节点的主要类型有哪些?各有什么特点?
2. 简述物流节点的选址原则。
3. 简述物流节点布局规划的原则和内容。
4. 物流中心和配送中心有何异同点?
5. 连锁仓储超市的配送中心规划中,应该注意哪些方面?

案例

大连现代物流节点的空间布局规划

物流节点是物流集散和提供多种物流服务的物理空间,是物流实现过程的多功能综合服务平台。根据大连物流总量和结构分布,根据现有各种物流节点功能状况,充分利用现有基础设施,按照适度规模、适当超前的原则,确定大连市物流节点的地理位置、规模和功能。

1. 大连市物流节点的三级结构

布局的基本模式:"综合物流园区—专业物流中心—物流直达配送节点"三层节点模式。不同层次的物流节点,对应的物流服务功能不同,高层节点对于低层节点的服务范围和内容有"包含"或者"次序"关系,因此综合物流园区—专业物流中心—直达物流配送节点之间要有机衔接、合理分工。

一级节点——主要服务于国际物流和区域物流的大型的、多功能的综合物流园区。

二级节点——以区域物流、专业物流和分拨业务为主的专业物流中心。

三级节点——主要承担城乡直达配送的各类配送站点。

除了大连市区的三级物流节点外,在大连市外以及国外建立远程物流节点。主要在集装箱、粮食、石油、水产品等货源地或消费地建立物流基地。

2. 一级节点——综合物流园区的布局与规划

根据大连市物流节点的现实基础和未来发展需要,将一级物流节点划分为三种类型:着手规划建设大孤山半岛国际物流园区和甘井子陆港综合物流园区;调整完善大连港老港区市域物流园区;远期待开发羊头洼综合物流园区、金州铁路编组站物流园区。

(1) 开发区大孤山半岛国际物流园区。

① 空间建设模式:将整个大孤山半岛辟建为国际物流园区。形成以大窑湾国际物流园区为中心,以大连新港物流区、北良港物流区、保税区物流区和双D港物流区为一体的环岛带状物流园区。

园区规划土地面积12平方公里左右,其中,大窑湾国际物流园区4.85平方公里(包括开发区确定的物流区),新港物流区1平方公里,北良港物流区1.2平方公里,保税区物流区5平方公里,双D港物流区1平方公里,开发区城市配送物流区0.5平方公里。

② 主要物流货种:集装箱、汽车、油品、粮食、矿石、机电产品等。

③ 主要功能:存储、分拣包装、展示、交易、信息浏览与交换、结算、中转运输、保税和商务服务等功能。加速这一区域的港区(保税区)一体化进程,争取将这一区域建设成自由港区或自由贸易区。

④ 开发建设模式:大孤山半岛国际物流园区的规划管理由开发区统一负责,具体开发建设由多元投资的开发企业完成。在开发建设中,近期重点抓好大窑湾国际物流园区建设,尽快形成规模,完善功能,使其成为综合物流园区的示范和多功能服务区。北良港物流区、新港物流区根据现有基础适时推进,其他区域作为远期开发的后备物流区,根据物流发展的实际需要,滚动发展,逐步向其他区域延伸。要抓紧做好这一区域的控制性规划,为将来物流发展预留足够的发展空间。

(2) 甘井子陆港综合物流园区。

① 空间布局模式:在沈大高速公路后盐出口的两侧,建立甘井子陆港物流中心区。根据需要和可能向南关岭、周水子、革镇堡现有仓储区拓展,形成以后盐物流区为中心,其他物流区功能分工合理的物流集中区。

② 物流园区的主要物流种类:汽车及零配件、机电产品、建筑材料(木材、钢材、水泥、陶瓷、石料等)、农副产品、大件日用消费品。

③ 主要功能:以区域物流和生产资料物流为主,主要承担山东以南与东北经济区的物流和为企业生产提供的生产资料物流。后盐物流中心是陆港物流园区的核心功能区,重点建设和强化其展示功能、信息服务功能、交易功能、结算功能等。而在其他物流区主要是存储、分拣包装和配送功能。

④ 建设规模:后盐物流区是甘井子陆港的核心,控制性规划面积5平方公里,一期规划面积1.8平方公里,起步期规划面积0.7平方公里,重点建设和完善物流业务综合服务功能和面向整个陆港物流园区的物流信息平台。根据物流业务发展的需要,可逐步向西部或金州、开发区方向延伸。

(3) 大连港老港区市域物流园区。

① 空间建设模式:以大港区、黑嘴子港、香炉礁港为依托,以大连火车东站西站、双兴商品城、黑嘴子水产批发市场、香炉礁装饰材料市场、香炉礁旧物市场为一体,形成以内

贸集装箱和城市配送物流为主的临港物流园区。

② 主要物流种类：以城市居民生活消费资料物流为主，其次为杂货、粮食、部分生产资料、成品油等。主要货种有：内贸集装箱；蔬菜、水果；小商品、小家电；教育、科学、文化、卫生、体育、办公用品；烟、酒、糖、茶、饮料；服装鞋帽、装饰品等。

③ 主要功能：主要服务于城市生产、经营和消费物流，主要功能是交易、分拣、配送和信息服务。

④ 建设规模：这一区域基础较好，不需要新开发土地，主要是对现有功能的调整和资源整合，对有些重点功能区和重要设施进行改造，加快提升其信息化和现代化水平，提高运行效率和服务功能。

(4) 羊头洼综合物流园区和金州铁路编组站物流园区。

① 旅顺羊头洼港在发展区域物流方面有一定的区位优势和交通运输优势。羊头洼港目前客滚吞吐量已达600多万吨，烟大轮渡投入运营后，物流量将会明显增加。但由于羊头洼轮渡港工程刚刚启动，物流集聚效应的形成尚需3年以上的时间。目前，旅顺口区已在羊头洼港划出0.67平方公里土地，作为主要为连烟轮渡服务的物流园区。应从现在着手制定园区规划，搞好园的功能定位，把物流园区建设纳入烟大轮渡配套项目，适时推进工程开发建设。

② 金州铁路编组站物流园区地处编组站东南，与大连市区、开发区、与周边港口及大窑湾国际物流园区、甘井子陆港物流园区构成点扇空间结构关系，又有近3平方公里开发面积，比较适合作为大孤山半岛和甘井子陆港物流园区的辅助园区。但由于物流总量的局限和前三个物流园区已经形成一定规模和竞争优势，加之土地开发成本较高，许多设施需要新建，所以将金州编组站物流园区列入远期规划区。

3. 专业物流中心

专业物流中心是以某类专业物流的系统整合和集散为主要服务内容。专业物流中心可以设立在综合物流园区之中，也可以独立于综合物流园区之外。专业物流中心主要是为专业物流中从事仓储、运输、代理、交易等各类企业提供一个多功能的综合服务平台，实现专业物流系统的资源整合，提高运作效率。

(1) 专业物流中心的选择原则和标准。

① 行业龙头：具备带动专业物流发展的综合经济实力。

② 物流生成中心：最大或较大规模的交易(批发)市场。

③ 服务功能齐全：在信息、金融、代理、仓储、运输等方面具有较强的服务功能。

④ 辐射半径较大：区域性或国际性的专业物流服务中心。

(2) 专业物流中心的服务功能。专业物流中心的核心功能是对各类专业物流资源进行系统整合和为各类专业物流企业提供多功能服务。专业物流中心除了必要的存储、运输、配送等功能外，重点强化信息中心、展示中心、交易中心、结算中心、标准、安全、检测服务中心，保税仓储服务中心，物流资源配置中心等功能。

(3) 专业物流中心的网络体系。专业物流中心的核心功能区一般设立在大连市城区或近郊区，但交易市场、配送场站、生产加工基地则分布在各个区、市、县，特别是要利用沈大高速公路、黄海大道和北三市的东西大通道，建设起与城市专业物流中心相配套的物流节点,形成城乡网络化、一体化的专业物流体系。

(4) 专业物流中心体系设计。

① 空港航空物流中心:依托周水子国际机场,建设航空物流中心。

基础和优势:目前周水子国际空港开通国内外航线88条(国内75条,国际12条,地区1条),其中,机场货物吞吐量突破8万吨。已建成航空货运仓库9 500平方米和理货大棚6 000平方米,年内建成6 000平方米的海关二级监管库和2万平方米的货坪。空港物流的信息化也有一定的基础。

建设重点:在周水子国际机场二期扩建土地中划出2万平方米,建设空港物流中心。建设和完善公共信息系统,建立现代化的仓储设施、运输设备,提高通关效率。

网络体系:围绕航空物流形成区域和城市配送网络。

② 粮食物流中心:依托大连北方粮食交易市场,重新构建为大连市北方粮食物流中心。

基础和优势:已形成由21个省市386家会员单位组成的粮食经营网络,有良好的专业仓储、运输设备和功能较强的交易市场。

建设重点:全面规划、建设、完善公共信息系统,开展网上交易;在内陆沿海腹地建立物流基地;完善和强化融资结算功能。

网络体系:大连北方粮食交易市场、大连商品交易所、大连港、北良港、国家粮食储备库、革镇堡粮食仓储库、华农集团、中粮麦芽、庄河大米批发市场等。

③ 石油及制品物流中心:确定大连新港及周边相关地区为核心功能地区。

基础和优势:现有港口吞吐能力近4 000万吨,油品存储能力近期可达115万吨,石油加工能力1 650万吨,船队运能近100万载重吨。

建设重点:30万吨原油码头建设、寺沟油港搬迁改造、新港镇整建制搬迁至开发区。

网络体系:本地主要功能区有新港区(含30万吨级原油进口码头)、西太平洋石化、中国石油大连石化公司、寺儿沟港区、保税区等内外海陆运网,满洲里等陆路油气进口口岸至大连沿线陆路运网及包括中远、中海在内的辐射海内外的海上油气运网。

④ 汽车及配件物流中心:确定大连保税区汽车城为进口汽车物流中心,甘井子陆港物流中心区为国产车、二手车和汽车零部件物流中心。

基础和优势:已形成大连保税区、后盐机动车两大交易市场和10家汽车贸易商行。

建设重点:将甘井子陆港物流中心区建设为国产车、二手车的交易中心和汽车物流综合服务中心。强化保税区汽车仓储交易功能,并适时将其保税功能向市区延伸。

网络体系:大窑湾汽车码头,革镇堡、保税区汽车仓库,市区内各汽车销售场站。

⑤ 水产品物流中心:依托辽渔集团的国际水产品交易市场组建大连水产品专业物流中心。

基础和优势:辽渔集团国际水产品交易市场靠近渔港,具有一定的加工基础、冷藏设施,有一定规模的批发市场和知名度,铁路、公路、海运交通条件优越。

建设重点:建设完善公共信息系统,改善仓储、运输设备的水平,为全市水产品物流企业提供增值服务。

网络体系:渔港有大连湾、董家坨子、交流岛、龙王塘、皮口、长海县等;批发市场有大连湾批发市场、黑嘴子市场;水产品运输配送包括空运、水运、陆运;水产品加工基地包括大连市区、金州区、长海县、庄河市等。

⑥ 水果蔬菜物流中心:依托大连港老港区、双兴商品城和中海果蔬物流基地等建设蔬菜水果物流中心。

基础和优势:目前大连市蔬菜水果交易额为 30 亿元,中海物流已建立以蔬菜水果运输为主的南北绿色通道,大连港、羊头洼已成为连接山东与东北地区跨海蔬菜水果运输枢纽。

建设重点:建设蔬菜水果物流专业信息平台,加快跨海和南北绿色通道建设,将大连建设成蔬菜水果的生产出口基地和中转基地。

网络体系:大连港老港区、羊头洼港、双兴商品批发市场、长兴市场、金州区北乐市场、普兰店丰荣市场、星台镇、庄河兰店蔬菜生产基地、瓦房店李官和李店市场等。

⑦ 建筑(装饰)材料物流中心:依托南关岭或周水子现有基础建设大连建材物流中心。

基础和优势:目前全市建材物流量 1 600 万吨,商品交易额 40 亿元,形成了布局基本合理的建材仓储、批发、配送体系。

建设重点:建材物流综合服务中心;建材物流分拨配送中心;建材物流信息公共平台。

网络体系:钢材交易市场、木材市场、泉涌建材批发市场、革镇堡建材仓储库、金州陶瓷批发市场、兴业装饰材料市场、香炉礁装饰材料市场、普兰店市双塔石材市场、庄河华丰家具等。

⑧ 机电产品物流中心:依托大连机电产品中心市场或经销机电产品的骨干企业,建立大连机电产品物流中心。

基础和优势:革镇堡有一批机电产品仓储库,华北路有相对集中的机电产品销售市场。大连是加工业基地,有较大的机电产品的需求和供给空间。

建设重点:建设多功能的物流综合服务平台和专业信息平台;建设区域和市区物流配送体系。

网络体系:大连市、辽宁省机电产品进出口公司,大连老港区,华北路机电产品一条街,革镇堡仓储库,瓦房店轴承生产基地和交易市场。

4. 直达配送物流节点

三级物流节点是与一、二级物流节点紧密相连,直接为各类物流需求主体生产和生活提供真正的"JIT"配送服务的各类配送中心、配送站点。三级节点一般用地规模较小,接近消费地,周围的交通条件较好。

在城市三级物流配送节点一般应当以日用消费品为主。大宗生产资料、直通中转物流在一、二级节点就可以完成。三级节点服务半径 2~5 千米,与物流园区、专业物流中心有级次关系。根据大连市区的空间结构和物流分布应在大连老港区建立主要为生活服务的配送中心,在周水子或南关岭规划一个为生产和经营服务的配送中心,在开发区规划建设一个为开发区生产企业服务的配送中心。

各区市县,三级物流配送节点主要完成农业生产资料、农村消费品、粮食及农副产品、重要的地方工业产品的集散职能。服务半径较大,专业性与综合性服务职能相结合。

三级物流配送节点主要是在调查现有三级物流节点(重要的批发市场、商业零售中心)的基础上,根据各类物流的性质、合理的服务半径、现有基础分布情况补充完善,合理规划建设。

5. 仓储资源开发与整合

充分利用大连现有仓储资源,通过功能提升和优化重组,将其列入各类节点的规划建设之中。一是综合物流园区、专业物流中心、三级配送站点要尽量利用现有仓储资源,避免重复建设和功能浪费。二是鼓励各种物流企业,特别是第三方物流企业开发利用现有仓储设备,通过并购、租用、合作等形式盘活存量资源。三是各仓储企业加快企业经营模式转型和业务流程再造,尽快转向现代物流企业。

6. 市外物流节点

根据物流业网络化、虚拟化发展的需要,一些物流节点可以设立在货物的产地或消费地。从大连的物流特点出发,可以在腹地建立若干物流节点,也可以选择在物流量较大的国外城市建立物流节点,形成区域化、国际化的物流节点网络。

(1) 集装箱物流节点。目前已有哈尔滨、长春、延吉、沈阳4个集装箱干港,要在巩固和提高这几个干港功能的同时,再开辟新的集装箱物流场站。必要时,可以在仁川、釜山、北九州等地设立集装箱场站。

(2) 粮食物流节点。在东北粮食主产区建立粮食仓储基地。

(3) 水产品物流节点。主要在产区和销区建立水产品配送场站。

(资料来源:大连保税区网站)

思考题

1. 分析大连市物流节点的结构体系,并分析各级节点的功能和类型。
2. 专业物流中心如空港航空物流中心、水产品物流中心、粮食物流中心、机电产品物流中心等布局规划应有何区别?

第4章 物流系统线路规划设计

本章关键词

物流系统(logistics system)　　　　　线路规划(circuit plan)
运输线路(transportation routes)　　　运输方式(transportation mode)

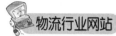物流行业网站

中国国际货运代理协会 http://www.cifa.org.cn
中国物品编码中心 http://www.gs1cn.org
中国(上海)自由贸易试验区管理委员会保税区管理局 http://www.shftz.gov.cn/Homepage.aspx
全国物流信息网 http://www.56888.net/
中国物通网 http://www.chinawutong.com/
中华物流网 http://www.zhwlw.com.cn/
中国物流行业网 http://www.cn56.net.cn/

> 物流是实现物品的空间转移,因而运输是物流中不可或缺的环节,物流线路连通和衔接物流节点,发挥物流节点的转运、配送等动态功能,贯通物流网络,是使得物流网络流动通畅的动脉。
>
> 物流系统线路规划包含运输方式和运输线路的选择和设计,合理的设计可以降低物流运输成本,提高物流中转效率。

4.1 物流系统线路概述

4.1.1 物流系统的线路

现代运输工具的不断改进与提高,使得现代物流中的运输观念,已非平常意义上的运输,其触角已伸到企业生产经营活动的大部分领域,已成为一个系统。

图4.1所示的厂商为在工厂从事生产活动,需要从事原材料和零部件的调达运输。原材料和零部件的调达常常是大量运输,需要选择与大量运输相适应的运输手段,如水路运输、铁路运输和大型货车运输。

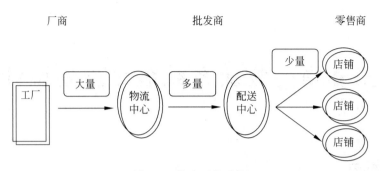

图 4.1 物流运输系统

原材料和零部件在工厂进行加工、制成成品以后,就会发生商品从工厂仓库到全国主要物流中心的大规模运输,这种形态常称为"干线运输"或"核心运输",主要利用货台、装卸机械等工具,按一定的标准把商品单位化,进而在工厂和物流节点之间进行长距离的运输。这种长距离的运输既可利用大型货车,也可以运用拥有长距离运输优势的铁路(集装箱)运输或水路(集装箱)运输来进行。

商品进入厂商的物流中心后,接下来的运输业务主要是对客户的订货进行的发货,包括将商品向批发业的配送中心或大型零售商的配送中心运输,甚至直接向零售店进行商品输送,即配送。配送又可以分为都市内、地域内的货车货场配送。配送需要将商品进行分拣,实行小单位化,进而由中型或小型货车运输。配送既可以采取委托形式,也可以由批发商或零售商自己运输。在自己承担配送的情况下,就不仅仅是向零售店配送商品,还包括与交易对象商谈、商品销售状况调查、店头商品管理等输送以外的目的。

4.1.2 物流系统线路的功能

1. 产品和货物的转移功能

无论产品处于哪种形式,是原材料、零部件、装配件、在制品,还是制成品,也无论是在制造过程中将被转移到下一阶段,还是转移到最终客户,运输都是必不可少的。运输的主要功能就是帮助产品在价值链中来回移动。既然运输利用的是时间资源、财务资源和环境资源,那么,只有当它确实提高产品价值时,该产品的移动才是重要的。

运输之所以要利用时间资源,是因为被运输产品在运输过程中是难以存取的。被运输产品通常是指转移中的货物和产品,是各种供应链战略中所要考虑的一个因素,通过运输时间的占用,减少生产线上和配送中心的存货。

运输之所以要使用财务资源,是因为会发生驾驶员劳动报酬、运输工具的运行费用,以及一般杂费和行政管理费用的分摊,此外,还要考虑因产品灭失损坏而必须弥补的费用。

运输直接和间接地使用环境资源。在直接使用方面,运输是能源的主要消费者之一;在间接使用环境资源方面,由于运输造成拥挤、空气污染和噪声污染而发生环境费用。

运输的主要目的就是要以最低的时间、财力和环境成本,将产品从原产地转移到规定地点。此外,产品灭失损坏的费用也必须是最低的;同时,产品转移所采用的方式必须满足客户有关交付履行和装运信息的可行性等方面的要求。

2. 产品和货物的储存功能

对产品进行临时储存是一个不太寻常的运输功能,也就是将运输车辆临时作为储存节点。然而,如果转移中的产品需要储存,但在短时间内(如几天后)又将重新转移的话,该产品在仓库卸下来和再装上去的成本也许会超过在运输工具中每天支付的费用。

在仓库有限的情况下,利用运输工具储存也许不失为一种可行的选择。可以采取的一种方法是将产品装到运输车辆上,然后采用迂回线路或间接线路运往目的地。对于迂回线路来说,转移时间大于比较直接的线路。当起始地和目的地仓库的储存能力受到限制时,这样做是合情合理的。在本质上,这种运输车辆被用作一种临时储存节点,但它是移动的、满载的,而不是闲置的、静止的。

概括地说,用运输工具储存产品可能是昂贵的,但当需要考虑装卸成本、储存能力限制、延长前置时间的能力时,从物流总成本或完成任务的角度来看或许是合适的。

3. 物流节点的衔接功能

在物流系统中,如果没有一个很好的衔接,不同物流节点就像一座"孤岛",只有当把各个"孤岛"通过运输系统衔接起来,才能成为一个物流系统。在传统物流系统中,运输不仅承担实物转移功能,而且承担信息沟通与传递功能,或者说此时运输在物流系统衔接中发挥着核心作用。在现代物流系统中,运输与信息网络并行实现物流系统的衔接,前者侧重于实物衔接,后者侧重于信息衔接。

事实上,如果把物流系统比作人体的生理系统,那么各个物流节点就像人体的各个器官,而运输与信息网络则是沟通各个器官的血液和神经系统。没有运输系统参与工作,整个物流系统就会像人体缺乏血液供应一样,最终导致整个系统衰亡、坏死。运输系统效率不高,也会对整个物流系统产生致命性的危害。

4.1.3 物流系统线路的作用

运输可以创造"场所效应"。所谓场所效应,是指由于物品所处的空间场所不同,同种产品的使用价值的实现程度不同,因此其效益也就不同。正是由于场所的变化和位移,最大限度地提高了产品的价值。通过运输将不同的"物"运到场所效应最高的地方,就能充分发挥物的潜力,实现资源的优化配置,使物品的使用价值和价值发挥得最好、最大。同时,运输还是"第三利润源"的主要源泉。

1. 运输是物流的动脉系统

它是生产过程在流通领域内的继续,生产与生产,市场与市场,生产与消费都需要运输来维系,使社会生产得以延续,是加速社会再生产和促进社会再生产连续不断进行的前提条件。企业的生产和销售物流过程,即投入—转换—检验—储存—销售,都需要运输来连接。

2. 运输服务是有效组织物品输入和输出的关键

企业的工厂、仓库与其供货厂商和各客户之间的地理分布直接影响着物流的运输费用。因此,运输条件是企业选择工厂、仓库、配送中心等物流节点、配置地点需要考虑的主要因素之一。

3. 运输影响着物流的其他构成因素

例如:选择的运输方式决定着装运货物的包装要求;使用不同类型的运输工具决定着其配套使用的装卸搬运设备以及接收和发运站台的设计;企业库存量的大小,直接受运输状况的影响;发达的运输系统能比较适量、快速和可靠地补充库存,以降低必要的储存水平。

4. 运输费用在物流总费用中占有较大比重

运输费用在物流总费用中占有很大的比重。组织合理运输,以最小的费用,较快的时间,及时、准确、安全地将货物从其产地运到销售地,是降低物流费用和提高经济效益的重要途径之一。合理运输能降低物流费用,提高物流速度,是发挥物流系统整体功能的中心环节。合理运输能加快资金周转速度,降低资金占用时间,是提高物流经济效益和社会效益的重点所在。

4.1.4 物流线路规划与设计的内容

物流系统与线路相关的内容主要包括运输方式、运输工具和运输线路等多方面内容,物流线路的规划与设计也应该包括上述内容。

1. 运输方式的规划

基本的运输方式有公路运输、铁路运输、航空运输、水路运输和管道运输。运输方式的选择需要根据产品特性、运输需求、运费预算加以选择。

2. 运输线路的规划

运输线路的规划是指在既定的交通运输网络中,在产品的供应地和需求地之间选择具体运输线路。

3. 运输工具的配置

确定好运输线路和运输方式之后,还需要进行运输工具的配置,需要确定运输工具的类型和数量,如公路运输的主要运输工具有各种类型的卡车、厢式货车、冷藏车等。

4. 运输工具的配载与调度

运输车辆的配载问题在短途、小批量的支线运输中存在较多,需要考虑货物的装卸顺序、货物品种的相容性等问题,目的是尽可能利用车辆的运力。此外航空和水运等也都存在配载问题,不合理的配载不但影响效益而且还有可能产生安全隐患。

5. 运输批量和时间的确定

运输批量可以结合运输线路的选择等问题确定,需要根据货物的订货批量、运输费率进行调整。运输时间则一般是根据交货时间和运输在途时间确定的。

4.2 物流线路的运输方式

4.2.1 物流线路的单一运输

1. 铁路运输

铁路运输(图4.2)也有其局限性,主要是线路和设站固定,如需要再转运,不但会增加运输费用和时间,而且还会增加损耗。

铁路运输是以机车牵引车辆,沿着铺有轨道的运行线路,借助通信和信号的联络,用来运送货物,实现货物在不同空间转移的活动。铁路运输分整装车和零担、快运和慢运等类别,类别不同则费用不同,其运输的经济里程一般在200公里以上。

铁路运输主要适用于以下作业:

(1) 大宗低值货物的中、长距离运输,也较适合运输散装、罐装货物。

(2) 大量货物一次高效率运输。

(3) 对于运费负担能力小,货物批量大,运输距离长的货物来说,运费比较便宜。

(4) 轨道运输,安全系数大。

2. 公路运输

公路运输(图4.3)是指使用汽车在公路上载运货物的一种运输方式。公路运输能提供更为灵活和更为多样的服务,多用于价高量小货物的门对门服务,其经济里程一般在200公里以内。

图 4.2　铁路运输

图 4.3　公路运输

公路运输主要适用于以下作业:

(1) 近距离的独立运输作业。

(2) 补充和衔接其他运输方式,当其他运输方式担负主要运输时,由汽车担负起点和终点处的短途集散运输,完成其他运输方式到达不了的地区的运输任务。

3. 水路运输

水路运输(图4.4)是指使用船舶和其他航运工具,在江河、湖泊、运河、海洋上载运货物的一种方式,通常表现为:沿海运输、近海运输、远洋运输、内河运输。

水路运输的经营方式主要有班轮运输和租船运输两大类。班轮运输是指船舶在固定的航线上和港口间按事先公布的船期表航行，从事运输业务并按事先公布的收费率收取运费的一种经营方式。其特点是具有固定航线、固定港口、固定船期和相对固定的费率。此外，班轮运输还具有方便供货方、手续简便、能提供较好的运输质量的优点。班轮承运人通常采取在码头交接货物，并专门负责货物的转口工作，从而为供货方提供了极大的方便。

图 4.4　水路运输

租船运输是指没有预定的船期表、航线、港口，船舶按租船人和船东双方签订的租船合同规定的条款行事的一种运输经营方式。租船运输一般用整船装运货价较低的大宗货物，如谷物、石油、化肥、木材、水泥等。租船运输在海上运输中占有重要地位。租船运输无固定航线，无固定的装卸港口和船期，双方的权利义务由双方洽商并以租船合同的形式加以确定。租船运输受市场供求关系的制约，一般是船多货少时运价低，反之则高。由于租船一般是整船装运，运量大，所以单位运输成本较低，对于低值大宗货物的运输，采用租船较为有利。

水运主要适用于以下作业：

（1）大批量货物，特别是集装箱运输。

（2）体积大、价值低、不易腐烂的产品运输。

（3）国贸运输，即远距离、运量大、不要求快速抵达的国标客货运输。

4. 航空运输

航空运输（图 4.5）是指使用飞机或航空器进行货物运送的运输方式。航空运输的重要性越来越明显。航空运输速度快、安全准确，虽然费用比铁路、公路等运输方式高，但对于致力于全球市场的厂商来说，当考虑库存和顾客服务问题时，空运也许是成本最为节约的运输模式。

图 4.5　航空运输

目前，航空运输经营方式主要有班机运输和包机运输。班机运输是固定航线上定期航行，具有固定始发站、目的站和途经站的运输方式。由于班机运输时定期开航，故收发货人都可确切掌握起点和到达时间，保证货物迅速投放市场。其不足之处是舱位有限，且运费高昂。

包机运输有整架包机和部分包机两种。整架包机是指航空公司或包机代理公司，按照双方事先约定的条件和费率,将整架飞机租给租机人,从一个或几个航空站装运货物到指定的目的地的运输方式。其特点是可运送大批量货物,运费相对较低。部分包机是指几家航空货运代理公司(或发货人)联合包租一架飞机,适用于不足整机的货物,运费比班机低,但运送时间长。

空运已成为国际运输的重要方式,对于对外开放,促进国际间技术、经济合作与文化交流有重要作用。空运适用于那些体积小、价值高的贵重物品(如科技仪表、珠宝等)和鲜活商品等,以及要求迅速交货或要做长距离运输的商品。其他运输方式不能运用时,可用于紧急服务,是一种极为保险的方式。

5. 管道运输

管道运输(图 4.6)是指使用管道输送气体、液体、浆料与粉状物体的一种运输方式,是近几十年发展起来的一种新型运输方式。按输送物品的不同,管道运输可分为气体管道、液体管道、固体浆料管道等运输。管道运输是一种不需要动力引擎,运输通道和运输工具合二为一,借高压气泵的压力把货物经管道向目的地输送的运输方式,它主要担负单向、定点、量大的流体状货物的运输。

图 4.6 管道运输

目前,全球的管道运输承担着很大比例的源物质运输,包括原油、成品油、天然气、油田伴生气、煤浆等。

表 4.1 总结了各种运输方式的优缺点。表 4.2 对不同运输方式的各个方面进行了比较。

表 4.1 各种运输方式的优缺点

运输方式	优 点	缺 点
铁路运输	① 运行速度快,当前,我国高铁运营时速为 250～350 公里; ② 运输能力较大,可满足大量货物一次性高效率运输,铁路运输一般采用装运大宗散装产品,如长途运输矿物和农林产品等; ③ 运输连续性强,运输过程受自然条件限制较小,可提供全天候的运行; ④ 轨道运输的安全性能高,运行较平稳,在货物运输中具有较高的准确性; ⑤ 运输成本较低。对于大宗长距离货物运输来说,铁路运输是费用最低的	① 设备和站台等限制使得铁路运输的固定成本高,建设周期较长,占地也多; ② 由于设计能力是一定的,当市场运量在某一阶段急增时难以及时得到运输机会; ③ 铁路运输的变动成本相对较低,但固定成本很高,使得近距离的运费较高; ④ 长距离运输情况下,由于需要进行货车配车,其中途停留时间较长; ⑤ 铁路运输由于装卸次数较多,货物错损或丢失事故通常也比其他运输方式多

续表

运输方式	优　　点	缺　　点
公路运输	① 公路运输的通道是公路,工具是汽车。公路能纵横交叉,汽车能四通八达,而且机动灵活,简洁方便; ② 可辅助其他运输方式。虽然其他运输方式都有其优势,但最终或多或少都要依靠公路运输来完成运输任务。车站、码头、机场的货物集散都离不开公路运输; ③ 运输速度快,范围广,在运输时间和线路安排上有较大灵活性; ④ 机动性高,可以选择不同的行车路线,灵活制定营运时间表,所以服务便利,能提供门到门服务,市场覆盖率高; ⑤ 投资少,经济效益高。因为运输企业不需要拥有公路,所以其固定成本很低,且公路运输投资的周转速度快	① 变动成本相对较高。公路的建设和维修费经常是以税和收费班的形式征收的,运输费用较水路运输和铁路运输要高,超过一定的运输距离,运输费用会明显增加; ② 运输能力较小,受容积限制,不适合装卸大件、重件物品,也不宜长途运输; ③ 能耗高,环境污染比其他运输方式严重得多,劳动生产率低; ④ 在车辆运输的过程中震动较大,尤其是在路况较差的条件下,很容易造成货损、货差事故
水路运输	① 运能大,能够运输数量巨大的货物; ② 通用性较强,客货两宜; ③ 远洋运输大宗货品,连接被海洋所宏展的大陆,远洋运输是发展国际贸易的强大支柱; ④ 运输成本低,能以最低的单位运输成本提供最大的货运量,尤其在运输大宗货物或散装货物时,采用专用的船舶运输,可以取得更好的技术经济效果; ⑤ 平均远距长,耗能少	① 受自然气象条件因素影响大。由于季节、气候、水位等的影响,一年中断运输的时间较长; ② 营运范围受限制; ③ 航行风险大,安全性略差; ④ 运送速度慢,时间长,准时性差,在途中的货物多,会增加货主的流动资金占用量,经营风险增加; ⑤ 搬运成本与装卸费用高,这是因为运能最大,所以导致了装卸作业量最大
航空运输	① 高速直达性,因为空中较少受自然地理条件限制,航线一般取两点间的最短距离; ② 安全性能高,随科技进步,飞机安全性能增强,事故率低,保险费率相应较低; ③ 库存水平低,可降低所需存货的水平、仓储费用和包装成本; ④ 因为空中航行的平稳性和自动着陆系统减少了货物损坏率,所以可降低包装要求,货物丢失率也较低	① 受气候条件的限制,在一定程度上影响了运输的准确性和正常性; ② 需要航空港设施,所以可达性差; ③ 设施成本高,维护费用高; ④ 运输能力小,运输能耗高; ⑤ 运输技术要求高,人员(飞行员、空勤人员)培训费高
管道运输	① 运输效率高,适合于自动化管理,运输系统不存在空载行程,所以系统的运输效率很高; ② 对所运的商品来说损失的风险很小; ③ 耗能少、成本低、效益好; ④ 管理较简单,可连续作业,运量大、连续性强; ⑤ 安全可靠、运行稳定、不会受恶劣多变的气候条件影响; ⑥ 埋于地下,所以占地少,不受地面气候条件影响; ⑦ 有利于环境保护,能较好地满足运输工程的绿色环保要求	① 运输对象受到限制,承运的货物比较单一; ② 灵活性差,不易随便扩展管道,线路往往完全固定,服务的地理区域十分有限; ③ 设计量是个常量,所以与最高运输量之间协调的难度较大,且在运输量明显不足时,运输成本会显著增加; ④ 灵活性差,仅提供单向服务; ⑤ 运速较慢

表 4.2　各种运输方式的比较

运输方式	送达速度	运输能力	运输成本	经济里程
铁路运输	较快	较大	较低	中长
公路运输	较快	最小	一般	短距
水路运输	慢	最大	低	远距
航空运输	最快	较小	最高	远距
管道运输	与管道特性有关	与管道特性有关	最低	远距

4.2.2　物流线路的组合运输

1. 联运方式

运输方式选择不仅限于单一的运输手段,而是通过多数运输手段的合理组合实现物流的合理化。可以在不同运输方式间自由变化运输工具,也即"联运",它是运输性质不断改变的一个反映,标志着物流管理者将两种或更多种运输方式的优势集中在一起,并天衣无缝地融入一种运输方式的能力,从而比单一方式运输能为顾客提供更快、风险更小的服务。

运输组合方式有很多种:
(1) 铁路运输和公路运输;
(2) 铁路运输和水运;
(3) 铁路运输和航空运输;
(4) 铁路运输和管道运输;
(5) 公路运输与航空运输;
(6) 公路运输和水路运输;
(7) 公路运输和管道运输;
(8) 水路运输和管道运输;
(9) 水路运输和航空运输;
(10) 航空运输和管道运输。

这些组合并不是都实用,而其中有些可行的组合也未被采用,只有铁路运输和公路运输的组合("驮背运输")使用最为广泛,铁路运输的联运使运输人既能享受到公路运输时接送和发运的灵活性,又能获得火车在远程运输中的效率。目前,公路运输和水上运输的组合("鱼背运输")也得到了越来越多的采用,尤其是高价值货物的国际运输中。在较小的一定范围内,公路运输与航空运输的组合也是可行的,而且几乎所有的航空运输都是联合运输,因为它需要由货车将货物接送和装到飞机上,然后由货车运至目的地。

公路运输促使各种运输方式联合在一起,它以最好的方式运作,提供灵活、定期和短途的服务,使联合运输的方式更有效率。联运可以提高运输效率,简化手续,方便货主,保证货物流通过程的畅通。它把分阶段的不同运输过程,连接成一个单一的整体运输过程,不仅给托运人或货运人带来了方便,而且加速了运输过程,有利于降低成本,减少货损货差的发生,提高运输质量。因此,发挥联合运输是充分发挥我国运输方式的优势,使之相互协调、配合,建立起运输体系的重要途径。

2. 运输方式的组合匹配

目前,大多数运输会涉及以上一种运输方式以上的服务,物流管理者面临的挑战就在于多种运输模式的均衡必须在整体物流系统的更大框架下完成。物流的运输系统的目标是实现物品迅速、完全和低成本的运输,而运输时间和运输成本则是不同运输方式相互竞争的重要条件,运输时间与成本的变化必然带来所选择的运输方式的改变,目前企业对缩短运输时间,降低运输成本的要求越来越强烈,这主要是在当今经营环境较复杂、困难的情况下,只有不断降低各方面的成本,加快商品周转,才能提高企业经营效率,实现竞争优势。运输时间与运输成本是此消彼长的关系,这也是物流的各项活动之间的"效益背反"的体现。所以选运输方式时一定要有效地协调二者的关系,实现物流过程的合理运输。即从物流系统的总体目标出发,运用系统理论和系统工程原理和方法,充分利用各种运输方式,选择合理的运输路线和运输工具,以最短的路径,最少的环节,最快的速度和最少的劳动消耗,组织好物质产品的运输活动。

物流管理者要对以上各种运输的基本方式进行优选,匹配、优化匹配运输方式有利于物流运输合理化,有利于做好物流系统决策,有着重大的意义。设计出合理的物流系统,精确地维持运输成本和服务质量之间的平衡,做好运输管理工作是保证高质量物流服务的主要环节。

优化匹配运输方式有利于物流运输合理化,有利于做好物流系统决策,有着重要的意义:合理组织物品的运输,有利于加速社会再生产过程,促进国民经济持续、稳定、协调地发展;能节约运输费用,降低物流成本,缩短运输时间,加快物流速度;可以节约运力,缓解运力紧张的状况,还能节约能源,这对缓解我国目前交通运输和能源紧张的情况具有重大的现实意义。

4.2.3 物流系统线路要素

物流系统的运输线路要素包含:流体、载体、流向、流量、流程、流速、流效,如图 4.7 所示。

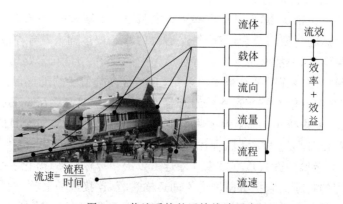

图 4.7 物流系统的运输线路要素

1. 流体

流体指物流的对象,即物流中的"物",一般指物质实体。包括的商品信息有商品品种、规格、商品类别、包装类型、包装材料、包装单位、商品批次、托盘代码、运输包装(外包装)代码、中包装(内包装)代码、销售包装代码、商品性质、出厂日期、保质期、储存和运输条件、装载要求、对物流的其他要求等。

2. 载体

载体指流体借以流动的设施和设备,包括运输方式和具体的设施设备的信息。

3. 流向

流向指流体从起点到终点的流动方向,包括正向和逆向(图4.8)。需要指明进的方向和去的方向。

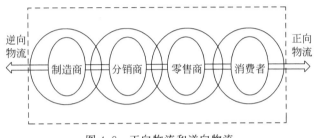

图4.8 正向物流和逆向物流

4. 流量

流量指通过载体的流体在一定流向上的数量表现。

基本流量信息:商品总件数、总重量、总体积、每件重量、每件体积、每件进价、每件售价。

供应链流量信息:整个供应链上商品的产量、销量、最高库存量、最低库存量、平均库存量、退货量、加工量、产品更新周期。

上游流量信息:上游的订货周期、上游要求的最小订货件数、上游要求的最小订货重量、上游送货频率、上游库存量、上游库存时间、送货周期、每次最小送货量、退货量、包装物回收量、废弃物量、托盘及周转箱等周转量。

下游流量信息:下游订单数量、订货量、订货处理周期、送货频率、每次最低订货量、库存量、库存时间、退货量、包装物回收量、废弃物量、托盘及周转箱等周转量。

载体需要量信息:仓库需要量、运输工具需要量、其他物流设施设备需要量等。

5. 流程

流程指通过载体的流体在一定流向上行驶路径的数量表现。流程即物流系统的节点、线路和网络。

节点信息:工厂或商店的仓库、配送中心、物流中心是重要的点,具体要明确发货点、收货点、储存点、加工点、消费点等的数量、地理分布、具体地址、联系人及联系方式、收货和发货手续、业务流程等。

线路信息：干线和支线的区分、各条线路的距离、路况、影响运输的因素。

网络信息：点的选址、点的数量的优化、点和线的类型、点和线的最佳组合与搭配方式、网络上的运输和库存调度。

6. 流速

流速指单位时间流体转移的空间距离大小。

流速信息有：订货处理周期（物流系统内部从接到客户的请货单到客户收到商品所花的时间）；待运期（物流系统内部从收到订单到最终发运需要的时间）；在途时间（路途的运输时间）；送货周期（相邻的两次向客户送货的间隔时间）。

7. 流效

流效即物流的效率（efficiency）和效益（effectiveness），流效信息包含服务、成本和技术。

服务信息：服务内容、服务水平（如送货频率、送货周期、缺货率、库存水平、退货率、投诉率等）等。

成本：物流系统的总成本，各项作业运作成本，物流网络的最小总成本、最短时间、最低损失等。

技术：物流系统和物流网络的优化技术，需要采用的物流技术水平，物流设施设备水平，物流系统各点之间的最短路径、最大流量等。

4.3 物流系统线路的选择

4.3.1 运输线路选择的依据

1. 运输线路选择的因素

各种运输线路都有其优点和缺点。企业在选择运输线路时，必须结合自己的经营特点和要求、商品性能、市场需求和缓急程度等，对各种方式的运载能力、速度、频率、可靠性、可用性和成本等因素综合考虑和合理筛选。一般来讲，企业选择运输线路时，应该着重考虑以下因素。

(1) 商品性能。这是影响企业选择运输方式的重要因素。一般来讲，粮食、煤炭等大宗货物适宜选择水路运输；水果、蔬菜、鲜花等鲜活商品，电子产品、宝石以及节令性商品等宜选择航空运输；石油、天然气、碎煤浆等适宜选择管道运输。

(2) 运输速度和路程。运输速度的快慢、运输路程的远近决定了货物运送时间的长短。在途运输货物（如企业的库存商品）会形成资金占用。因此，运输时间的长短对能否及时满足销售需要、减少资金占用有重要影响。故运输速度和路程也是选择运输方式时应考虑的一个重要因素。一般的，批量大、价值低、运距短的商品适宜选择水路或铁路运输；而批量小、价值高、运距长的商品适宜选择航空运输；批量小、距离近的适宜选择公路运输。

(3) 运输能力和密度。运输能力，以能够应付某一时期的最大业务量为标准。运输能力的大小对企业分销影响很大,特别是一些季节性商品,旺季时会使运输达到高峰状态。若运输能力小,不能合理、高效率地安排运输,就会造成货物积压,商品不能及时运往销地,进而使企业错失销售良机。运输密度包括各种运输工具的班次,如车、船、飞机班次,各班次的间隔时间。运输密度对于商品能否及时运送、使其在客户需要的时间到达客户手中、争取客户、及时满足客户需要和扩大销售至关重要。

(4) 运输费用。企业开展商品运输工作,必然要支出一定的财力、物力和人力,各种运输方式的运用都要企业支付一定的费用。因此,企业进行运输决策时,要受其经济实力及运输费用的制约。如果企业经济实力弱,就不可能使用运费高的运输工具(如航空运输),也不能自设一套运输机构来进行商品运输工作。

(5) 运输期限。运输期限必须与交货日期相联系,应保证运输时限。必须调查各种运输工具所需要的运输时间,根据运输时间来选择运输方式。一般情况下,运输的快慢顺序依次为航空运输、汽车运输、铁路运输、水路运输。各种运输方式可以按照它的速度编组来安排日程,加上它的两端及中转的作业时间,就可以计算出所需的运输时间。在商品流通中,要研究这些运输方式的现状,进行有计划的运输,期望有一个准确的交货日期是最基本的要求。

(6) 运输批量。运输批量和运输费用之间有比较紧密的关系,因为大批量运输成本低,应尽可能使商品集中到最终消费者附近,选择合适的运输方式进行运输是降低成本的良策。一般来说,15吨以下的商品用汽车运输;15吨以上的商品用铁路运输;数百吨以上的原材料等商品,应选择水路运输。

(7) 市场需求的缓急程度。市场需求的缓急程度也决定着企业应当选择何种运输方式。如果是市场急需的商品,就必须选择速度快的运输方式,如航空运输或汽车直达运输,以免耽误时机;反之则选择成本较低而较慢的运输方式。

对运输方式的选择做进一步定量的分析,应考虑不同运输方式所提供的服务特征。这些服务特征中最重要的是成本、速度和可靠性。因此,服务成本、平均运达时间(速度)和运达时间的变动性(可靠性)应作为运输方式选择的依据。

2. 运输线路选择的原则

物流系统线路规划的目的是确定流程、流量和流速,在选择运输线路时一般应遵循以下几个原则:

(1) 费用最小原则。运输成本最小是物流管理的首要追求目标,运输线路的规模越大,数目越多,产品的在途量就越大,相应的运输成本自然也越高。

(2) 动态性原则。运输线路选择的诸多因素并不是一成不变的,例如,用户的数量和需求、经营成本、交通状况等都是动态因素。所以对运输线路的规划设计应该有一定的弹性,以便将来能适应环境变化的需要。

(3) 简化流程原则。减少或消除不必要的作业流程,是提高企业生产率和减少消耗最有效的方法之一。在设计运输线路时,应尽量直达运输,减少中间的装卸环节。

(4) 适度原则。规划运输线路时不仅要考虑运输费用,还要综合考虑其他的物流费用,如营运费、配送费、存储费、发货费等。

4.3.2 运输线路选择的方法

1. 单一不同起讫点问题

(1) 最短路线法。对分离的、单个起点和终点的网络运输选择问题,最简单和最直观的方法是最短路线法。它对于解决起讫点不同的单一问题的决策很有效。网络由节点和线组成,点与点之间由线连接,线代表点与点之间运行的成本(距离、时间或时间和距离加权的组合)。初始,除起点外,所有节点都被认为是未解的,即均未确定是否在选定的运输路线上。起点作为已解的点,计算从原点开始。

最短路问题是对一个赋权的有向图 D,若 D 的每条弧都对应一个实数 $\omega(e)$(称为 e 的权),从图 D 中的指定的两个点 v_s 和 v_t 找到一条从 v_s 到 v_t 的路,使得这条路上所有弧的权数 $\omega(e)$ 的和最小,这条路被称为 v_s 到 v_t 的最短路,这条路上所有弧的权数的和被称为从 v_s 到 v_t 的距离。类似的问题在通信、石油管线铺设、公路网等实际问题中都普遍存在。

求最短路有两种算法,一是求从某一点至其他各点之间最短距离的狄克斯屈拉(Dijkstra)算法;另一种是求网络图上任意两点之间最短距离的矩阵算法。

(2) 计算方法及步骤。若用 d_{ij} 表示图中两相邻点 i 与 j 的距离,若 i 与 j 不相邻,令 $d_{ij}=\infty$,显然 $d_{ii}=0$,若用 L_{si} 表示从 s 点到 i 点的最短距离,现要求从 s 点到某一点 t 的最短路线,用 Dijkstra 算法的步骤如下:

① 从点 s 出发,因 $L_{ss}=0$,将此值标注在 s 旁的小方框内,表示 s 点已标号;

② 从 s 点出发,找出与 s 相邻的点中距离最小的一个,设为 r。将 $L_{sr}=L_{ss}+d_{sr}$ 的值标注在 r 旁的小方框内,表明点 r 也已标号;

③ 从已标号的点出发,找出与这些点相邻的所有未标号点 p。若有 $L_{sp}=\min\{L_{ss}+d_{sp}; L_{sr}+d_{rp}\}$,则对 p 点标号,并将 L_{sp} 的值标注在 p 点旁的小方框内;

④ 重复第③步,一直到 t 点得到标号为止。

(3) 最短路线法举例。

例 4.1 图 4.9 是一段高速公路网络,求该图中 v_1 到 v_7 的最短路线。

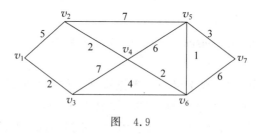

图 4.9

① 从 v_1 点出发,对 v_1 标号,将 $L_{11}=0$ 标注在 v_1 旁的小方框内[图 4.9(a)]。

② 同 v_1 相邻的未标号点有 v_2、v_3,$L_{1r}=\min\{d_{12},d_{13}\}=\min\{5,2\}=2=L_{13}$,即对点 v_3 标号,将 L_{13} 的值标注在 v_3 旁的小方框内。将 $[v_1,v_3]$ 加粗,见图 4.9(b)。

③ 同标号点 v_1,v_3 相邻的未标号点有 v_2、v_4、v_6,因有

$$L_{1p}=\min\{L_{11}+d_{12},L_{13}+d_{34},L_{13}+d_{36}\}$$
$$=\min\{0+5,2+7,2+4\}=5=L_{12}$$

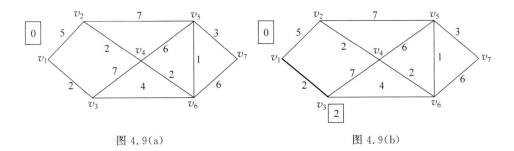

图 4.9(a)　　　　　　　　　图 4.9(b)

故对 v_2 标号,将 L_{12} 的值标注在 v_2 旁的小方框内。将$[v_1,v_2]$加粗,如图 4.9(c)所示。

④ 同标号点 v_1,v_2,v_3 相邻的未标号的点有 v_5,v_4,v_6,有
$$L_{1p} = \min\{L_{12}+L_{25}, L_{12}+L_{24}, L_{13}+L_{34}, L_{13}+d_{36}\}$$
$$= \min\{5+7, 5+2, 2+7, 2+4\} = 6 = L_{16}$$

故对点 v_6 标号,将 L_{16} 的值标注在 v_6 旁的小方框内。将$[v_3,v_6]$加粗,见图 4.9(d)。

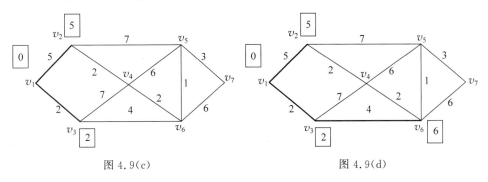

图 4.9(c)　　　　　　　　　图 4.9(d)

⑤ 同标号点 v_1,v_2,v_3,v_6 相邻的未标号的点有 v_5,v_4,v_7,有
$$L_{1p} = \min\{L_{12}+d_{25}, L_{12}+d_{24}, L_{13}+d_{34}, L_{16}+d_{64}, L_{16}+d_{65}, L_{16}+d_{67}\}$$
$$= \min\{5+7, 5+2, 2+7, 6+2, 6+1, 6+6\} = 7 = L_{14} = L_{15}$$

故对点 v_4 和 v_5 同时标号,将 $L_{14}=L_{15}=7$ 的值分别标注在 v_4 和 v_5 旁的小方框内。将$[v_2,v_4]$,$[v_6,v_5]$加粗,见图 4.9(e)。

⑥ 同标号点相邻的未标号的点有 v_7,有
$$L_{17} = \min\{L_{15}+d_{57}, L_{16}+L_{67}\}$$
$$= \min\{7+3, 6+6\} = 10$$

故对点 v_7 旁小方框内标注 $L_{17}=10$,加粗$[v_5,v_7]$,见图 4.9(f)。

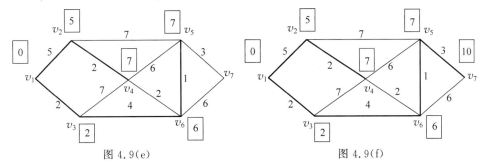

图 4.9(e)　　　　　　　　　图 4.9(f)

2. 任意起讫点问题

Dijkstra算法提供了从网络图中某一点到其他点的最短距离，但实际问题中往往要求网络任意两点之间的最短距离，如果仍采用 Dijkstra 算法对各点分别计算，就显得很麻烦。Floyed 算法还有判断和寻找图中负回路的功能。

下面用例 4.1 介绍矩阵算法的具体步骤。

定义图中相邻两点的距离，若 i 与 j 不相邻，令 $d_{ij}=\infty$，根据图 4.9 可以得到：

$$\begin{bmatrix} d_{11} & d_{12} & d_{13} & d_{14} & d_{15} & d_{16} & d_{17} \\ d_{21} & d_{22} & d_{23} & d_{24} & d_{25} & d_{26} & d_{27} \\ d_{31} & d_{32} & d_{33} & d_{34} & d_{35} & d_{36} & d_{37} \\ d_{41} & d_{42} & d_{43} & d_{44} & d_{45} & d_{46} & d_{47} \\ d_{51} & d_{52} & d_{53} & d_{54} & d_{55} & d_{56} & d_{57} \\ d_{61} & d_{62} & d_{63} & d_{64} & d_{65} & d_{66} & d_{67} \\ d_{71} & d_{72} & d_{73} & d_{74} & d_{75} & d_{76} & d_{77} \end{bmatrix} = \begin{bmatrix} 0 & 5 & 2 & \infty & \infty & \infty & \infty \\ 5 & 0 & \infty & 2 & 7 & \infty & \infty \\ 2 & \infty & 0 & 7 & \infty & 4 & \infty \\ \infty & 2 & 7 & 0 & 6 & 2 & \infty \\ \infty & 7 & \infty & 6 & 0 & 1 & 3 \\ \infty & \infty & 4 & 2 & 1 & 0 & 6 \\ \infty & \infty & \infty & \infty & 3 & 6 & 0 \end{bmatrix}$$

以上矩阵表明从点到点的直接最短距离。但从点 i 到点 j 的最短路线不一定是 $i \rightarrow j$，可能是 $i \rightarrow 1 \rightarrow j, i \rightarrow 1 \rightarrow k \rightarrow j$，或 $i \rightarrow 1 \rightarrow \cdots \rightarrow k \rightarrow j$。先考虑 i 与 j 之间有一个中间点的情况。

如图 4.9 中 $v_1 \rightarrow v_2$ 的最短距离应为 $\min\{d_{11}+d_{12}, d_{12}+d_{22}, d_{13}+d_{32}, d_{14}+d_{42}, d_{15}+d_{52}, d_{16}+d_{62}, d_{17}+d_{72}\}$，也就是 $\min\{d_{1r}+d_{r2}\}$，为此可以构造一个新的矩阵 $\boldsymbol{D}^{(1)}$，令 $\boldsymbol{D}^{(1)}$ 中每个元素 $d_{ij}^{(1)} = \min\{d_{ir}+d_{rj}\}$，则矩阵 $\boldsymbol{D}^{(1)}$ 给出了网络中任意两点之间直接到达和包括一个中间点时的最短距离。

再构造矩阵 $\boldsymbol{D}^{(2)}$，令 $d_{ij}^{(2)} = \{d_{ir}^{(1)}+d_{rj}^{(1)}\}$，则 $\boldsymbol{D}^{(2)}$ 给出网络中任意两点直接到达，经过一个、两个、……，到 (2^k-1) 个中间点时比较得到的最短距离。

设网络有 p 个点，则一般计算到不超过 $\boldsymbol{D}^{(k)}$，k 的值按以上得到的矩阵计算：

$$2^{(k-1)}-1 < p-2 \leqslant 2^k-1$$

即

$$k-1 < \frac{\lg(p-1)}{\lg 2} \leqslant k$$

如果计算中出现 $\boldsymbol{D}^{(m+1)} = \boldsymbol{D}^{(m)}$ 时，计算也可以结束，矩阵 $\boldsymbol{D}^{(m)}$ 中的各个元素值即为各点之间最短距离。

本例中 $\dfrac{\lg(p-1)}{\lg 2} = \dfrac{\lg 6}{\lg 2} \approx 2.6$，所以最多计算到 $\boldsymbol{D}^{(3)}$，计算过程如下：

$$\boldsymbol{D}^{(1)} = \begin{bmatrix} 0 & 5 & 2 & 7 & 12 & 6 & \infty \\ 5 & 0 & 7 & 2 & 7 & 4 & 10 \\ 2 & 7 & 0 & 6 & 5 & 4 & 10 \\ 7 & 2 & 6 & 0 & 3 & 2 & 8 \\ 12 & 7 & 5 & 3 & 0 & 1 & 3 \\ 6 & 4 & 4 & 2 & 1 & 0 & 4 \\ \infty & 10 & 10 & 8 & 3 & 4 & 0 \end{bmatrix}$$

$$\boldsymbol{D}^{(2)} = \begin{bmatrix} 0 & 5 & 2 & 7 & 7 & 6 & 10 \\ 5 & 0 & 7 & 2 & 5 & 4 & 8 \\ 2 & 7 & 0 & 6 & 5 & 4 & 8 \\ 7 & 2 & 6 & 0 & 3 & 2 & 6 \\ 7 & 5 & 5 & 3 & 0 & 1 & 3 \\ 6 & 4 & 4 & 2 & 1 & 0 & 4 \\ 10 & 8 & 8 & 6 & 3 & 4 & 0 \end{bmatrix}$$

$$\boldsymbol{D}^{(3)} = \boldsymbol{D}^{(2)}$$

$\boldsymbol{D}^{(2)}$ 中的元素 $d_{ij}^{(2)}$ 表明网络中从 i 点到 j 点的最短距离。

3. 多起讫点问题

多起讫点问题是指有多个货源地可以同时为多个销售点或市场服务,我们面临的问题就是,要确定各供求地点之间的供应关系,同时要找到供货地、目的地之间的最佳路径。该问题经常发生在多个供应商、工厂或仓库服务于多个客户的情况下。如果各供货地和需求地之间的供应与需求有特殊限制,如禁运、专供等,则问题会更复杂。解决这类问题常常可以运用一类特殊的线性规划算法,即运输问题。

例 4.2 某玻璃制造商与三个位于不同地点的纯碱供应商签订合同,由他们供货给三个工厂,条件是不超过合同所定的数量,但必须满足生产需要。该问题如表 4.3 所示。问题中所给费率是每个供应商到每个工厂之间最短路径的运输费率。供求都以吨为单位进行计算。

表 4.3 例 4.2 运输费率及供需量

运输费率	工厂 1	工厂 2	工厂 3	供应量
供应商 A	4	7	6	400
供应商 B	5	5	5	700
供应商 C	9	5	8	500
需求量	600	500	300	

本问题可应用运输问题的表上作业法进行求解,或采用运输问题软件求解,本问题的最优方案见表 4.4。

表 4.4 例 4.2 运输方案

运输费率	工厂 1	工厂 2	工厂 3	供应量
供应商 A	400			400
供应商 B	200	200	300	700
供应商 C		300		500
需求量	600	500	300	

4. 起讫点重合的问题

物流管理人员经常会遇到起讫点相同的路径规划问题,尤其是在企业自己拥有运输工具,承担运输作业时。常见的例子有,从某仓库送货到零售点然后返回的路线(从中央配送中心送货到食品店或药店);从零售点到客户所在地配送的路线设计(商店送货上门);小车、送报车、垃圾收集车和送餐车等的路线设计。这类路径问题是起讫点不同的问题的扩展形式,但是由于要求车辆必须返回起点行程才结束,问题的难度提高了。需要找出途经点的顺序,使其满足必须经过所有点且总出行时间或总距离最短的要求。

根据常识可以知道,合理的经停路线中各条线路之间是不交叉的,并且只要有可能路径就会呈凸形,或水滴形。根据这两条原则,在规模相对较小的问题中,分析员能很快画出路线规划图。

这类问题又被称为"旅行推销员(TSP)"问题,属于 NP 难题。如果某个问题中包含的点的个数很多,要找到最优路径是不切实际的,通常对这类问题,往往采用的是近似算法。下面简要介绍 TSP 的两种近似算法。

(1) 最近点连接法。选定起始地点后,比较其余 $n-1$ 个地点与该地点的距离,取距离最短者作为第二个地点。对于第二个地点,就其余的 $n-2$ 个地点做同样的处理。以此类推,直至遍历所有地点为止,最后,返回其初始地点。

最近点连接法极为直观与简单,但结果的满意程度往往较差。

(2) 最优插入法。步骤如下:

首先,选出 $d^* = \min\{d_{ij} | i,j=1,2,\cdots,n\}(i \neq j)$,与其关联的节点计作 v_1, v_2。

其次,选节点 v_3,使 v_3 与 v_1, v_2 距离之和最小,得到三角形 (v_1, v_2, v_3)。

设已得到一个包含 k 个节点的圈,其排列为 $(v_1, v_2, v_3, \cdots)$,对尚未入圈的 $n-k$ 个节点,逐个进行如下操作:检查对 $v_1, \cdots, v_k$ 的所有插入方式,即插在其中哪两个节点之间,引起已有圈长的增加量:

$$\delta_l = d_{il} + d_{i+1,l} - d_{i,i+1}, \quad 1 \leq i \leq k, \quad k+1 \leq l \leq n$$

再取这些增量的最小值,记作 $\delta^* = \min\{\delta_l | k+1 \leq l \leq n\}$。

由此选定第 $k+1$ 个入圈点 v_{k+1}。重复此过程,直至最后,形成一个由 n 个节点连成的圈,即为近似解。最优插入法所得近似解的总长度,不超过最优解总长度的 2 倍。

4.4 物流系统线路规划设计

4.4.1 物流线路规划设计的影响因素

物流系统线路规划设计,事实上就是对于物流载体的规划。一条运输线路的建立不仅会对当地的经济产生直接影响,还会对当地的交通和生活环境产生影响。所以为了确保运输系统功能的实现、促进整个物流系统的协调运行,在进行运输系统规划的时候要综合考虑成本和非成本的因素。

1. 运输成本

运输系统规划需要考虑成本问题,这里的成本不是运输系统本身的成本,而是物流系统总成本,简言之,通过合理的运输系统规划,确保使物流系统总成本降到最低限度,这意味着低费用的运输不一定能获得最低的物流总成本。这也是物流一体化的具体体现。显然,从整个物流系统的角度来考虑合理的运输系统规划与从运输系统成本本身来考虑运输系统规划要更为复杂。

2. 运输速度

确保及时送达是运输系统规划的核心目标,该目标的实现需要适当的运输速度来实现。一般情况下,在进行运输系统规划时,运输速度越快越好,但这需要有一个前提来保证,即在成本可接受的情况下。因为,在绝大多数情况下运输速度和运输成本呈同向变化,高的运输速度同时也会产生高的成本。例如,某直销企业在给经销商发送货物时,面临三种选择:铁路运输、邮政运输和航空运输。这三种运输方式送达所需时间递减,送达所需成本则递增,航空运输的成本远远高于铁路运输的成本。因此,在进行运输系统规划时,并不是速度越快越好,而是选择恰当的运输方式,实现运输速度与运输成本之间的平衡。

3. 运输一致性

所谓运输一致性,是指在若干次装运中履行某一特定运输任务所需的时间,与计划的时间或前几次运输所需的时间是否一致。运输一致性是运输可靠性的反映,如果某个运输作业花费时间变动的弹性非常大,这种不一致性就会导致整个物流系统的不一致性,从而产生低效率。因此,在进行运输系统规划时要认真考虑运输的一致性问题。

4. 与物流节点的匹配程度

如前所述,物流运输系统的核心功能是发挥在各物流节点之间的一个桥梁作用,桥梁作用的发挥首先就要求运输系统与其他物流节点之间的良好对接。例如,公路集装箱运输车辆的规格必须与散货堆放的集装箱规格一致,否则就无法完成二者之间的对接,导致运输系统无法发挥作用。当然运输系统与其他物流节点的匹配还涉及很多其他类似的问题,需要在运输系统规划时综合考虑。

5. 交通因素

在选择运输线路时,要考虑现有交通条件,比如运输线路是否靠近现有的交通枢纽,或者线路附近是否有正在规划兴建的运输中心;还需要考虑线路的可靠性和可替代性。如一条冰冻期较长的水路通道不适合作为企业的一些基本原材料的运输线路。

4.4.2 物流线路规划设计的标准和内容

1. 运输系统规划设计标准

物流运输系统规划设计就是按照货物流通规律组织货物运输,力求用最少的劳动消耗得到最高的经济效益。也就是说,在有利于生产,有利于市场供应,有利于节约流通费用、运力及劳动力的前提下,使货物运输走过最短的里程,经过最少的环节,用最快的时间,以最小的损耗和最低的成本,把货物从出发地运到客户要求的地点。运输合理化包括路线合理化和装载合理化,是物流中心进行运输管理的最基本要求。运输路线合理化,可以节省运力,缩短运输时间;装载合理化是在有限的运输资源条件下,最大限度地利用车辆运载能力及空间。合理化运输的目的是节约运输成本,提高运输质量,增强物流中心的竞争优势。运输合理化设计的"五要素"包括:

（1）运输距离。在运输时，运输时间、运输货损、运费、车辆或船舶周转等运输的若干技术经济指标，都与运输距离有一定比例关系。运输距离长短是运输是否合理的一个最基本因素。

（2）运输环节。每增加一次运输，不但会增加起运的费用和总费用，而且还要增加运输的附属活动，如装卸、包装等，各项技术经济指标也会因此下降。所以，减少运输环节，尤其是同类运输工具的环节，对合理运输有促进作用。

（3）运输工具。各种运输工具都有其适用的优势领域，对运输工具进行优化选择，按运输工具特点进行装卸运输作业，最大限度地发挥所用运输工具的作用，是运输合理化的重要一环。

（4）运输时间。运输是物流过程中需要花费较多时间的环节，尤其是远程运输。在全部物流时间中，运输时间占绝大部分，所以，运输时间的缩短对整个流通时间的缩短有决定性作用。此外，运输时间短，有利于运输工具的加速周转，有利于充分发挥运力的作用，有利于货主资金的周转，有利于运输线路通过能力的提高，对运输合理化有很大贡献。

（5）运输费用。运费在全部物流费中占很大比例，运费高低在很大程度上决定整个物流系统的竞争能力。实际上，运费的降低，无论对货主企业来讲还是对物流经营企业来讲，都是运输合理化的一个重要目标。运费的合理性是判断各种措施是否有效的依据之一。

从上述五方面考虑运输合理化，就能取得预想的结果。

物流运输系统规划设计的工作是多方面的，所涉及的范围十分广泛，还应该靠生产、交通运输和流通等部门共同协作来组织实施。从其工作内容来说，包括按经济区域组织货物流通，制定货物合理流向，开展直线直达运输和"四就"（就站、就港、就厂、就仓）直拨运输，选择合理的运输线路和运输方式，提高车辆有载行程等任务。从所涉及的单位来说，与厂矿企业生产单位、商业采购和销售单位，以及交通部门的各种运输单位、各经营单位等，都有密切的联系。在承、托双方的内部，又涉及计划、业务、调度、储运、财务等部门和环节。因此，组织合理运输的工作是纷繁复杂的，需要因时、因地进行计划、安排，选取具体的途径和方法。

2. 运输系统规划设计内容

在进行运输系统规划设计时，要综合考虑到以下几个方面的内容。

（1）确定运输战略。在进行运输系统规划设计时，首先需要对运输系统所处环境进行分析。环境分析主要包括国家的宏观运输政策、运输市场的发展状况、物流系统综合战略、其他物流节点的情况等。在对上述问题进行分析的基础上，确定运输系统战略，明确运输系统规划的方向。物流运输战略的确定直接决定运输系统规划的其他要素。例如，如果某企业的物流运输战略是速度最快，那么在选择运输方式时，速度就成为我们首要的参考指标。

（2）确定运输线路。在物流系统中，当物流节点相对稳定时，在各个物流节点之间会形成若干条不同的运输线路，不同运输线路的差异可能体现在线路上节点的数目，也可能体现为线路上节点的先后顺序。不同的运输线路由于节点数目或顺序的差异会产生不同的运输效果,满足物流节点的不同需求。因此,运输线路的选择不仅是运输系统规划的主要内容,而且也是运输战略的充分体现。运输线路的选择往往需要借助许多其他方法(如运筹学等)来实现。

(3) 选择运输方式。在运输战略明确、运输线路选定的情况下,选择适当的运输方式是实现运输系统目标的重要保障。当前的运输方式主要包括公路运输、铁路运输、航空运输、水路运输、管道运输等。在选择具体的运输方式时,既可以选择单一的运输方式,也可以选择多种运输方式的联运。

(4) 运输过程控制。物流运输系统目标的实现依赖于有效的过程控制。由于运输过程的空间变动性,对运输过程控制的难度远远高于对固定节点的控制,因此在进行运输系统规划时如何实现对运输系统的有效控制特别是过程控制既是运输系统规划的难点又是重点。传统物流对运输过程的可控性差,但是随着信息技术的发展、信息化水平的提高,对运输过程的控制越来越依赖于信息技术,如 GPS 系统、GIS 系统等。在信息技术的支持下,对运输过程的控制越来越有效,而且对提高运输系统的效率作用也越来越突出。

本章小结

物流线路是实现物流功能的重要环节,衔接物流节点、贯通物流网络,使得物流通畅。物流系统线路规划包含运输方式和运输线路的选择设计,合理的设计可以降低物流运输成本,提高物流中转效率。

物流线路的运输方式主要有铁路运输、公路运输、水路运输、航空运输和管道运输五种方式,这些运输方式各有优缺点和适用情况。在实际操作中,运输方式选择不仅限于单一的运输手段,而是通过多个运输手段的合理组合实现物流的合理化,比单一方式运输为顾客提供更快、风险更小的服务。

物流线路选择要区分单一不同起讫点、任意起讫点、多起讫点和起讫点重合几类情况,选择适合的方法进行线路选择。

运输系统主要由运输工具和运输线路构成,合理的运输成本可以有效降低物流成本,并给生产、销售以最便捷的支持。本章的重点是运输方式的区别和运输线路的设计,难点是运输方式的选择,运输线路的设计。

复习与思考

1. 概括各种运输方式的优缺点,并说明其适用情况。
2. 需要经过中转的运输线路如何制定?
3. 举例说明运输线路七要素的含义。
4. 简述影响运输线路选择的因素。
5. 物流系统线路规划设计的标准是什么?

案例

中国与中东地区物流线路规划

随着中国经济的迅速发展,以及中东地区消费能力的稳步增长,中国与中东地区的合作范围正在逐渐扩大,中国与中东间的航线也更加繁忙与密集。近些年来按照航运市场发展情况,对中国与中东航线船舶与数量进行了调整,由于货源可靠,航线运输十分稳定,所以对中国与中东地区物流线路进行合理规划具有重要意义。

一、中国与中东物流航线概况

(一)中东地区物流资源特色

1. 中东优越的地理位置

中东地区包括22个阿拉伯国家和5个非阿拉伯国家(土耳其、伊朗、阿富汗、以色列和塞浦路斯),拥有十分重要的地理位置,一直被称为五海三洲之地。中东地区也结合了欧亚非三洲,并且恰好位于东部大陆的中心位置,使其迅速成为连接印度洋与大西洋、东西方的重要纽带和十字交叉口,进一步在世界政治、经济及军事方面发挥了重要的战略意义。

中东运输航线主要地区是海湾国家。波斯湾的简称是海湾,海湾国家一般包括伊朗、伊拉克、科威特、巴林、沙特阿拉伯和卡塔尔及阿联酋。中东主要港口:迪拜、阿巴斯港、吉达港、腊斯塔努拉、达曼港、巴士拉、法奥、阿巴丹、多哈等。

中东咽喉——迪拜港,位于三大洲交汇位置,临近南侧波斯湾,在海运方面,世界主要航道超过125条都要经过迪拜的拉希德港与杰贝拉里港,是中东最大的贸易自由港。由于处于东西方交流要道,经常被作为欧亚经济交流的中心,它不仅沟通了欧洲各国,同时也更好地连接了南非、印度、中亚等各国门户。迪拜已经成为世界主要的中转贸易港口,是商品进入中东的重要渠道。

2. 中东各国家经贸合作

全球化经济将与区域经济共同前进发展,这也成为当今世界经济发展的重要特色。"二战"结束以后,中东各个国家、地区的经济合作受到了动荡的地区形势、频繁发生的战乱、严重的内部意见分歧、互补经济条件以及资金缺乏等各种原因的牵制。

中东并不是一个简单的同质市场,有些国家特别是海湾国家,与其他中东国家相比要富裕很多,并具有其自身的消费喜好。中东主要的14个国家里产业结构并不完善,物资互补性很差,消费品对进口非常依赖。中国出口商品主要是机电设备、五金配件、服装日用品、礼品玩具、珍珠宝石、家具钟表等,这些商品占了中东各个国家的很大市场份额。

原油是这个区域主要的出口物资,有序的竞争是通过欧佩克(石油输出国组织)进行协调。而中国同时是中东能源产品的主要进口国。

(二)中国港口概述

1. 海港

我国目前拥有的海岸线是1.8万千米,内河航道11万千米,承担了国内9%的贸易运输和超过85%的外贸货物运输。当前国内已经拥有由150个港口构成的强大功能和竞争力的港口体系，以及与经济发展和港口结构互相适应的分工十分明确的港口群体，也就是环渤海、长江三角洲、珠江三角洲、东南与西南沿海的港口群。这些群体正在逐渐形成运输区域性组织中心。其中最主要的港口是上海港、天津港和香港港。

上海港是华东地区的国际航运中心，航线数量已经超过296条。班轮航线遍布全球，国际直达航线多达200条。当前，集装箱月航班的密度已经超过2000班，成为我国最多集装箱航线、最高班轮密度、最广覆盖率的港口，成为名副其实的国际航运中心。

天津港位于渤海湾西端，在海河下游的入海处，是中国北方最大的综合性港口，主要由北疆港区、南疆港区、东疆港区、临港经济区南部区域、南港港区东部区域等组成。天津港陆域面积121平方千米，拥有140多个各种泊位，其中包括94个公共泊位，55个超过万吨级的泊位，公共泊位总岸线长度是215千米。

香港港是中国天然良港，远东的航运中心，位于珠江口外东侧，香港岛和九龙半岛之间，可谓是占尽地利。共有15个港区，其中维多利亚港区最大，条件最好，其平均超过10米深的港内航道，使大型远洋货轮可随时进入码头和装卸区，为世界各地船舶提供了方便而又安全的停泊地。香港港是全球最繁忙和最高效率的国际集装箱港口之一，也是全球供应链上的主要枢纽港。目前有80多条国际班轮每周提供约500班集装箱班轮服务，连接香港港至世界各地500多个目的地。香港港拥有世界一流的船舶营运经验、先进而完善的船舶管理制度，拥有和控制着超过世界总运力6%的船队。

2. 空港

空港在地理概念上是指将机场作为进出港以及提供中转货物物流服务的功能设备区域。空港物流园区包含的内容：代理仓库、货物货栈、易腐物品中心、配送中心、加工、园区管理设施等。

我国的上海浦东国际机场是中国三大国际机场之一，与北京首都国际机场、香港国际机场合称为中国三大国际航空港。目前，上海浦东机场航线覆盖了90多个国际城市，货物年吞吐量超过300万吨。

3. 陆地边界口岸

中国在陆地上有14个毗邻的国家，因此沿境形成了很多不同国别的口岸。这些口岸分为公路、铁路和水路，有长年开放的也有季节性的。对中东北部地区最具影响力的陆地边界口岸是新疆阿拉山口口岸，这是我国目前内陆唯一公路和铁路并举的口岸。

1990年9月在新疆阿拉山口与哈萨克斯坦德鲁日巴站的铁路接轨，经我国兰新铁路、陇海铁路的新欧亚大陆桥，全长约10 800千米。它东起太平洋西岸连云港、日照等中国东部沿海港口，西可达大西洋东岸荷兰的鹿特丹、比利时的安特卫普等港口，横贯亚欧两大洲中部地带。从新疆阿拉山口站换装出境进入中亚，经哈萨克斯坦西行至阿克套，进而分北、中、南三线接上欧洲铁路网通往欧洲、中东。

对于中东的北部区域物流陆运线路，从哈萨克斯坦的阿克套由中线转南线，沿吉尔吉斯斯坦边境，经乌兹别克斯坦的塔什干、土库曼斯坦的阿什哈巴德向南，进入伊朗马什哈德，可用伊朗运输路线至波斯湾的阿巴斯港、阿巴丹、霍梅尼各海港；也可经德黑兰折向西直达伊拉克的国际联运。

2012年年底开通的霍尔果斯口岸,相对阿拉山口口岸,地缘优势更加突出,该口岸距离新疆维吾尔自治区伊宁市90千米,哈萨克斯坦原首都阿拉木图市378千米,这是继阿拉山口口岸铁路后,中国另一条与哈萨克斯坦接轨,且对第三国开放的口岸铁路,是中国西部距离中亚中心城市运距最短的国家一类口岸。

二、中东物流运输的 SWOT 分析

(一) 优势分析

中东拥有十分重要的地理位置,中东地区有四大经济趋势,这些经济趋势对于中国及中东地区贸易产生了积极影响。同时,也刺激了他们的进口需求。中东各国对其贸易体制正在积极进行改革,尤其加强了中东与世界贸易规则之间的协调程度。

(二) 劣势分析

中东是欧亚非三大洲的结合地,在历史上是连接东西方的重要通道。可是中东地区与我国距离较远,利用标尺测量北京到迪拜距离是 5 640 千米,从海上出发,沿着中国的海岸线进入南海,经过马六甲海峡,则需要的航海路程是 6 500 海里。

因为路途比较远,相对运输成本也很高,基础设备严重缺乏。中东地区经过迅速的发展,基础设施获得了极大的发展,可是与其他发达国家相比依然存在不足:①码头水深不足,大型船舶停靠比较困难,一定程度上制约了港口物流的发展。②码头相对较为分散,大部分不同航线的集装箱需要车辆完成运送。缺少专业物流人才。物流港口具有悠久的发展历史,投资基础设备成本较高,相对物流信息化要求也较高,因此需要物流复合人才。可是,中东地区严重缺乏这类人才。除此之外,中东地区局势长期动荡不安,并且复杂多变。没有人能够料到中东地区未来会发生怎样的变化。

(三) 面对的机遇与挑战

全球化经济将与区域经济共同前进发展,这也成为当今世界经济发展的重要特色。中东地区的经济趋势:高价油换来的经济利润;贸易自由发展;增强了中东地区的迪拜门户地位。中东各个国家也积极加入世界贸易,进一步增强了与世界的贸易交流。中东各国的进出口贸易额较大,存在着巨大的市场商机,吸引了世界各国进出口商,迪拜就是商品进入中东的重要渠道。迪拜已经成为世界主要的中转贸易港口。全球化的经济发展为中东地区带来了科学技术和大量资本,这些都有利于中东地区经济的发展,加速工业发展,有利于中东更加深入地参与国际分工。

(四) 物流运输优化

①利用内部优势,抓住发展机遇,加快发展。利用迪拜等国际良港或中转站在中东地区国际贸易中的重要位置,开拓周边市场,由重要物流线路派生多个分支,逐渐形成规模优势。②加强基础建设。不仅仅是港口的硬件设施还包括软件设施,以便能够迅速适应集装箱运输需求。③积极发展现代化物流,扩大港口的吞吐量,使资金信息流更加迅速地向城市港口靠拢。④培养物流人才,提升物流人员在国际竞争中的意识。⑤加强中东地区各个港口间的物流合作,实施物流战略联盟,优化资源配置。⑥积极根据客户要求,开发新的线路,发展快捷方便的物流增值服务。

三、物流运输方式分析

从客户的角度考虑,物流方式及航线选择是基于费用成本、时效性和可靠性。

(一)物流运输方式

1. 水路运输

首先,水路运输速度比较慢,无法保证航行时间。在水中行驶的轮船的集装箱最高速度是25节,大约是每小时45千米,与火车和汽车行驶速度相比,仅是其1/3。假如遭遇比较恶劣的天气,轮船则需要进港躲避,这样也会增加轮船的航行时间。其次,运输途中货物风险。有时候遇到暴雨或台风等天气,没有办法及时躲避,极有可能造成货物损坏。再次,中东地区的海上安全问题,尤其亚丁湾附近的航行安全问题显得尤为严重。最后,水路运输的成本,承运人主要在端点设备和运输设施上放置资金,运输过程中的在途运费极低,而码头的成本很高,因此单位成本随着运输距离与运货量的增多而迅速下降。因此,水路运输是大宗货物的廉价运输方式。

中国与中东地区的海运线路,必须通过中国南海、马六甲海峡、印度洋、阿拉伯海,然后根据目的区域不同进波斯湾或亚丁湾、红海。

2. 航空运输

首先,空港物流运输的特点是速度快,目前国际市场竞争激烈,市场变化迅速,争取时间非常关键,而空港运输的最大特点就是快速、机动性强,快捷的交通工具最大限度地缩短了货物在途的时间。在一定时间内飞机具有最大的空间跨度,不会受到地理条件的限制,因此,相较于其他运输方式受到航线的限制程度也会较小。其次,具有一定的安全保障。由于技术水平的快速发展,航空运输的安全性显著提升,是最为安全的运输方式。可是航空运输时间比较短,微小问题的出现都会对运输时间造成极大影响。最后,航空运输成本较高。航空运输中重量与容积都比较小,高速飞行中遇到的阻力要远高于地面上的行驶,消耗较多的燃油,因此运输成本极高。

3. 海陆联运

海陆联运是利用两种或是两种以上的运输方式将相同的一批货物运输到目的地。海陆联运是多种运输方式的整合,不能与提供单一运输方式的服务价格相比,同时为托运人带来了很大的便利。在海陆联运方式下,各个运输环节和工具之间紧密配合,紧凑衔接,货物中转迅速,大大减少了货物中途停留所需时间,进一步确保了货物的安全性。

(二)运输方式选择

(1)根据时效性依次选择空运、陆运、海运。

(2)根据物流成本,对中东区域物流分区,进而优化运输方式。

在用户运输不是非常急迫的情况下,优化运输方案,将中东区域划分为海运区域(包括红海、波斯湾等沿海港口区)和陆运区域(阿富汗、伊朗及伊拉克内陆等邻接西亚的区域)。波斯湾区域,有良好的深水海港和发达的港口物流,宜用海运物流方式。而对于阿富汗、伊朗及伊拉克的内陆目的地的运输,可以根据具体目的地,同时考虑陆运对比海运物流进行优化。

四、结束语

国际物流航线规划可在货物运输中发挥重要作用,积极提升主要物流航线的交货速度,对经济动荡中不断变化的货源在航线规划上实施恰当的调整,可降低运输成本从而增加效率和收益水平。

(资料来源:宁晓航.中国与中东地区物流线路规划[J].物流工程与管理,2013年第1期.)

思考题

1. 分析中东地区与中国经贸合作中主要商品的类别和特点,分析其对于物流的不同要求。

2. 分析中国与中东物流线路规划及运输方式。

第 5 章　物流系统网络规划设计

本章关键词

物流系统(logistics system)　　　　　　网络规划(network plan)
网络结构(network structure)　　　　　　网络组织(network organization)

> 物流系统网络是物流系统的整体构架,将物流节点和物流线路有机联系起来,使物流系统活动起来。物流网络系统由节点和线路作为基础,组织网络作为管理方式,信息网络作为技术支撑。

5.1　物流系统网络概述

5.1.1　物流系统网络的内涵

物流系统网络,简称物流网络,就是把物流系统抽象为由节点与链连成的网络。任意节点可能有多条链相连,代表不同的运输形式、不同的路线。节点也代表那些库存流动过程中的临时经停点,如货物运达零售店或最终消费者之前短暂停留的仓库。

和物流网络相配的还有信息网络,其中包含关于销售收入、产品成本、库存水平、仓库利用率、预测、运输费率及其他方面的信息。信息网络中的链由两点之间的信息的传输构成。信息网络中的节点则是不同的数据采集点和处理点,如进行订单处理、拣选、备货和更新库存记录等。

1. 区域物流网络

在一个经济区域内,各个地区或企业之间经济上的关联性和互补性往往会比较大,经济活动比较频繁,物流规模总量较大,物流成本占整个经济成本的比重大,物流改善潜力巨大。因此,在经济关联性较大的经济区域建立物流网络非常必要,例如,当前我国的几个典型经济区域如环渤海经济区域、珠三角经济区域、长三角经济区域等都在构建或重建物流网络。

按经济区域建立物流网络已经在国际上得到认可。美、日等发达国家的物流网络一般也是按照经济区域构建的,这不但能够承担该经济区域内的物流服务,而且健全、完善的物流网络还能够大大促进该经济区域内的经济活动,带动区域经济发展。因此,在考虑构建物流网络时,要从整个经济区域的发展来考虑,构建区域物流网络。

在一个经济区域范围内,城市成为经济活动的中心,大量的物流活动产生在城市之间和城市内部。城市作为区域物流网络的重要节点,如何有效地将城市连接起来成为构建物流网络需要考虑的一个重要问题。在考虑物流网络结构时,城市作为厂商和客户的集聚点,由于其基础节点建设和相关配套支持比较完备,所以,有成为物流中心的优势。另外,经济区域内中心城市的经济辐射能力比较强,其作为物流中心能更好地发挥物流网络的效用。

2. 服务经营网络

服务经营网络战略是一种市场竞争战略,一旦企业占领了某一市场,该企业就具有了在这一领域的竞争优势。企业服务网络和经营网络是物流系统规划设计的重要内容,也是构筑物流枢纽的关键问题之一。企业经营网络和服务网络领域尽量扩大,延伸到区域服务内的所有网点。

服务经营网络可以使企业:一是利用企业间的协作拓展自己的业务范围;二是利用核心业务能力战略,提升自己的业务服务水平;三是加强与客户之间的联系,稳固旧关系,开拓新关系;四是尽力满足客户各种服务要求,提高企业信誉;五是更新企业陈旧设备,提高设备的现代化水平;六是在服务区域范围内布设服务网点,随时接受客户服务要求;七是利用物流系统信息平台和相应的管理软件,实现企业内部、企业之间、企业与客户之间的信息实时交换。

5.1.2 物流网络的构成要素

物流网络结构是指产品从原材料起点到市场需求终点的整个流通渠道的结构,包括物流节点的类型、数量与位置,节点所服务的相应客户群体、相应产品类别及产品在节点之间的运输方式等。

1. 厂商

在物流网络结构中,厂商作为产品或原材料的生产者和供应商,是物流网络的始点。物流网络系统的核心功能就是实现原材料或产品从产地到消费者之间的空间转移。因此,物流网络结构实质上就是在既定的自然和社会环境下,通过中间节点的布局配置,有效地实现物流始点和终点的联结。因此,厂商的分布不但作为物流网络结构的一个构成要素,而且还影响着物流网络中的其他要素。例如,在厂商分布集中和厂商分布分散两种情况下,无论是分散的厂商还是集中的厂商都是物流网络的重要构成部分,但对应上述分布的物流网络的内部结构就会存在明显差别。

厂商分布与物流网络结构有着相互的影响。当大规模的厂商分布既定的时候物流网络结构往往会把厂商分布作为一个约束条件。而当物流网络初具规模的时候,新的厂商在选址时则会把已有的物流网络作为约束条件。

2. 客户

与作为物流网络始点的厂商相对应,客户作为物流网络的终点,也是物流网络的重要组成部分。只有有了网络始点和终点的存在,物流网络的存在才有实际意义,物流网络构建的目标才能够明确。客户自身特征和分布的特点直接决定着物流网络的内部结构,即如何适应特定的客户分布和客户的需求。

客户既是物流网络结构的一部分,也是物流网络服务的对象。物流网络系统是否高效的直接评价标准就是能否为物流客户提供所需服务,换句话说,物流网络系统是客户的导向系统。

3. 物流节点

根据不同物流节点的功能和规模,确定合适的物流节点配置,为物流网络功能的实施提供支撑,物流中心和配送中心是物流网络系统的重要节点。

在物流网络系统中可能会存在几个功能不同的物流中心,也可能会存在同时具有几种功能的物流中心。物流中心作为物流网络的一个关键部分,其功能和效率对整个物流网络系统具有重要的影响,因此,在进行物流网络规划时物流中心的规划设计是一个关键问题,决定着整个物流网络系统的效率。

配送中心与物流中心一样,同为物流网络系统建设的关键。二者的区别在于,物流中心的规划建设与厂商联系紧密,而配送中心的规划建设与客户联系紧密。配送中心的效率不仅影响着整个物流网络系统的效率,而且影响着客户对整个物流系统的感受和满意度。因此,配送中心的选址、布局、规模等都要受到客户分布、需求、规模等直接的影响。

4. 运输线路

厂商、物流节点和客户构成了物流网络结构的主要构架,要想使这些要素形成一个网络系统,必须有效地把它们连接起来。这些节点之间的实体连接需要通过运输来实现,包括运输线路和运输方式的选择。

在一个物流网络系统中,不同层级的物流中心与配送中心的连接也需要通过运输来实现。显然,只要涉及产品的空间转移,必须通过运输来实现,提高不同节点之间运输的有效性是物流网络规划中运输线路选择的目标。

5. 信息系统

在物流网络各节点之间不仅存在产品实体的流动,而且存在大量物流信息在节点之间的传递。在物流网络系统内,物流信息的及时传递、共享以及信息的处理都会对整个物流网络系统的效率产生重要影响。在构建物流网络构架时,既要考虑有形的硬件节点建设,也要考虑无形的信息网络体系建设。只有有了物流信息管理体系的支持,物流网络才能够真正被激活,才能真正发挥效用。

6. 物流网络组织

物流网络的运行离不开人力资源与组织管理,因此在进行物流网络资源配置时不仅要考虑节点配置,还要考虑人力资源的配置及对整个物流网络的组织管理。只有建立一套好的组织管理和运行机制,物流网络系统才有可能实现持续良性运转。

如果把物流网络系统比做人的生理系统,那么就可以把厂商、客户、物流中心、配送中心看作人体的骨架和器官,把运输线路和信息传递看作人体的血液循环系统和神经系统,把物流网络管理看作人体的调节系统,它们既有明确分工,又相互协作,共同构成物流网络系统。

5.2 物流系统网络的结构类型

将货物从供应地运送到需求地可采用两种基本的物流网络形式,一种是直送形式,另一种是经过物流节点的形式,其他形式都是这两种基本形式的组合(图5.1)。直送形式网络结构较为简单,目前更多的研究着眼于带中转物流节点的物流网络类型,如单核心节点、双核心节点单向、双核心节点交互和多核心节点等。

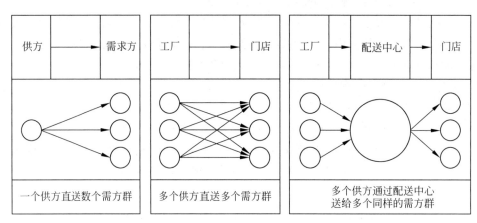

图 5.1　物流网络类型

1. 单核心节点结构

物流网络结构是物流网络运行的基本框架,物流网络结构模式则是指物流网络运行框架的主要构成内容。在物流网络体系中,物流中心和配送中心往往影响着核心节点构建和布局的合理与否,决定着物流网络的效率。

单核心节点结构是指在该物流网络体系中只有一个核心节点存在,该节点同时承担物流中心与配送中心的职能;在该物流网络覆盖的区域,绝大多数的物流活动都是通过该核心节点实现的;在这种结构模式中,物流中心同时承担着信息中心的角色,所有的物流信息都汇集到这里进行进一步的传递和处理。

在这种物流网络结构模式下,物流的大量核心活动都发生在该节点,而且没有物流中心与配送中心的明确划分,厂商与客户的物流活动极大地依赖于核心节点来完成。物流活动的完成大致经过如下过程:厂商→核心节点→客户。这种网络结构模式存在于一些小的经济区域或小规模的企业,但随着物流客户导向意识的发展,这种物流网络结构模式将会越来越不适应。

2. 双核心节点单向结构

双核心节点单向结构是指物流网络体系中存在两个核心节点,即物流中心和配送中心,物流中心更多地侧重于为供应链上游厂商方面提供服务,而配送中心则更多地侧重于为供应链下游客户方面提供服务。物流中心和配送中心不仅是物流活动的核心,而且大量的物流信息也汇集到核心节点,并进行进一步的有效传递。

在该物流网络结构模式中,主体物流活动发生在两个核心节点之间,物流活动通过如下过程实现:厂商→物流中心→配送中心→客户。这种物流网络结构模式广泛存在于一些范围较大的经济区域内,一些大型企业的物流活动往往也通过这种模式实现。

3. 双核心节点交互结构

双核心节点交互式结构与双核心节点单向物流网络结构非常接近,但二者又存在明显的区别。在双核心节点交互式结构模式下,无论是物流还是信息都是双向的,也就是说,该物流网络中的每一个节点同时承担双重功能,即物流中心和配送中心。随着环境的变化,两个核心节点的功能会发生调换。在该结构模式下,物流活动的实现过程如下:厂商→物流中心→配送中心→客户。在该模式下,交互式体现为随着环境与厂商和客户需求的变化,物流中心与配送中心功能会对调,或者说,物流中心和配送中心都同时具备双重功能。

4. 多核心节点结构

在现实的物流网络中,可能不仅存在一个或两个物流核心节点,而是多个核心节点同时存在,绝大多数的物流活动都是通过这些核心节点完成的。多核心节点物流网络结构的原理和上述几种模式没有本质上的区别,只是上面几种物流网络模式的放大或叠加。在范围比较大的经济区域或大型企业内,一般采用多核心节点的物流网络模式。

物流网络中的信息流是物流相关信息的流动,在上述物流网络结构模式中,物流和信息流往往是同时、同向发生。在物流网络中,为了提高物流网络系统的效率,往往把物流与信息流分离开来,形成信息流—物流双平台的物流网络系统。

物流网络结构模式无孰优孰劣之分,只是每种模式适用于不同的环境。多数的物流网络往往不是以一种单一模式存在的,而是多种模式混合在一起,或者多种模式叠加。

5.3 物流系统网络的规划设计

5.3.1 物流网络规划设计的原则

为了达到物流网络节约社会资源、提高物流效率的目标,在进行物流网络构建时要遵循一些原则。

1. 按经济区域建立网络

物流系统网络构建必须既要考虑经济效益,也要考虑社会效益。考虑经济效益就是要通过建立物流网络降低综合物流成本。考虑社会效益是指物流系统网络要有利于资源的节约。

在一个经济区域内,各个地区或企业之间经济上的关联性和互补性往往会比较大,经济活动比较频繁,物流规模总量较大,物流成本占整个经济成本的比重大,物流改善潜力巨大。因此,在经济关联性较大的经济区域建立物流网络非常必要,要从整个经济区域的发展来考虑构建区域物流网络。

2．以城市为中心布局网络

作为厂商和客户的集聚点，其基础节点建设和相关配套支持比较完善，作为物流网络布局的重点，可有效地发挥节省投资和提高效益的作用。因此，在宏观上进行物流网络布局时，要考虑物流网络覆盖经济区域的城市，把它们作为重要的物流节点；在微观上进行物流网络布局时，要考虑把中心城市作为依托，充分发挥中心城市现有的物流功能。

3．以厂商集聚形成网络

集聚经济是现代经济发展的重要特征，厂商集聚不仅降低营运成本，而且会形成巨大的物流市场。物流是一种实体经济活动，显然与商流存在明显区别，物流活动对地域、基础节点等依赖性很强，因此，很多企业把其生产基地设立在物流网络的中心。例如，美国很多大规模的跨国公司总部坐落在小城市，大量的商流活动在那里发生。天津经济技术开发区汇集了很多跨国公司的生产中心，形成了巨大的物流市场。因此，在进行物流网络构建时，需要在厂商物流集聚地形成物流网络的重要节点。

4．建设信息化的物流网络

物流信息系统作为物流网络的一个重要组成部分，发挥着非常重要的作用。物流网络的要素不仅是指物流中心、仓库、节点、公路、铁路等有形的硬件，这些硬件只是保证物流活动能够实现，而不能保证高效率。物流信息系统通过搭建物流网络信息平台，通过物流信息的及时共享和对物流活动的实时控制，能够大大提高物流网络的整体效率，有关专家指出，科学、完善的物流信息系统将会把物流活动的效率提高 3~8 倍，甚至更高。

5.3.2 物流网络规划设计的内容

1．物流节点和线路的统一与协调

线路与节点相互关系、相对配置以及其结构、组成、联系方式的不同，形成了不同的物流网络。物流系统的水平高低、功能强弱则取决于两个基本元素的配置和两个基本元素本身。

物流全部活动是在线路和节点进行的。其中，在线路上进行的活动主要是运输，包括集货运输、干线运输、配送运输等，而包装、装卸、保管、分货、配货、流通加工等，都是在节点上完成的。实际上，物流线路上的活动也是靠节点组织和联系的。如果离开了节点，物流线路上的运动必然陷入瘫痪。因此，要依据线路和节点的不同功能，进行有效的分工和协调，形成统一的、一体化的运作系统，以保障物流系统输出的最大化。

2．物流网络设计

物流网络规划设计就是确定产品从供货点到需求点流动的结构，包括决定使用什么样的节点、节点的数量、节点的位置、如何给各节点分派产品和客户、节点之间应使用什么样的运输服务，以及如何进行服务。

产品流动网络可以由基层仓库供给，也可以直接由工厂、供应商或港口供给。而基层仓库又由地区仓库供给，或直接由供货点供给，网络结构可以有多种形式，根据流经网络产品的不同，企业的物流网络可以更复杂或者更简单，甚至可能存在完全不同的结构。换句话说，一个企业的产品流动可以有不止一个物流网络设计方案。

这种网络设计的问题既包括空间设计问题也包括时间设计问题。空间或地理设计问题指决定各种节点(如工厂、仓库和零售点)的平面地理位置。确定各种节点的数量、规模和位置时则要在以地理特征表示的客户要求和成本之间寻求平衡。这些成本包括生产采购成本、库存持有成本、节点成本和运输成本。

物流网络规划的时间性或时期问题是一个为满足客户服务目标而保持产品可得率的问题。通过缩短生产/采购订单的反应时间或者通过在接近客户的地方保有库存，可以保证一定水平的产品可得率。这里首要的考虑因素是客户得到产品的时间，在满足客户服务目标的同时平衡资金成本、订单处理成本和运输成本，将决定产品流经物流网络的方式。以时间为基础的决策也会影响节点的选址。

对高层管理者来讲，网络结构问题非常重要。重新规划设计物流网络往往能使物流总成本每年节省 5%～15%。除降低成本外，网络规划设计也有助于改善客户服务，提高企业竞争力。

物流网络规划设计就是使物流利润最大化和服务最优化的途径。战略性物流网络规划通常需要解决以下几方面的问题：计划区域内应建立的物流网络节点数；节点的位置；每个物流节点的规模；各物流节点的进货与供货关系，即与客户和供应商的关系；物流服务质量水平及信息网络的连接方式等。

5.3.3 物流网络规划设计的方法

物流系统本身就是一个庞大的网络，其中包含众多需要规划设计的问题。对于物流网络来说，规划设计的问题可以抽象地表述为物流网络节点与节点之间的连接链的问题，20世纪中期以来，随着运筹学的迅速发展，特别是计算机的广泛运用，许多规划问题能够方便迅速地得以解决，这也使得物流网络规划设计的方法越来越多。为不同方案的可行性分析提供了强有力的手段。以下介绍几种常用的定性、定量的方法。

1. 德尔菲法

德尔菲法(Delphi method)是一种常用的主观、定性的方法，不仅可以用于技术预测领域，而且可以广泛应用于各种评价指标体系的建立和具体指标的确定过程，这在物流网络规划设计的前期准备工作中是非常重要的。德尔菲法的实质是利用专家的知识和经验，对那些带有很大模糊性、较复杂且无法直接进行定量分析的问题，通过多次填写征询意见表的调查形式取得测定结论的方法。由于该方法有匿名性、反馈性、统计性等特点，调查进程中通过对专家意见的统计、分析，充分发挥信息反馈和信息控制的作用，使专家通过比较分析，修改意见，从而使分散的评价逐渐接近，最后集中在比较一致的测定结果上。在物流网络规划设计过程中，除了用定量的方法得出较为精确的结果外，结合使用德尔菲法，征询专家的意见，将会使得最后的结论更加符合实际。

2. 解析方法

解析方法是通过数学模型进行物流网络规划设计的方法，是对许多定量的数学方法的一个统称。概括来说,使用解析方法首先要根据问题的特征、外部条件和内在联系建立起数学模型或图解模型,然后对模型求解,以获得最佳的规划设计布局方案。虽然通过解析方法一般能获得精确的最优解,但是对于一些复杂的问题建立合适的数学模型往往是非常困难的,而且即使建立出数学模型,由于模型过于复杂,求解也很困难。即使是在拥有高性能计算机的今天,一些问题依旧无法获得令人满意的答案。因此,使用解析法进行物流网络规划设计,不仅需要掌握物流系统的知识,而且还要有较强的数学功底,这也使得解析法在实际运用中受到了一定的限制。

采用解析法建立的模型通常有微积分模型、线性规划模型和混合整数规划模型等。对某个问题究竟建立什么样的模型,应具体问题具体分析。

物流网络规划设计的模拟方法是指实际问题以数学方程和逻辑语言做出对物流系统的数学表述。在计算机的帮助下,人们可以通过模型计算和逻辑推理确定最佳设计方案。如果经济关系或统计关系的现实表述已定,就可以使用模拟模型来评估不同设计方法的效果。

解析模型寻求的是最佳的仓库数量、最佳的位置、仓库的最佳规模等,而模拟模型试图在给定多个方案的条件下反复使用模型找出最优的网络设计方法,分析结果的质量和效率取决于使用者选择分析时的技巧和洞察力。因此,使用模拟方法的效果依赖于分析者预定的组合方案是否接近最佳方案,这也是该方法的不足之处。

3. 启发式方法

启发式方法是一种逐次逼近最优解的方法,是相对模拟方法而言的。这种方法要求对所求得的解进行反复判断、实践修正,直至满意为止。使用启发式方法有助于将问题缩减至可以管理的规模,进行方案组合的个数少,并且能够在各种方案中进行自动搜索,以发现更好的解决方案。虽然启发式方法不能保证一定能得到最优解,但只要进行适当处理,这种方法还是可以获得令决策者满意的近似最优解的。

总之,尽管各种方法模型的适用范围和解法不同,但是任何模型都可以由具备一定技能的分析人员用来得出有价值的结果。物流网络规划设计方法发展的方向就是在前人取得的许多非常有效的研究成果的基础上,使现有技术更容易使用,帮助管理层做出更好的决策。

5.3.4 物流网络规划设计的步骤

在确定物流网络最佳规划和设计方案时,需要考虑诸多因素。设计合适的物流网络需要与物流系统战略总体规划目标保持高度的一致。物流网络的设计归根结底是为了实现物流系统战略规划的目标。

物流网络的规划设计是一个复杂的反复的过程。一般对于战略性和综合性的物流网络设计过程需要以下几个步骤。

1. 组建物流网络规划设计团队

一开始,最重要的就是成立负责物流网络规划设计过程各个方面的物流网络设计团队。这一团队可以包括企业的高层管理人员、物流经理、物流专家及生产和销售部门的相关人员等。组建物流网络规划设计团队的关键就是参加人员必须了解企业总体发展战略、企业的根本业务需要和企业所参与的供应链。这个团队需要制定出物流网络设计的目标和评价参数，还要考虑使用物流外包如第三方物流供应的可能性，以充分利用外部提供的物流网络解决方案和物流资源。

2. 物流网络的数据收集

物流网络数据收集的主要目的是全面深入地了解当前的系统并且界定对未来系统的要求。一般来说，数据的收集包括对物流网络中各个节点资料的收集，例如，对于库存系统，需要获取空间利用率、仓库布局和设备、仓库管理程序等具体的数据；对于运输系统，应收集运费等级和折扣、运输操作程序、送货需求等资料；此外，还要收集客户需求情况和关键的物流环境要素的数据，并且界定出企业在相关供应链上的位置。

3. 备选方案的提出

在数据收集之后，需要利用各种定量、定性的方法建立恰当的模型，进行节点规划选址分析，提出物流网络规划的具体备选方案。各种用于取舍备选方案的数据来自实地调查、未来要求、数据库分析和客户服务调查，用于选择的方法随网络设计的目的不同而不同；主要的建模方法有模拟仿真方法和启发方法等，有关规划和设计的方法将在下一节中进行讨论。

4. 相关方案的比较

备选物流网络设计方案的比较首先是各个方案实施费用的比较，如添置新的仓库设备、有关建筑物建造整改费用等都是用于进行各个备选方案优劣分析的重要因素。当然，各方案之间不能仅仅依靠经济分析来进行比较，还必须考虑每种方案对于客户服务水平的影响，不能一味地降低成本而使客户满意度下降。在得出结论后，就要制定各主要步骤的时间进度表，包括从现在的系统向未来系统转换等的执行时间表。

5. 方案的执行实施

物流网络规划的总体方向一旦确定，有效的执行方案就变得非常重要。这是物流网络规划设计的最后一个步骤，在方案的实施过程中应该不断地收集信息，发现问题，及时将具体实施过程中的问题汇总到管理层和物流规划设计团队，以期得到修正。

5.4 物流系统网络的组织设计

5.4.1 物流网络组织设计的原则

在物流网络组织建立过程中，应从具体情况出发，根据物流系统管理的总体需要，体现统一指挥、分级管理原则，体现专业职能管理部门合理分工、密切协作的原则，使其成为一个有秩序、高效率的物流网络组织体系。

1. 有效性原则

有效性原则是物流网络组织设计基本原则的核心，是衡量组织结构合理与否的基础，有效性原则要求物流网络组织必须是有效率的。这里所讲的效率,包括管理的效率、工作的效率和信息传递的效率。物流网络组织的效率表现为组织内各部门均有明确的职责范围,节约人力,节约时间,有利于发挥管理人员和业务人员的积极性,使物流企业能够以最少的费用支出实现目标,使每个物流工作者都能在实现目标过程中做出贡献。

有效性原则要求物流网络规划设计在实现物流活动的目标上是富有成效的。物流网络规划设计的成效最终表现在实现物流目标的总体成果上。所以,有效性原则要贯穿在物流网络组织的动态过程中。在物流网络组织的运行中,组织机构要反映物流管理的目标和规划,要能适应企业内部条件和外部环境的变化,并随之选择最有利的目标,保证目标得以实现。物流网络组织的结构形式、机构的设置及其改善,都要以是否有利于推进物流合理化这一目标的实现为衡量标准。

2. 统一指挥原则

统一指挥原则是建立物流管理指挥系统的原则,其实质在于建立物流网络组织的合理纵向分工,设计合理的垂直机构。

物流网络组织机构是企业、公司及社会的物流管理部门,是负有不同范围的物流合理化使命的部门;为了使物流部门内部协调一致,更好地完成物流管理任务,必须遵循统一指挥的原则,实现"头脑与手脚的一体化"、责任和权限的体系化,使物流网络组织成为有指挥命令权的组织。

在统一指挥原则下,一般形成三级物流管理层次,即最高决策层、执行监督层和物流作业层,高层领导的任务是根据企业或社会经济的总体发展战略,制定长期物流规划,决定物流组织机构的设置及变更,进行财务监督,决定物流管理人员的调配等;中层领导的任务是组织和保证实现最高决策的目标,包括制订各项物流业务计划,预测物流量,分析设计和改善物流体系,检查服务水平,编制物流预算草案,分析物流费用,实施活动管理,进行物流思想宣传等;基层领导的主要任务是合理组织物流作业,对物流从业者进行鼓励和奖励,协调人的矛盾和业务联系的矛盾,进行思想工作。

管理层次的划分,体现纵向指挥系统的分工和分权原则。物流网络组织层次的合理划分,是形成强有力的物流管理指挥体系的前提,而物流管理指挥体系的建立对于实现物流网络组织化,改变人们轻视物流的传统观念具有重要意义。

3. 合理管理幅度原则

管理幅度是指一名管理者能够直接而有效地管理其下属的可能人数及业务范围,它表现为管理组织的水平状态和组织体系内部各层次的横向分工。管理幅度与管理层次密切相关,管理幅度大就可以减少管理层次,反之则要增加管理层次。

管理幅度的合理性是一个十分复杂的问题。因为管理幅度大小涉及许多因素如管理者及下属人员素质、管理活动的复杂程度、管理机构各部门在空间上的分散程度等。管理幅度过大,会造成管理者顾此失彼,同时因为管理层次少而事无巨细,鞭长莫及;反之,必然会增加管理层次,造成机构繁杂,增加管理上人力、财力的支出,并会导致部门之间的沟通及协调复杂化。因此,合理管理幅度原则一方面要求适当划分物流管理层次,精简机构;另一方面要求适当确定每一层次管理者的管辖范围,保证管理的直接有效性。

4. 职责与职权对等原则

无论是管理组织的纵向环节还是横向环节,都必须贯彻职责与职权的对等原则,其实质在于建立物流网络组织职责即职位的责任。职位是组织机构中的位置,是组织体内纵向分工与横向分工的结合点,职位的工作责任是职务。在组织体内职责是单位之间的连接环,而把组织机构的职责连接起来,就是组织体的责任体系。如果一个组织体系没有明确的职责,这个组织体系就不牢固。

职权是指在一定职位上,在其职务范围内为完成其责任所应具有的权力。职责与职权应是相应的。高层领导担负决策责任,就必须有较大的物流决策权;中层管理者承担执行任务的监督责任,就要有监督和执行的权利。职责与职权的相适应叫权限,即权力限定在责任范围内,权力的授予要受职务和职责的限制。不能有职无权,无职也不能授权,这两种情况都不利于调动工作者的积极性,会影响工作责任心,降低工作效率。

要贯彻权责对等的原则,就应在分配任务的同时,授予相应的职权,以便有效率、有效益地实现目标。

5. 协调原则

物流管理的协调原则是指对管理组织中的一定职位的职责与具体任务要协调,不同职位的职能要协调,不同职位的任务要协调。具体地讲,就是物流管理各层次之间的纵向协调、物流系统各职能要素的横向协调和部门之间的横向协调。在这里,横向协调更为重要。改善物流网络组织的横向协调关系可以采取下述措施:

(1) 建立职能管理横向工作流程,使业务管理工作标准化。
(2) 将职能相近的部门组织成系统,如供、运、需一体化。
(3) 建立横向综合管理机构。

物流网络组织的上述原则,都将具体体现在物流组织的结构形式中。

5.4.2 物流网络的内部组织设计

物流网络功能的有效发挥需要科学、合理的组织管理。因此,在进行物流网络规划设计时要充分考虑物流网络的组织模式,恰当的物流网络组织模式能够使物流网络产生"倍增效应",而不当的物流网络组织模式则会抑制其功能的发挥。根据物流组织模式的演进,物流网络主要存在如下几种组织模式。

1. 功能一体化物流网络组织

功能一体化物流网络组织(图 5.2)就是统一所有的物流功能和运作,将采购、存储、配送等物流的每一个领域组合构成一体化运作的组织单元,形成总的企业内部一体化物流框架。这种一体化的物流组织结构,一方面强调了物流资源计划对企业内部物流一体化的重要作用,另一方面强调了各物流支持部门(仓储、运输、包装等)与物流运作部门(采购、制造物料流和配送等等)的直接沟通,各部门之间协调工作,使物流任务顺利完成,物流成本达到最低。

2. 流程一体化物流网络组织

在学习型组织理论及企业流程重组理论影响与指导下,扁平化、流程再造和团队的思

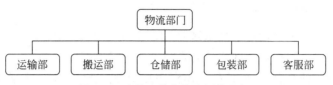

图 5.2 功能一体化物流网络组织

想被越来越多的企业理解并接受,企业的组织进入了一个重组的时代。物流管理也由重视功能转变为重视流程,通过管理流程而非功能提高物流效率成为整合物流的核心。物流组织不再局限于功能集合,开始由功能一体化的垂直层次结构转向以流程为导向的水平结构,由纵向一体化向横向一体化转变,由内部一体化向内外部一体化转变;矩阵型(图5.3)、团队型(图5.4)、联盟型等物流组织形式就是在以物流流程一体化为导向的前提下发展起来的。

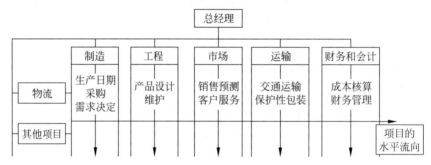

图 5.3 矩阵型流程一体化物流网络组织

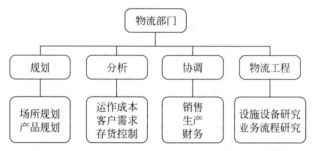

图 5.4 团队型流程一体化物流网络组织

3. 虚拟化物流网络组织

虚拟化物流网络组织实际上是一种非正式的、松散的、暂时性的组织形式,它突破原有物流组织的界限,依靠发达的信息及网络技术,通过整合各成员的资源、技术、客户等,实行统一、协调的物流运作,以最小组织来实现最大的物流功能和最低的物流成本。

4. "枢纽—辐射式"物流网络组织

项目管理思想应用在物流组织设计时,组织结构呈现"枢纽—辐射式",实际上就是一体化经营管理模式(只有一个指挥中心,其他都是操作点,图5.5)。从实践上讲,现代物流需要一个统一的指挥中心、多个操作中心的运作模式,因为有效控制是现代物流的保证。从物流业务的内容来看,每项内容并不复杂,但协调整个过程的服务必须建立一个高效而有权威的组织系统,能控制物流实施状态和未来运作情况,并能及时有效地处理衔接中出现的各种疑难问题和突发事件。也就是说,需要有一个能力很强、指挥很灵的调控中心来对整个物流业务进行控制和协调。各种界面和各种决策必须联系在一起,才能创建一个作业系统。

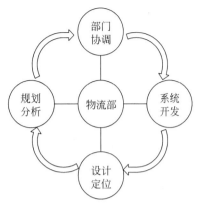

图 5.5 "枢纽—辐射式"物流网络组织

5.4.3 物流网络的整体组织设计

在供应链环境下,物流网络的组织设计更加复杂,需要围绕供应链物流业务的整体优化,按照一定的规则、制度和利益分配安排形成。包括多个企业实体的合作性组织群体,跨越了单个企业组织边界的供应链物流系统组织统称为外包组织策略,而把单个企业边界范围内的原有几类组织形式概括为自营组织策略(图 5.6)。

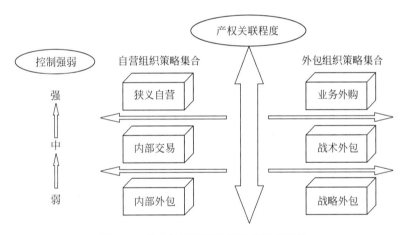

图 5.6 供应链环境下物流网络组织结构

1. 狭义自营组织

狭义自营组织是指物流业务委托方选择在内部设立物流业务职能部门,来承担其所需物流服务的自营组织策略。就职能分工而言,在运作层次上,除部分物流作业职能被集合到企业的独立物流部门,如不少企业设立的储运部,大多数物流运作或参谋职能,如库存控制、订单处理等,仍然分散在财务、制造、市场营销等相应业务部门中;在战略层次上,物流管理的战略决策职能仍然集中在委托方的最高决策机构手中,委托方对物流业务活动具有非常强的控制力。这类组织模式不适合在供应链物流业务活动中承担较多跨企业物流职能的供应链盟主企业或核心企业。

2. 内部交易组织

内部交易组织是指在委托方内部设立一个独立核算的物流业务利润中心或成本中心,由其来统筹安排企业物流业务,提供相关服务的组织模式。就职能分工而言,相比狭义自营组织,它具有更高的物流职能集成度,几乎所有的物流作业职能都被统一集中到由一个高层经理领导下的中心或事业部内;在战略层次上,组织中对物流管理的战略重视程度也有较大提高,更为突出的是物流部门的独立性,强调物流管理职能的战略性、跨部门性等特点。就利益分配格局而言,在该模式中,利益的最终受益主体仍然是委托企业,所不同的是以内部交易合同的形式来确定了企业内各物流参与主体之间的利益分配格局,期望通过改变部门的利益分配格局来达到激励效果。

3. 内部外包组织

内部外包组织指由物流业务委托方独立出资或以控股方式与其他企业合资成立一个具有独立法人资格的物流子公司,由该子公司来承担委托方所需物流服务的组织策略。就职能分工而言,该模式中委托方几乎将主要的物流职能都剥离出来委托给子公司,以精干主业;而子公司除与委托企业存在产权联系外,拥有一个同类的独立物流法人所应该具备的一切物流职能或权力,具有比现有物流系统组织中物流事业部更大的独立性。该类组织往往比较适合于在行业内具有较高知名度、物流业务量较大,且其主要物流业务类型相对成熟,具有较好或外部推广性的委托企业。

4. 业务外购组织

业务外购组织形式指在由委托方采取直线职能型、事业部型等自营组织策略管理部分物流业务的同时,采取临时性采购方式,将自己能力范围以外的、自营成本较高的或者自营与外包在成本或服务质量方面都差异不大的、比较成熟的部分物流业务等,临时性委托给外部专业物流企业,由其提供物流服务的组织策略,如许多大规模生产企业在销售旺季时常常会临时性地雇佣企业外的车队或者租借仓库,等等。

5. 战术外包组织

战术外包组织指委托方以长期合作(长期契约)的形式将所需物流服务委托给由其选择的第三方物流合作伙伴,由其来负责战略物流职能以外的绝大多数职能的组织策略。就职能分工而言,区别于业务外购策略中侧重的是引进或借助外部物流资源以弥补能力不足,战术外包组织策略侧重的是在引进物流资源的同时,借助其丰富经验与专业技能来实现成本或服务竞争力的改善。除涉及物流网络规划、物流绩效控制等部分物流战略职能外,外部专业物流企业承担了委托目标要求下的其他一切物流职能。

6. 战略外包组织

战略外包组织指委托方将物流业务整体委托给第四方物流企业,由其根据委托方的物流服务目标,整合第三方物流企业资源来提供物流一体化解决方案的组织策略。就职能分工而言,在该策略中,第四方物流企业的资源、能力和技术同来自第三方物流企业的资源、技术和能力得到了有机结合,除契约或协议的管理问题外,几乎所有的物流职能都委托给了由两者构成的联盟体。根据联盟体中第四方物流企业与第三方物流企业的合作方式,它可以进一步划分为以下 3 种类型:协同运作型、方案集成商型、行业创新者型。

物流网络的组织选择过程参见图 5.7。

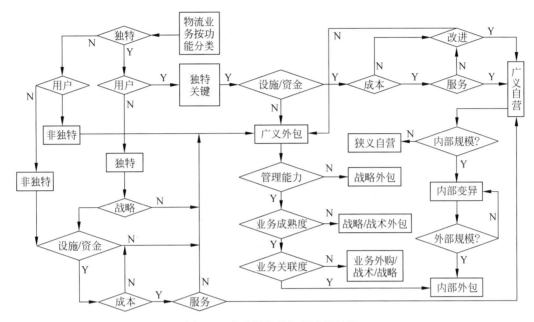

图 5.7 物流网络的组织选择过程

5.5 区域物流系统规划

5.5.1 区域物流系统规划方法

物流规划理论的研究在国际上是一个非常活跃的研究领域,但我国的理论研究滞后于实践,还缺少科学严谨的方法体系,不能为区域物流系统和物流园规划提供足够的决策支持和理论依据,导致我国物流建设过程中出现了诸多问题,比如重复建设、设施冗余、服务"瓶颈",等等。为了提高我国物流规划和建设的科学性,加快区域物流系统和物流园区规划理论的研究,形成科学的、操作性强的决策方法是我国物流理论与方法研究的当务之急和重点研究方向。

在对物流系统进行规划时,只有综合考虑各组成部分,合理配置,才能实现物流系统的整体功效。根据物流系统各个组成部分的特点和相关性,可以将物流系统分为"基础设施系统""物流作业系统"和"物流信息系统"三大部分。物流系统的基础设施是物流系统高效运作的基本前提和条件。虽然各组成部分的功能和作用不同,但就物流系统的整体最优而言,各组成部分都具有不可或缺性和相关性。物流作业系统包括运输、储存、包装、装卸搬运、配送和流通加工等。其中,运输子系统在物流过程中具有非常重要的作用,因为物品的有效移动是物流系统最基本的职能,所以区域运输线路网络和网络节点(物流园、配送中心)的规划是物流作业系统优化的基本前提和设施保障。

5.5.2 规划总体框架

在研究国外物流规划理论最新发展的基础上,根据我国物流发展的现状,将区域物流系统规划分为两大部分:区域物流网络规划和物流园规划。图5.8所示为物流规划理论研究的内容和方法构成。

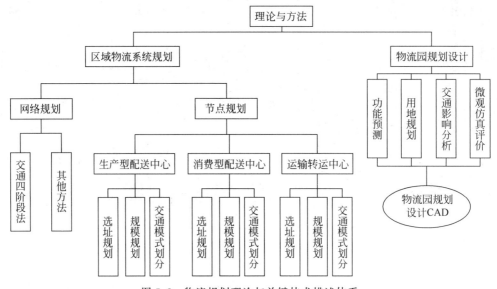

图 5.8 物流规划理论与关键技术描述体系

从图5.8可以看出区域物流系统规划分为网络规划和节点规划两部分,其中网络规划沿用传统的运输规划程序("四阶段法")的思想,节点规划则根据节点功能的不同划分为生产型配送、消费型配送和运输转运中心三类,进行选址和规模的研究与规划。物流园规划主要包括物流园功能预测、物流园用地规划、物流园交通影响分析和物流园微观仿真评价四个部分。图5.8中椭圆表示将区域物流系统及物流园规划的理论方法用软件工程理论进行设计,用计算机语言实现,形成实用的物流规划设计软件。所以物流规划理论应该囊括区域物流网络、物流节点和物流园内部规划设计的方法的研究,从宏观层面到微观层面对构成区域物流系统要素及其之间的关系进行深入、细致的论述和研究,才能使物流规划理论的研究朝着正确的方向发展,并为物流建设提供科学的理论依据。以下将分节对物流规划理论的主要部分进行阐述,并介绍国外在该领域的研究进展和应用,同时指出我国物流规划理论研究存在的问题,并指出今后研究的主要方向。

5.5.3 区域物流系统设计

1. 网络规划

所谓物流网络是指实现物流系统各项功能的要素之间所形成的网络,包括物理层面上的网络和信息网络。本课题研究的范围为物理层面上的物流网络。

规划是指在一个确定的目标下选择的解决手段,广义的规划还包括目标的选定,即政策的拟定等。物流网络规划就是为了更加有效地进行物流活动,充分、合理地实现物流系统的各项功能,使物流网络在一定外部和内部条件下达到最优化,而对影响物流系统内部、外部各要素及其之间关系进行分析、权衡,确定物流网络的设施数量、容量和用地等。

物流网络长期规划主要是解决物流基础设施和大型物流设备的建设问题,按照物流需求制定建设方案、分析方案优劣,并对规划方案的实施进行指导,从而使物流网络的建设满足规划的需求的过程。

与客运规划一样,在货运规划的发展中也曾引入了很多方法和模型。但是至今为止,学者和专家还是认为交通四阶段法是有效的,当然其中采用的模型有异于客运中采用的模型。货运规划和客运规划最大的区别在于货物运输决策者的多样化(货主、托运人、运输者等)、货物量度的多样化(有用吨、车、件等度量单位描述的)和数据采集的困难(特别是非集计数据的采集),所以货运规划较之客运规划更复杂。交通四阶段法在货运规划中的应用和含义如下:

产生、吸引:对研究区域中各小区产生和吸引的货运量进行预测,单位一般为吨(t),也可能以货币作为单位。

分布:预测各小区之间的货物往来量,得到区域的货运 OD 量。

货运模式分担:预测不同运输方式所承担的货运量,得出不同运输方式(公路、铁路、航空、水路、管道和联运方式等)所承担的不同种类货物的数量,即分货种分模式的货运 OD 量。

分配:在将货运量(吨)转换为运载工具辆之后,按照费用最小的原则将车辆分配到运输网络(道路、铁路等)上。

图 5.9 所示为区域物流网络战略规划的流程图,其中右边是模型,左边是由模型输出的数据及数据流向。基本思想是:首先预测区域产生、吸引的货运量(包括进出货运量、区域内部的货运量),再对不同运输模型所承担的货运量进行预测,得到分货种分模式的货运量 OD,进而转换为不同种类货车的 OD,最后分配到不同的运输网络上,以达到优化区域物流网络的目的。从图中可以看出,其基本思想沿用了传统的运输规划程序,但是由于物流概念的引入和货运本身的复杂性,所以除了传统的"四阶段法"采用的模型之外,规

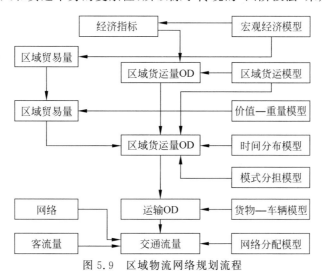

图 5.9 区域物流网络规划流程

划框架中引入了一些客运规划所没有的转换模型,比如价值—重量模型、时间分布模型和货物—车辆模型。

以下将对网络规划各步骤中所采用的模型、方法进行简单的介绍,包括国外的发展和应用现状。表 5.1 为各模型及输出变量的说明。

表 5.1 各模型及输出变量说明

模型名称	模型说明	常用模型
宏观经济模型	预测相关经济指标和区域各类货物的进出口量(单位为货币)	I/O 模型、线性模型、Make/Use 法、时序法、增长率法
区域货运模型	预测区域内各小区之间分货种的货运量,输出分货种的货运 OD 量(单位为吨)	趋势法、系统动态模型、神经网络模型、重力模型、增产率法
价值—重量模型	建立不同种类货物的重量和货物价格之间的关系,将贸易量转换为货运量	时间系列法
时间分布模型	预测不同货种不同时段的产生、吸引量,输出分货种分时段的货运 OD 量(单位为吨)	主要采用数理统计模型
模式分担模型	预测货运模式分担率,包括公路、铁路、航空、海运、管道和由不同运输方式组合而成的联运方式的分担率,输出分货种分时段分模式的货运 OD 量	弹性模型、集计模型、非集计模型、宏观仿真模型、多模式网络模型
货物—车辆模型	将不同种类的货物量(吨或者吨/千米)转换为不同车辆类型的货车量(辆),即运输 OD	主要是车辆类型—不同货种的荷载率之间的数学关系
网络分配模型	将运输 OD(辆)分配到不同的运输网络上	多模式—多货种的网络分配模型

(1) 宏观经济模型。主要用于预测规划期区域的经济指标和区域内各小区与研究区域外进行的不同货物的贸易量(单位一般为货币),其中预测的经济指标一般包括 GDP、人口、行业就业人口等。预测小区的进出口贸易量的模型(以下简称货运贸易模型)是传统的"四阶段法"中很少采用的,模型所采用的形式一般为重力模型,变量为 GDP、人口和小区对外交易的阻抗等,有时也采用 Input/Output(输入输出)模型,输出为各小区对外贸易 OD 量(单位为货币),最终通过价值—重量模型转换为小区对外货运 OD 量(单位为吨)。

(2) 区域货运模型。区域货运模型用于预测区域内各小区发生、吸引的货运量及在各小区之间的分布,即包括"四阶段法"中的产生、吸引和分布两个步骤的模型。货运需求取决于区域的经济活动,而经济活动受很多因素的影响,所以区域货运模型的主要目的是预测在经济正常发展水平的前提下,经济和政策的变化在中长期对该区域货运需求的影响。因此区域货运模型关注的不是短期的需求,也不仅仅是对货运发生、吸引增长率的预测,而是在于描述未来产业结构的变化与货运需求的关系。

区域货运发生、吸引量的预测方法一般有趋势法、系统动态模型、Input/Output 模型和增长率模型等。趋势法有简单的增长率法和复杂的自回归法两种,经常选取的外部变量有 GDP 等,该方法由于需要的数据少、简单易行,所以得到了广泛的应用,但是趋势法无法考虑政策因素对货运量的影响,所以一般只用于短期的预测。系统动态模型主要对在一定时期内经济、土地利用、环境与货运量之间的关系进行模拟,同时可以对货运量的分布、货运模式分担进行预测,该方法不需要大量的数据,而且模型中可以考虑诸如土地利用和政策因素等,但是该方法很难对参数进行统计检验。Input/Output 模型(同时可以预测货物的分布)是各国货运规划最常用的模型之一,可以考虑区域经济、政策因素等,但是需要 Input/Output 表(投入产出表)和严格的假设。从国外的理论研究和实际应用来看,对区域货运发生、吸引量预测方法的研究并没有多大的进展,主要集中在对 Input/Output 模型的改造和对原有模型标定方法的改进上。而国内这方面的研究很少,在发表的刊物上常见的研究多集中在增长率法、回归模型和神经网络模型之上。

分布模型就是用于预测各小区之间的货运量。使用的最广泛的是重力模型,即两小区之间的货运量与小区的产生、吸引货运量成正比,与小区间的阻抗(比如小区间的运输费用等)成反比,关于重力模型应用的关键在于阻抗的确定,这点我们将在本书的其余部分进行介绍。

(3) 价值—重量模型。建立不同种类货物的重量和货物价格之间的关系,将贸易量(货币)转换为货运量(吨)。预测货物的价值是一件相当棘手的工作,到现在为止除了时间序列法之外还没有研究出更合理的模型或者方法。国外在货运规划中对货物价值—重量模型的研究始于 20 世纪 80 年代,如 1983 年的 TPR 模型、1994 年的 VTI 模型等,而至今国内还没有关于这方面研究的报道。

(4) 时间分布模型。预测不同货种不同时段的产生、吸引量,输出分货种分时段的货运 OD 量(单位为吨)。应用该模型的主要目的是求出区域在规划年间的货运高峰量,根据规划的需求可以是区域货运的季度高峰、月高峰、日高峰和小时高峰货运量等。随着划分的细化,模型也趋于复杂,所以至今无论是国外还是国内还没有研究人员就这一问题提出完备适用的研究成果。

(5) 模式分担模型。模式分担模型是运输规划中的关键模型之一,用于预测货运模式分担率,包括公路、铁路、航空、海运、管道和由不同运输方式组合而成的联运方式的分担率,输出分货种分模式的货运 OD 量,如果输入的是分货种分时段的货运 OD 量,则输出的是分货种分时段分模式的货运 OD 量。在货运规划中常用的模型有弹性模型、集计分担模型、非集计模型、微观仿真模型和多模式网络模型等。弹性模型反映单一变量(比如运输费用)对模式分担的影响,主要用于粗略的预测或者在缺少数据的时候采用。集计分担模型主要有两项式和多项式 logit 模型,使用以小区为单位的集计数据,在实际的货运规划中使用最广泛。非集计模型一般有多项式 logit 和树状 logit 模型,它与集计模型的区别在于所使用的数据的不同,20 世纪 90 年代以来,非集计分担模型成为国外货运分担模型研究和应用主流。多模式网络模型同时进行模式分担预测和货运分配,典型的有美国的 STAN 软件包,其核心部分是运输成本函数。表 5.2 为常用货运模式分担模型及特点。

表 5.2 常用货运模式分担模型及特点

模型名称	优 点	缺 点
弹性模型	快速简便,所需数据少	只考虑单一因素,不全面
集计分担模型	所需数据少	理论依据薄弱,难以考虑政策因素的影响
非集计模型	理论依据强,可以考虑不同的影响因素	需要非集计数据,货运调查实施复杂
多模式网络模型	理论依据强,所需数据少	难以考虑政策因素的影响,难以对参数进行统计检验

（6）货物—车辆模型。将不同种类的货物量（吨或者吨/千米）转换为不同车辆类型的货车量（辆），即运输OD（单位为辆）。因为不同的运输要求不同的运输旅程长度和物流流程，所以货物—车辆模型处理的是货运所需的不同车辆的数量这个问题。在货物—车辆模型中，一是如何在模型中考虑空载率的问题；二是在进行货物—车辆的转换中如何考虑客运与货运对运输资源占用的相互制约关系。

货物—车辆模型的重要性还在于区域货运对环境影响的评价方面。因为运输（特别是公路运输）对环境的影响相对严重，所以只有计算出车辆数才能准确评价货运对环境的影响程度。

（7）网络分配模型。网络分配模型和货运模式分担模型一样是货运规划中最重要的模型之一，但是在众多的网络分配模型中很少有考虑货运分配的，即使有也只是作为客运分配中的一小部分加以考虑，比如乘以一个转换系数（PCEs）。但是20世纪90年代以来，随着人们对货运越来越重视，研究人员纷纷对货运分配模型加以研究。常用到的分配模型有全无全有、随机分配法、拥挤分配法、动态分配法等。但是这些分配方法往往只是在客运规划模型的基础上进行改进，在国外的货运规划中已很少得到应用，现在基本上采用美国的STAN货运分配软件包。

从以上的阐述可以看出在区域物流系统规划中，我国的研究还存在很多空白或者是不完善的地方，比如模式分担模型和货运网络分配模型是区域物流网络优化最关键的模型，也是国际上的研究热点。而我国对上述两类模型的研究很少，大多沿用客运的相关模型，已很难适应物流规划发展的需要。还比如货物价值—重量模型、时间分布模型和货物-车辆模型在我国就鲜有研究，所以要进一步完善我国物流规划理论，则必须对这些模型进行深入、细致的研究。除此之外，以下的相关研究也是同样重要的。

（1）基于物流特征的货物分类。货运分类是否合理对于整个区域物流系统的规划起着至关重要的作用。自从物流的概念引入货运规划以来，各物流发达的国家均对该国的货物分类进行了调整，比如欧洲的CPA货物分类法、NST/R，等等。这些新的货物分类法除了考虑货物的物理特征（密度、大小、形态等）之外，还考虑了货物的其他属性，比如对运输服务的要求（运输频率、对时间的要求等）、货物的价值、货物运输所采用的容器等与物流相关的属性，表5.3是基于物流某一类货物的描述。从表5.3可以看出基于物流特征的货物分类与传统的货物分类的区别，而我国在应用各种货运规划模型时，依然常用诸如工业品、农产品等传统的、粗略的分类方法，这样往往由于同一分类中不同产品对运输的需求特征相差太大，导致模型很难适合该分类中的所有产品，增大计算的误差。

表5.3 基于物流特征的货物描述

货物	价格	配送大小	密度	运输包装	运输温度	运输风险	运输服务水平
纸张、印刷品等	中	大	高	包裹	没有要求	中	高

（2）货运调查方法的研究。前面已经提到获得货运规划所需数据的难度，所以为了保证货运规划模型得到所需的、有效的数据必须对货运调查方法、调查数据的处理等相关问题进行研究。由于在现在货运规划中倾向于使用非集计模型（比如货运需求模型、模式分担模型等），所以国外关于货运调查方法的研究主要集中在SP（stated preference）调查

方法研究上，我国鲜有关于 SP 的调查和应用。

（3）费用函数的研究。在前面介绍的货运需求模型、模式分担模型和网络分配模型中均提到了费用函数，即不同种类的货物采用不同运输方式进行运输时的费用，包括线路上的费用和节点上的费用（比如转运等），一般采用的度量单位为货币单位。其中涉及的最主要的方面是如何确定时间的价值（VOT）。

2. 节点规划

所谓物流节点就是物流网络中连接物流线路的连接之处，一般也称为货运中心，其在物流网络中起着越来越重要的作用。所以区域物流系统是否合理，物流节点选址、节点规模的确定等都至关重要。

（1）节点选址。网络节点的服务功能特性决定了它大都布局在城市边缘，交通条件好、用地充足的地方。运输是物流的核心，物流活动必须依赖各种运输方式所具有的安全性、高效性的特点，组成有效的运输系统，及时准确地将商品送达客户。区域物流网络节点的选址应尽可能选择交通枢纽中心地带，使节点与运输网络相适应，同时还要考虑节点的经济合理性，比如地价区位、劳动力条件、消费群体分布、服务水平要求等。常用的选址模型有数值分析法、重心法、Kuehn-Hamburger 模型和模糊评价法等。

数值分析法是用坐标和费用函数求出的节点至客户之间配送费用最小的地点的方法；重心法对于单一配送中心的选址是一种很有效的选址方法，所以在实践中被广泛采用；Kuehn-Hamburger 模型则是 20 世纪 60 年代发展起来的考虑库存费用的选址模型，此类其他的代表模型还有 Baumol-Wolfe 模型、Elson 模型等，属于混合整数规划问题；模糊评价方法是一种广泛应用于工程、项目和方案评价的方法，很多研究人员也尝试应用该方法对物流中心选址进行研究，基本思想是引用层次分析法评价各影响因素的权重值，采用模糊评价法评价备选地址与理想目标的接近程度，并依此优选中心的地址。

以上几种方法都是目前物流中心选址最常用的方法。但是在应用这些方法时并没有考虑不同类型的网络节点所带来的选址原则的不同。选址依据的原则很多，例如竞争原则、交通原则、最低运费原则、最小时间原则等，只有根据这些不同的原则，统筹兼顾，充分考虑，才能合理地对网络节点进行选址。

（2）节点类型。根据网络节点功能的不同，可以将节点大致划分为生产型物流中心、消费型物流中心和运输转运物流中心。

生产型物流中心指服务于产品生产的物流中心，在供应链中它的上游是生产资料供应商，下游是商品、产品批发商等，选址的基本原则是成本最小，不仅考虑运输成本，还要考虑对于生产有着重要作用的其他因素，比如原材料产地的分布、劳动力条件等，一般认为重力法较为适合该类物流中心的选址需要，而在应用重力法的过程中如何选择影响因素及相互之间的权重是值得研究的方面。

消费型物流中心指拥有商品保管、在库管理机能，同时又进行商品配送的物流中心，其上游是厂家或者批发商，下游是零售商或者批发商，比如很多从事生活消费品销售的企业自建的配送中心等，选址的基本原则为在给定服务水平（主要是指一定的服务时间）物流中心可覆盖的客户数量最大化。国内对于该类物流中心选址的研究并没有把握好该类物流中心的选址原则，往往采用的是重力法、模糊评价法等，而两者均不能正确地考虑覆盖率最大的选址需求,所以应该采用最短路径的搜索算法,求出一定服务水平下,能覆盖最大客户群的地点,这样才符合该类物流中心的功能和使用性质。

运输转运物流中心是主要从事商品的运输和集散的物流中心,比如港口、公路货运站和铁路货运站等都属此类物流中心,虽然该类物流中心的上游、下游都比较复杂,但是与其他类型的物流中心相比,运输转运物流中心的功能更为单纯,选址的基本原则是运输费用最小化,包括线路运输费用和节点转运费用等,该类物流中心的选址模型应该沿用网络分配模型的思想。

从上面可以看出,不同类型的物流中心具有不同的选址原则,所以物流中心选址模型尚有待深入研究,而不能一概套用现有的模型。节点规模主要是根据物流中心货运进出量、功能设置、设施量及作业空间需求来确定。

(3) 模式分担。网络节点规划中的模式分担与网络规划中的模式分担概念是一样的,主要考虑到有些网络节点,特别是在其物流活动中采用了两种或者两种以上的运输方式的物流中心,典型的比如港口、公路铁路联运站等。此处的模式分担主要是预测和确定进出物流中心不同运输方式的分担率,以确定不同运输方式所占用的资源,比如停车场、车辆数等。

5.5.4 物流园区内部规划设计

如图 5.10 所示,物流园内部规划顺序为:物流园功能预测、设施设备选择、作业空间预估、物流园用地规划、物流园交通影响分析和微观仿真评价。通过这些子模块,可以得到物流园的初步规划方案。

1. 物流园功能规划设计

所谓物流园功能规划设计,即确定物流园应该具备的功能之后,根据设备、设施选型、运作流程和停车场规划的理论和原则,确定功能中各个要素的数量、容量等特征,定出物流设施规划方案和辅助设施规划方案两部分。

物流设施规划主要对库存区、装卸平台和拣货区、进货暂存区、理货区等进行设施规划,包括确定容量、形式和数量等重要指标。然后根据设施的形式和操作要求,选择所需的物流设备的形式(比如容器设备、储存设备、拣取设备、物料搬运设备、流通加工设备和装卸载设备等的形式)。

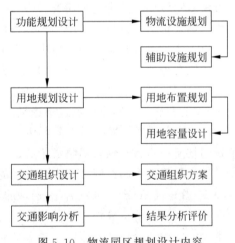

图 5.10 物流园区规划设计内容

辅助设施根据物流园的功能不同而有所区别,比如作为综合性节点的物流园,一般包括停车场、加油站、修理厂、结算中心、商务区、信息中心、生活区及其他附属设施(比如水电设施等)等,需对这些功能所需设备及活动空间做出详细分析。

此部分规划涉及设备、设施选型和停车场规划的理论和原则,规划的详细程度视要求而定。物流园区功能规划设计是否正确合理取决于对物流园区功能及其构成、物流设备和车辆行为的研究是否正确,而我国目前尚缺少相应的数据、标准和规范,比如关于装卸平台的停车行为的研究及相关参数、指标等,所以还有待进一步深入研究。

2. 物流园区用地规划

物流园区用地规划主要包括用地布置规划和用地容量设计两部分。首先根据物流流程,通过分析物流园内各个功能区的活动关系、作业空间关系等,进行物流园空间区域的布置规划,也就是对各个单体进行合理的布置,国际上已经有较为成熟的空间布置分析系统或者软件,比如 CRAFT(位置配置法)、CORELAP(相互关系法)、PLANET(分析评价法)等。

其次根据土地规划原则和方法,利用功能预测的结果(单体数量、形式等)对物流园内部的用地进行规划,包括各类单体的用地面积、容积率、用地红线及机动车道路和步行道路系统的规划(走向、红线宽度等)。在该部分中我国缺少的是关于物流园用地指标的研究。

3. 物流园区交通影响分析

对于一个物流园区来说,其物流功能是否能够得到顺利的实现,其物流流程是否顺畅和富有效率,很大程度取决于物流园区内部的交通组织是否科学、合理。所以用地规划之后,首先要进行物流园的交通组织,主要包括机动车交通组织(包括货运车辆和客运车辆)、自行车交通组织、步行交通组织及标志、标线、信号灯等。

同时物流园区作为一个新开发项目,由此所诱发的新增交通需求会使物流园区周边地区的交通设施乃至整个路网的服务水平下降,所以进行物流园区交通影响分析是有必要的。

4. 物流园区规划仿真及评价

以上的规划均属宏观规划评价系统,但是不能对物流园区内部的敏感物流设施、交通设施进行评价分析,而这些均是目前物流园区规划和建设中亟须解决的问题。为了对宏观规划进行详细的评估,有必要进行更为详细的规划及评价。

(1)物流园区微观仿真评价。通过对物流园区企业的物流流程进行调查,得到与物流操作相关的数据,进行统计分析获得相关参数,结合交通流理论,利用微观仿真技术对物流园区内部的物流行为和交通行为进行仿真,并对仿真结果进行评价,以确定物流园区的服务水平。该模块的评价体系主要包括:①装卸平台服务水平评价;②停车服务水平评价;③交通服务水平评价等。

(2)物流园区经济分析评价。利用经济分析评价方法,比如费用效益分析法、费用效益分析与环境评价结合的分析方法等,对物流园区规划方案进行评价,主要包括成本分析、效益分析和服务水平分析。

本章小结

物流网络,就是把物流系统抽象为由节点与链连成的网络,是物流系统构成的基础,只有建立好网络结构才可以连接各物流节点,打通物流线路,最大限度地发挥物流系统的作用,完整的物流网络包括基础设施网络、管理组织网络和物流信息网络三个层面。

物流网络系统规划属于战略规划,是长期决策,一旦形成较难修改和重新规划,所以网络规划要科学合理,注意节点和线路的协调统一,适当配置节点的数量、位置、容量和物流量。选择各线路经济高效的运输方式,并注意线路的衔接和物流容量,使节点和线路都能在网络中有效发挥作用,从而使整个物流网络高效运作。

本章主要介绍了物流系统的网络结构类型,并详细说明了物流系统网络规划的内容和方法。此外还特别介绍了区域物流系统规划流程和方法。

复习与思考

1. 物流网络的含义是什么?
2. 物流网络规划应该遵循什么原则?
3. 物流网络规划和节点规划以及线路规划如何综合考虑?
4. 物流网络结构设计的目标有哪些?
5. 试述常用物流网络规划设计方法的应用场合和特点。

案例

废旧电器回收利用物流网络规划模式分析

1. 引言

对于废旧电子电器(英文缩写为 WEEE)回收再生利用问题的探讨近年来已经引起国内有关学界、政界以及相关企业的高度重视。姚卫新(2004)研究了再制造环境下产品逆向物流回收模式问题,并把逆向物流回收模式分为第三方负责回收、零售商负责回收、生产商负责回收,并对这三种不同模式进行了分析比较。曾强银(2005)等人同样研究了逆向物流的三种回收模式,但提出在一定的假设条件下,与其他几种回收模式相比,生产商直销产品并负责回收(MDST)的模式,无论从保护环境和消费者利益的角度,还是从制造商获利的角度,都是一个产品回收率最高、制造商利润最大、产品价格最低的好模式。杨小平(2006)论述了直接针对废弃电子产品的逆向物流运作模式的评价方法。韩钢(2007)提出适合我国国情的废旧家电逆向物流模式,并与国外模式进行分析比较,提出我国建立 WEEE 回收再生利用的市场化运作模式及成本核算模型。国家发展和改革委员会开始针对废旧家电的加工处理分别在山东青岛、浙江及天津推进示范工程建设。

WEEE 回收再生利用问题的关键是把回收网点、加工处理场点及销售渠道统一规划和设计形成有机的 WEEE 回收再生利用逆向物流网络。但是,到目前为止,直接针对 WEEE 回收再生利用逆向物流网络规划模式的研究很少论及。本文借鉴上述学者的研究结论并结合我国实际情况,提出 WEEE 回收再生利用物流网络规划可以采用三种模式:一是基于供应链的模式,这种模式符合国际上(特别是欧美国家)较为通行的"谁生产,谁负责"的产品责任制度,逆向循环的产品属于供应链内部产品,是一种自我产品的自我物流循环模式,其实质是一种网络自营规划模式;二是基于第三方的模式,由社会第三方独立构建专业回收中心,或者利用社会回收点、回收中心构成的逆向物流回收网络,在全社会范围内回收WEEE,并通过自营构建WEEE加工处理中心,使WEEE社会资源得以回收利用,其核心是需要重新规划和构建WEEE加工处理中心甚至必要时借助政府政策的支持对WEEE回收再生利用整体物流网络进行重新规划;三是混合式运营模式,它集成了前两种模式的优点,是一种自营模式(供应链模式)与外包模式(社会第三方模式)的组合。

2. 基于供应链的回收再生利用物流网络规划模式

基于供应链的WEEE回收再生利用物流网络是利用已有的产品正向物流中供应链上的资源(生产、配送和销售的设施、设备,信息网络及这些领域的专业管理和技术人才)回收制造商的产品,并与原供应链物流网络构成闭合的物流和信息流系统(如图1所示)。这种网络规划模式回流的WEEE是自己的产品,回收渠道是原有的物流渠道,其运营管理的关键是与销售商、配送中心有效协调。为了不影响正向物流产品生产、配送和销售活动,其WEEE回收再生利用应当采取专业化分离管理的原则,WEEE逆向物流的环节应当终止于配送中心,在配送中心的基础上扩建或新建再生利用加工处理中心,这样会大大降低逆向物流对生产系统的影响以及运输成本,但产品研发部门需要保持与WEEE加工处理环节的信息沟通,这样有利于研究原产品设计缺陷,有利于产品升级或创新设计,生产部门可以派出技术人员指导WEEE的修复、拆解及粉碎、筛选等工作。

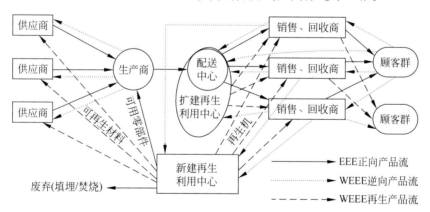

图1 基于供应链的WEEE回收再生利用模式

(1) 该模式的优点。

① 充分利用原供应链上网络资源,大大节省回收网络系统构建投资成本和管理成本,回收中心可以以配送中心为依托,回收自己的产品(通过收购或以旧换新等方式);再生利用加工处理中心可以以原制造中心为销售目标,供给可再利用的部件或材料,WEEE回收资源相对稳定,降低了回收风险。

② 销售与回收各环节的管理责任关系容易调整,易于推进协同化的信息管理。

③ 再生利用加工处理中心的所有技术人才和设备资源可来源于生产制造中心,对回收的WEEE产品技术性能和组成结构实施拆解指导,通过加工处理再利用后有利于节省

制造商原材料成本,有利于通过发现旧产品的缺陷改进新产品性能,有利于新产品的开发和创新。

④ 配送中心在给销售商或客户配送产品时,可利用回程运输的便利运 WEEE 产品,降低配送联合成本。

⑤ 这种模式同样适用于"纵向一体化"管理的大型企业,如海尔集团。

(2) 该模式的缺点。尽管这种模式具有一定的优点,但也存在自身难以克服的缺点:

① WEEE 逆向物流管理如果不当会对生产、配送和销售正向物流的运营和管理产生干扰,工作上形成冲突。WEEE 产品管理毕竟与新产品具有很大不同,无论是 WEEE 分类、安全还是存放和运输都更具有自身的特点。另外,新产品在生产和销售信息方面是明晰确定的,尤其是基于需求导向的供应链模式,而 WEEE 产品回收信息往往具有很大的不确定性。

② 回收系统逆向传递的信息延迟时间长,从回收点到回收中心,再把 WEEE 送到再生利用加工处理中心,需要使运力达到经济转运规模才能逆向流动,这可能需要较长时间。

③ 运营代价仍然高。尽管这种逆向物流网络构建投资成本节省,但管理成本大大增加,尤其是与正向物流重叠运营时,会对正向物流的运营和管理带来冲击,影响了正常生产和销售业务活动。

因此,如果采用这种运营模式,物流网络资源上可以共享,但 WEEE 的回收、运输、储存及加工处理必须进行专业化分离管理,尽可能避免对供应链上企业的生产、销售等正向物流业务产生冲击。

3. 基于第三方的回收再生利用物流网络规划模式

这种模式构建的 WEEE 回收再生利用物流网络,其 WEEE 回收、再生、利用活动完全处于社会开放状态:回收渠道完全开放,回收产品完全开放,再生利用加工处理中心由社会第三方独立构建(如图 2 所示)。物流网络中回收中心设施选址、数量和建设规模完全依赖于 WEEE 产生规模量及空间分布状态,再生利用中心设施选址、数量和建设规模

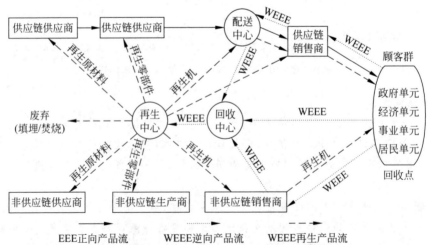

图 2　基于社会第三方的 WEEE 回收再生利用模式

要依赖于回收中心数量、规模、分布及再生产品销售目标市场空间区位。这种模式由于回收业务完全开放,WEEE加工处理活动完全依赖于社会回收资源。因此,要求回收中心和再生利用加工处理中心具有高度专业化,同时政府要给予政策支持。目前国家在天津推行的示范工程就采用这种模式,在天津市以各行政区域居委会为管理单位设置回收点,然后根据回收点的规模设置几个大型回收中心,最后依据回收中心的位置、城市规划及运输成本等要素再规划加工处理中心。本文认为这种模式最好仿照日本,以再生资源园区形式进行规划建设,并在再生资源园区逐渐形成WEEE回收、再生、利用等技术研发和应用的产业链,这样有利于政府集中管理,有利于政府政策的集中调整和执行。另外,这种模式与发达国家提出的"生产者终身负责制"也并不矛盾。

(1) 该模式的优点。

① 充分利用社会资源,避免了供应链模式回收的局限性,使回收方式更加灵活,符合"分散回收,集中加工"的政策。

② 有利于整合社会回收网点资源,在政府政策导向下,把大型回收中心及再生加工处理中心的规划建设纳入政府统一城市建设规划体系。

③ 有利于通过特许经营,通过招投标方式规范管理WEEE回收再生利用活动,纠正目前缺乏统一回收体系、自由回收、纷乱加工、污染环境、浪费资源的局面。

(2) 该模式的缺点。

① 需要对回收网络构建特别是回收中心、再生加工处理中心及回收信息网络建设投入成本。

② 需要面对种类繁多的WEEE,掌握其性能、结构、组成成分及拆解工艺;对WEEE的加工处理需要掌握专门的工艺技术引进新的加工处理设备。

4. 基于供应链和第三方的混合物流网络规划模式

从基于供应链的规划模式可以看出,该模式适应范围较小,不论逆向流动的WEEE规模数量是大还是小的情况,这种模式容易干扰正向物流生产和管理活动,导致企业管理资源分散。一般采用这种模式的企业应当是规模比较大、效益比较好的企业,比如海尔集团、松下电器等,其WEEE回收、再生利用等业务活动要相对独立于企业生产制造管理活动,分别对正向物流和逆向物流实行专业化分工管理。针对供应链模式的回收再生利用物流网络模式的缺点,本文提出构建WEEE回收再生利用系统的第三种模式,即基于供应链和第三方的混合模式。这种模式逆向流动的WEEE不再是形成闭环的逆向供应链流动,而是与供应链流动方向进行部分环节分离(如图3所示),使回收活动更加灵活,消费者选择售卖方式更加便利。采取这种模式的回收再生利用企业可与多个电子电器供应链企业进行战略合作,并负责对其逆向流动的产品和WEEE进行回收、加工和销售。

(1) 该模式的优点。

① WEEE逆向流动发生在供应链的下游销售或配送中心环节,避免了在上游环节的逆向流动,大大减少了对生产制造活动的影响,使供应链上的制造商能够集中优势资源投放于新产品的研发和生产管理活动。

② WEEE回收中心和再生利用中心的构建投资成本来源于社会第三方,回收和处理WEEE应当是该企业最主要的业务领域,容易形成WEEE回收、加工和再生利用技术优

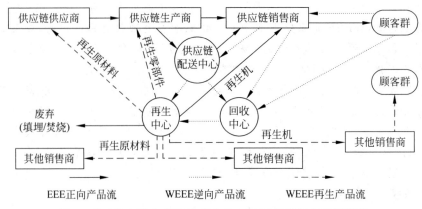

图 3　基于供应链 & 第三方混合的 WEEE 回收再生利用模式

势,这样不仅没有分散供应链上企业的资源,而且双方合作有利于资源和管理上的优势互补。

③ 通过这种模式,第三方回收再生利用企业可以与多家 EEE(电子电器)供应链合作,回收多家供应链上的 WEEE 产品,这样回收信息更加稳定,更有利于 WEEE 规模化再生产加工。

④ 这种模式对于无能力构建自营逆向物流回收网络的 EEE 企业来说,一方面可以减轻政府层面的生态压力,另一方面企业同样也节省了自建网络的投资成本和管理成本。

⑤ 这种模式符合社会分工的一般规律。因为系统分工有利于提高系统运营效率,社会经济单元功能的进一步分工会形成在全社会体系中的各优势单元的集成。

⑥ 这种模式实际上集成了前两种模式的优点,使 WEEE 回收再生利用活动覆盖面更宽、方式更灵活。

(2) 该模式的缺点。

① 第三方回收再生利用企业,需要对 WEEE 产品的性能、结构和组分进行专业化培训学习,这样才有利于 WEEE 分类、检测和加工等活动。

② 第三方回收再生利用企业,必须面对多品种小批量的 WEEE,增加了运营和管理的复杂性。

③ 回收的 WEEE 产品种类具有很多的不确定性,随着 EEE 产品种类的不断更新,第三方回收再生利用企业需要不断地去学习。

(资料来源:《综合运输》2007 年第 11 期,作者:天津大学管理学院 周雷,刘英宗)

思考题

1. 归纳案例中三种 WEEE 回收模式的特点。

2. 逆向物流大致分为两种:退货逆向物流和回收逆向物流。退货物流,顾名思义是指不合格物品的返修、退货所形成的物品的实体流动。例如消费者对于产品质量不满意而向经销商要求退货,以及现在时常出现的汽车召回制度。而回收物流则是将经济活动中失去原有使用价值的物品,根据实际需要进行收集、分类、加工、包装、搬运、储存并分送到专门处理场所时所形成的物品实体流动。一般说来,这些回收的"破烂",根据可利用性范畴,分为不可再利用的残渣和可以继续利用的有价值的原料两种。可利用的原料经过加工后,在很大程度上可以作为商品得以继续使用。而残渣则要经过分类及一定的专业处理之后,在不过多消耗能源的前提下,存放在特殊地点(如掩埋或者投入江河湖海)或焚烧。

据上,分析逆向物流和生产物流的差异。

第 6 章　物流系统仿真

本章关键词

离散系统(discrete system)　　　　　连续系统(continuous system)
系统仿真(simulation)　　　　　　　系统动力学(systems dynamics)
复合模型(compound model)

> 在规划、分析和设计物流系统时,常常需要定性和定量地了解系统的功能和结构,并对系统的行为进行充分的探讨,因而产生了运用数学模型或图形模型来准确地表达系统的特征,并能用计算机进行模拟实验的抽象的模型方法。模型不是研究对象本身,而是人们对研究对象整体或者某方面的抽象,这种方法成本低、无危险,而且不必停止或破坏运行中的系统,可以在很短的时间内从某一角度研究系统的行为。
>
> 物流系统的分析与仿真,从实质上讲,就是采用模型的方法研究客观世界,是主体反映客体(研究对象),揭示客体的性质和规律,并利用、改造客体的手段。这里,物流系统的结构模型、仿真模型的构建与分析是主要学习内容,同时,在物流系统的研究中,模型分析和系统模拟也占有极其重要的地位。

6.1　物流系统仿真概述

6.1.1　物流系统仿真概述

仿真(simulation)就是利用模型对实际系统进行试验研究的过程。当由于安全上、经济上、技术上、时间上等的原因,对实际系统进行真实的物理试验很困难或者跟踪记录试验数据难以实现时,仿真技术就成为必不可少的工具。近几十年来,随着计算机技术的发展,仿真技术和计算机技术迅速融合,仿真技术也越来越多地受到人们的重视,它的应用领域也越来越广泛。在我国,目前仿真技术已经渗透到国民经济建设的各个领域,包括社会经济、交通运输、生态环境、军事装备、企业管理等,还有最近兴起的网络仿真技术。

从理论上看,系统仿真是对实际系统的一种模仿活动,即利用模型来模拟事物发展变化的规律。G. W. Morgenthater 在 1961 年首次对"仿真"进行了技术性定义,即"仿真意指在实际系统尚不存在的情况下对于系统或活动本质的实现"。另一个典型的对"仿真"进行技术性定义的是 Korn。他在 1978 年的著作《连续系统仿真》中将仿真定义为"用能代表所研究的系统的模型做实验"。1982年,Spriet进一步将仿真的内涵加以扩充,定义为"所有支持模型建立与模型分析的活动即为仿真活动"。1984年,Oren在给出了仿真的基本概念框架"建模—实验—分析"的基础上,提出了"仿真是一种基于模型的活动"的定义,被认为是现代仿真技术的一个重要概念。实际上,随着科学技术的进步,特别是信息技术的迅速发展,"仿真"的技术含义不断地得以发展和完善,从 A. Alan 和 B. Pritsker 撰写的"仿真定义汇编"一文中,我们可以清楚地观察到这种演变过程。无论哪种定义,仿真基于模型这一基本观点是共同的。

计算机没有普及以前,进行物流系统仿真,普遍采用数学方法建立数学模型。当研究的物流系统不是十分复杂,或经过简化降低了系统的复杂程度时,可以利用数学方法,如线性代数、微积分、运筹学、计算数学等方法去求解问题。但在实际研究中,随着物流理论和实践的不断深入,所提出的研究问题日益复杂,非确定因素、不可知因素、模糊因素众多,因果关系复杂,单独应用数学方法就难以进行描述或无法求解及很难求解,使我们的研究需要采用计算机仿真的方法来辅助解决。

因此,当前对物流系统仿真的研究,通常采用以下四个步骤。

(1) 对所研究的物流系统进行观测并设置目标;

(2) 在假设下拟定数学模型,用来对观测结果加以解释;

(3) 通过演算或逻辑推理,按所建立的物流系统数学模型预测实际系统的运动状态,即求模型的解;

(4) 通过计算机仿真软件来检验所建立模型的正确性。

综上所述,"系统、模型、仿真"三者之间有着密切的关系。系统是研究的对象,模型是系统的抽象,仿真是通过对模型的实验以达到研究系统的目的。

现代仿真技术均是在计算机支持下进行的,因此,系统仿真也称为计算机仿真。系统仿真有三个基本的活动,即系统建模、仿真建模和仿真实验,联系这三个活动的是系统仿真的三要素,即系统、模型、计算机(包括硬件和软件),它们之间的关系如图6.1所示。

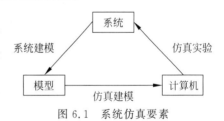

图6.1 系统仿真要素

从传统上来说,"系统建模"这一活动属于系统辨识技术范畴,仿真技术则侧重在"仿真建模",即针对不同形式的系统模型,研究其求解算法,使其在计算机上得以实现。至于"仿真实验"这一活动,也往往只注重"仿真程序"的检验(verification),至于如何将仿真实验的结果与实际系统的行为进行比较,这一根本性的问题(validation)缺乏从方法学的高度进行的研究。

现代仿真技术的一个重要进展是将仿真活动扩展到上述三个方面,并将其统一到同一环境中。在系统建模方面,除了传统的基于物理学、化学、生物学、社会学等基本定律及系统辨识等方法外,现代仿真技术提出了用仿真方法确定实际系统的模型。例如,目前常用的人工神经网络方法,根据某一系统在试验中所获得的输入输出数据,在计算机上进行仿真试验,确定模型的结构和参数;面向对象建模(object-oriented modelling)方法基于模型库的结构化建模,在类库的基础上实现模型拼合与重用。

在仿真建模方面,除了适应计算机软硬件环境的发展而不断研究和开发出许多新算法和新软件外,现代仿真技术采用模型与实验分离技术,即模型的数据驱动(data driven)。任何一个仿真问题可分为两部分:模型与实验。这一点,现代仿真技术与传统的仿真定义是一致的。其区别在于:现代仿真技术将模型又分为参数模型和参数值两部分,参数值属于实验框架的内容之一。这样,模型参数与其对应的参数模型分离开来。仿真实验时,只需对参数模型赋予具体参数值,就形成了一个特定的模型,从而大大提高了仿真的灵活性和运行效率。

在仿真实验方面,现代仿真技术将实验框架与仿真运行控制区分开来。一个实验框架定义一组条件,包括模型参数、输入变量、观测变量、初始条件、终止条件、输出说明。除此之外,与传统仿真的区别在于,将输出函数的定义与仿真模型分离开来。这样,当需要不同形式的输出时,不必重新修改仿真模型,甚至不必重新仿真运行。用户可以根据各自的需求,将输出数据导出到指定的文件类型。

Oren 将上述思想加以总结,提出了现代仿真技术的概念框架,如图 6.2 所示。

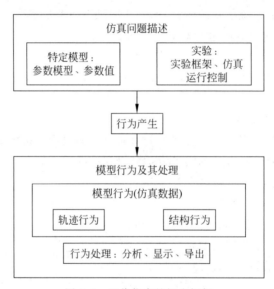

图 6.2 现代仿真的概念框架

在这个框架中,"仿真问题描述"对应于"仿真建模",其建模思想如前所述;"行为产生"对应于"仿真实验",只是将仿真输出的数据结果独立于行为产生;而"模型行为及其处理"则对应输出处理。

在对现实世界中的系统进行分析研究,采用模型来模拟系统时,一般均忽略微小因素和次要因素,而只反映出对事物发展有重大影响的主要因素。事实上,在实际运用中,事物的主要因素和次要因素的划分是相对的,这主要是从用户需求的角度来分析。例如,考察一个网络链路传播系统,当用户是通过 TELNET 远程登录时,则希望传播延迟最小,这时链路的传播延迟就是主要因素;而当用户是通过 FTP 下载文件时,则希望链路吞吐量越大越好,这时链路的利用率就成为主要因素;而当用户是通过网络参加实时会议,则希望网络的服务传播及时、通畅、无停顿,这时链路的最小抖动成为用户关心的问题。

综上所述，系统仿真的定义，就是根据系统分析的目的，在分析系统各要素性质及其相互关系的基础上，建立能描述系统结构或行为过程的，且具有一定逻辑关系或数量关系的仿真模型，据此进行试验或定量分析，以获得正确决策所需的各种信息；或者可以认为是通过建立和运行实际系统的仿真模型，来模仿系统的运行状态和规律，以实现在计算机上进行试验的全过程。这个过程应尽量反映系统的主要特征。

6.1.2 系统仿真的特点

（1）系统仿真模型是面向实际过程和系统问题的，或者说是问题导向的，其包含系统中的元素对象及元素之间的关系，它将不确定性作为随机的系统变量来建立系统的内部结构关系模型。

（2）系统仿真技术是一种实验手段，是为复杂系统创造的一种计算机的实验环境，它是一种计算机软件实验，输出结果由仿真软件给出，因此可以在短时间内通过计算机获得对系统运行规律及未来特性的认识。

（3）系统仿真研究由多次独立的重复模拟过程所组成，因为一次仿真的结果是对系统行为的一次抽样，所以多次仿真的结果是对真实系统进行具有一定样本量的随机试验。因此需要进行多次试验的统计推断，并对系统的性能和变化规律做出多因素的综合评价。

（4）系统仿真只能得到问题的一个特解或可行解，而不能得到问题的通解或最优解。而且，不同用户对于同一问题可能会给出不同的模型，给出的模型也常常是不精确的。但是，随着计算机科学技术的发展，这些问题正在得到不同程度的改善。

结合以上的描述和分析，可以意识到系统仿真的实质主要有以下几点：

① 它是一种对系统问题求数值解的计算技术，尤其当面对生产实践中的问题，考虑到诸多影响因素，系统无法通过直接建立数学模型求解时，仿真技术能有效地来处理。

② 仿真是一种人为的试验手段。它和现实系统实验的差别在于，仿真实验不是依据实际环境，而是作为实际系统映象的系统模型在相应的"人造"环境下进行的。这是仿真的主要功能。

③ 仿真可以比较真实地描述系统结构的主要特征，不同技术参数下的运行状态、演变情况及其发展过程。

6.1.3 物流系统仿真的步骤

根据物流系统仿真的基本概念和分析、求解问题的思路，在进行系统仿真研究活动时，一般遵循如下几个步骤。

1. 系统仿真的范围设定

系统仿真的范围设定，即问题的描述和确定。对问题的描述可以明确研究解决的问题，在一定的限制条件下，所要实现的目标，并继而确定问题中的相关参数值、变量之间的关系，明确系统的主要影响因素。

2. 仿真模型的建立

（1）设定仿真模型。根据调查的情况分析，结合系统内部各个环节之间的因果关系、系统结构、运行过程，按照一定的方式和流程设定相应的模型。

(2) 数据采集和筛选。原始数据的采集往往是随机变量的抽样，因此，先要根据设定的仿真模型，对这些原始数据进行整理、分析、筛选，然后通过参数估计、假设检验等步骤，确定系统参数的具体数值。

(3) 仿真模型的选定。在建模过程中，所建立的模型究竟能否反映原系统的本质特征，需要经过确认。通常会采用专家分析评价的方法，或输入关键变量的数据，观察系统状态变量的动态规律性，以此推断模型的性能和可信度。

3. 仿真模型的运用

(1) 仿真模型的编程实现与验证。选定模型之后，就可以选用仿真语言编制模型的计算机仿真程序。

(2) 仿真试验设计。仿真试验的设计是对模型进行测试的一种方法。在正式运行仿真程序之前，应对仿真区间、仿真精度、输入输出方式等方面进行测试。

(3) 仿真模型的运行。根据实际情况，设置相关参数，运行仿真程序。一般情况下，是在允许的范围内，输入若干组不同的数据，观察系统运行的规律性。

(4) 仿真结果的输出、记录。选择合适的输出、记录方式，将仿真程序的运行保存下来，以便以后的对比和分析。

(5) 分析数据，得出结论。采用统计等方法，对输出结果进行分析，得出系统运行的规律和主要的特征问题，为实际系统的参数设置及相关决策提供科学的参考依据。

在实施仿真研究时，上述系统仿真的原则性步骤也不是不可以变化的，针对不同的问题和方法，往往需要反复进行模型确认、实验验证、统计推断等过程，直到为决策者提供一个满意的方案为止，因此仿真的过程是一个辩证的、迭代的过程。

借助于电子计算机的系统仿真一般步骤的流程图可用图 6.3 表示。

通过以上分析，可以得出系统仿真在分析、研究系统问题中起到的作用。

(1) 仿真的过程也是实验的过程，而且还是系统地收集和积累信息的过程，尤其是对一些复杂的随机问题，应用仿真技术是提供所需信息的唯一令人满意的方法。

(2) 对一些难以建立物理模型和数学模型的对象系统，可通过仿真模型来顺利地解决预测、分析和评价等系统问题。

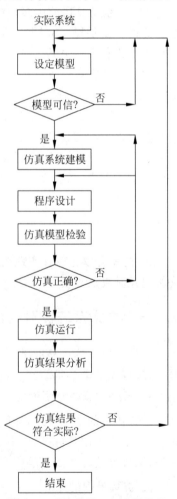

图 6.3　系统仿真一般步骤流程

(3) 通过系统仿真,可以把一个复杂系统降阶成若干子系统以便于分析。

(4) 通过系统仿真,能启发新的思想或产生新的策略,还能暴露出原系统中隐藏着的一些问题,以便及时解决。

4. 物流系统仿真的应用和特点

物流系统仿真应用非常广泛,通过建立物流系统的仿真模型,扩展了物流系统研究的边界,有助于描述物流系统的各种现象,加强直观感,从而能够更深刻地理解和分析物流系统。

对于新设计的物流系统,可对新系统的可行性和效率做出正确的评价判断;对于已形成方案的系统,可以在控制与决策中对多个备选方案进行多次模拟,对不同的决策方案进行分析比较,辅助决策;对于在运行中的物流系统,通过系统仿真可以对物流系统运行机制进行分析,记录有关数据和信息,从而为分析物流系统的参数设置和优化方向提供依据;对于较为宏观的物流系统,利用系统仿真可以对系统发展战略进行研究,例如对从过去到未来的国家、地区或者企业的物流系统的发展规律进行仿真运算。

物流系统仿真包括对"流""人"和"排队"的仿真。物流系统中有多种流:货流、车流、船流、商流、信息流等。采用动态仿真方法可以描述"流"的产生、流动、消失、积累和转换等。

物流组织是通过人的参与实现的,即使在同样规划下,不同的人、组织,物流服务质量和运行效率仍有较大差异。通过计算机仿真描述人的思维过程,从而给出较优的物流组织方案。

由一个或多个服务台和一些等待服务的顾客组成的离散系统称为排队系统。在物流系统中,船由锚地靠泊码头泊位及车辆运营的仿真等都属于"排队"仿真。物流系统仿真中的输入变量分为可控变量和不可控变量。可控变量是指系统可以决定的变量,如在一个服务系统中应设立的服务台的数量等;不可控变量则是系统无法控制的变量,这类变量通常以某种概率出现,所以又称为概率变量,如服务系统中顾客到达的密度、服务时间等。

6.1.4 物流系统仿真技术发展趋势

集成化的物流规划设计仿真技术是目前物流仿真技术发展较快的一个方向,此项技术应用的范围非常广泛,大到物流园区的规划设计,小到企业生产物流的规划设计,都可以利用物流规划设计仿真技术对规划和设计方案进行比选和优化,实现的基本功能包括以下几个方面。

(1) 可以用三维虚拟物流中心模型来模拟未来实际物流中心的情况;

(2) 使用虚拟中心仿真器可以对物流中心的建设进行较精确的投入—产出分析;

(3) 在参观客户现场及参阅仓库图纸等的基础上,可以在计算机上构筑模拟仓库,并模拟各种库中作业;

(4) 可以模拟生产型物流的现场作业,并提供物流作业效率的评价结果;

(5) 可以在计算机上虚拟物流传输和运输业务,模拟配车计划及相关配送业务;

(6) 可以灵活地变更物流作业顺序,进行物流作业过程重组分析,优化方案比较等。

6.2 蒙特卡罗仿真

蒙特卡罗方法(Monte Carlo method,MCM)是一种特殊的数值计算仿真方法,该方法以概率论和数理统计理论为指导,是一种充分利用计算机计算能力的随机实验方法。将蒙特卡罗法作为一种仿真方法,主要是许多仿真问题都包含随机数应用的原因,利用它也能够验证某些数学方法分析得到的结果。但系统仿真主要用于动态模型的计算,而蒙特卡罗方法则主要用于静态模型的计算。

在系统工程设计中,定量模型的建立往往不能为制定决策提供充分的信息,甚至可能会导致严重的数学错误。而建立包含不确定因素的模型是一个非常复杂的过程。蒙特卡罗仿真即是一种常用的系统工程分析方法。该方法可以利用计算机的功能,避免系统工程设计中直接考虑不确定性因素时所遇到的数学难题。

1. 蒙特卡罗方法的原理

蒙特卡罗方法是用来解决数学和物理问题中的非确定性问题,如概率统计或随机问题的数值方法。因此,蒙特卡罗仿真也称为统计试验方法,它是理论物理学中两大主要学科——随机过程的概率统计理论和位势理论的合并,它主要是研究均匀介质的稳定状态。

在具体使用过程中,该方法用一系列随机数来近似解决问题,是通过寻找一个概率统计的相似体,并用实验取样过程来获得该相似体的近似解,即利用一种依照所要求的概率分布产生的随机数来模拟可能出现的随机现象。每次模拟只能描述出被模拟系统可能出现的一次情况,多次模拟则可以得到利用通常数学模式无法掌握的资料,因此蒙特卡罗仿真是处理数学问题的一种手段。运用该近似方法所获得的问题解更接近于物理实验结果,而不是经典数值计算结果。

蒙特卡罗仿真得名于 Monaco(摩纳哥)以赌博娱乐而闻名的一座城市——蒙特卡罗。赌博的人可以在此参加各种赌博,如掷骰子、轮盘赌和各种扑克牌游戏。这些赌博活动既能让参加赌博的人感到刺激,又能给赌场带来丰厚的收益。因为在转轮盘、掷骰子或洗牌时稍有差别,就可能产生无法预测的结果(工程设计中将此称为混沌现象)。例如,即使连续多次转轮盘,也无法找出轮盘上出现数字的规律,也看不出哪个数字出现的频率比其他的数字高。如果连续掷普通骰子,就会发现骰子六个面出现的概率和随机性是相同的。

蒙特卡罗方法借用这一城市的名字,是具有象征意义的,是为了表明方法本身所具有的特点。

2. 蒙特卡罗方法的提出

蒙特卡罗方法作为一种可行的计算方法,是由乌拉姆(Ulam)和冯·诺依曼(von Neumann)在20世纪40年代中叶为解决核武器研制中的计算问题而首先提出,并加以运用的。在此之前,作为该方法的基本思想,实际早已被统计学家所发现和利用了。

早在17世纪的时候,人们就知道依据频数来决定概率的方法。1777年,法国科学家蒲丰(Buffon)提出用投针实验计算圆周率 π 值的问题。

蒲丰问题是这样一个古典概率问题：在平面上有彼此相距为 $2a$ 的平行线，向此平面任意投一长度为 $2l$ 的针，假定 $l<a$。如图 6.4 所示。其中，M_i 为针的中点，x 为中点到最近线的垂直距离，θ_0 为针与垂线的夹角。

显然，所投的针至多可与一条直线相交，那么，此针与任意条平行线相交的概率可以求出。由分析可知，此概率与所取针长、平行线间距有关，并且包含有 π 值。可利用投针试验，计算 π 值：设投针 N 次，其中 n 次针与线相交，用频率 n/N 作为概率 P 的估计值，继而求得

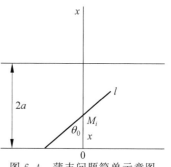

图 6.4 蒲丰问题简单示意图

π 的估计值 $\pi \approx \hat{\pi} = \dfrac{2l}{a} \dfrac{N}{n}$，这是早期用频率值作为概率近似值的应用实例。在 19 世纪末，又有很多人进行随机投针试验，如表 6.1 所示。

表 6.1 投针试验计算 π 值的结果举例

试验者	时间(年)	针长	投针次数	相交次数	π 的计算结果(估计值)
Wolf	1850	0.8	5 000	2 532	3.159 6
Smith	1855	0.6	3 204	1 218.5	3.155 4
Morgan	1860	1.0	600	382.5	3.137
Fox	1884	0.75	1 030	489	3.159 5
Lezzerini	1901	0.83	3 408	1 808	3.141 592 9
Reina	1925	0.541 9	2 520	859	3.179 5

需要指出的是，由投针试验求得 π 近似值的方法，是进行真正的试验，并统计试验结果。要使获得的频率值与概率值偏差小，就要进行大量的试验。这在实际试验中，往往难以做到。可以设想，对蒲丰问题这样一个简单的概率问题，若要进行 10 万次投针试验，以每次投针、做出是否相交判断并累加相交次数用时 5 秒计算，则需要用时 50 万秒，大约 139 小时。

而为了使 π 的有效数字达到 4 位，置信水平为 0.95，所需投针次数要在 40 万以上。因此，在还不具备实现这样大量试验的条件之前，除非为其他目的，如上例求 π 是为了验证大数定律，否则不会有人用进行实际试验的办法来计算所需要计算的数值。

进入 20 世纪 40 年代中期，出现了电子计算机，使得用数学方法在电子计算机上模拟这样大量的试验成为可能。另外，科学技术的不断发展，出现了越来越多的复杂而困难的问题，用通常的解析方法或数值方法都很难解决。蒙特卡罗方法就是在这种情况下，作为一种可行的，而且是不可缺少的计算方法被提出和迅速发展起来的。

3. 蒙特卡罗方法的应用

蒙特卡罗方法的应用有仿真和取样两种途径。仿真是指提供实际随机现象的数学模仿的方法。一个典型的例子就是对中子进入反应堆屏障的运动进行仿真，用随机游动来模仿中子的锯齿形路径。取样是指通过研究少量的随机子集来演绎大量元素的特性的方法。例如，$f(x)$ 在 $a<x<b$ 上的平均值可以通过间歇性随机选取的有限个数的点的平

均值来进行估计,这就是数值积分的蒙特卡罗方法。MCM 已被成功地用于求解微分方程和积分方程,求解特征值、矩阵转置,尤其用于计算多重积分等方面。

任何本质上属随机的过程或系统的仿真都需要一种产生或获得随机数的方法。这种仿真的例子在中子随机碰撞、数值统计、队列模型、战略游戏,以及其他竞赛活动中都会出现。蒙特卡罗计算方法需要有可得的、服从特定概率分布的、随机选取的数值序列。

随机性的概念可以和数学上的概率论以及现代计算机的计算功能相结合,用以提供一种计算流程,丰富所提供的信息。从具体案例上理解,蒙特卡罗方法非常简单。例如,对于图 6.5 中所示正方形中的不规则图形,要求计算不规则图形的面积就比较困难。正方形的面积很容易求出:$A_s = s^2$,式中 s 表示正方形的边长,A_s 表示正方形的面积。从图中可以看出,不规则图形是正方形的一部分。因此,$A_i = \mu A_s = \mu s^2$,式中 A_i 表示不规则图形的面积,$0 \leqslant \mu \leqslant 1$。现在只要能够求出 μ 的值,就可以知道不规则图形的面积。假如将图挂在墙上,然后站在一定远的距离外掷飞镖。假定是在随机的条件下掷飞镖,那 μ 的值可以看作是落入不规则图形内的飞镖数目与落入正方形内(含不规则图形)的总飞镖数目的比值。事实上,在随机情况下,如果投掷的飞镖越多,落入不规则图形内的飞镖数与落入正方形内的总飞镖数的比值就越接近 μ。这就是蒙特卡罗方法的本质。在实际使用蒙特卡罗方法的过程中,可采用计算机产生随机数的方法来模拟掷飞镖过程。

图 6.5 用蒙特卡罗方法求解不规则图形面积的模型

假如有一台计算机产生[0,1]区间内均匀分布的随机数,用产生的这个随机数表示正方形边长的系数,用两个随机数表示一个点在正方形上的具体位置,然后判断该点是否落在不规则图形内,记录落在不规则图形内的点数和试验的总次数,这两个数值的比值就是 μ。使用计算机的好处就是能够在很短的时间内产生大量的随机数,而且还能记录统计结果。

由此可见,蒙特卡罗方法依靠计算机产生的随机数来模拟实际系统。同时,计算机也负责相关的计数工作,以便获得最终的统计结果。

4. 蒙特卡罗方法的逻辑流程

采用蒙特卡罗方法时,基本上遵循一个约定俗成的流程,如图 6.6 所示。因蒙特卡罗方法的应用需要大量的随机数,为存储仿真结果,计算机程序代码必须为蒙特卡罗方法分配大量的存储空间。

例如,设计一个程序,使之产生呈均匀分布的随机数。

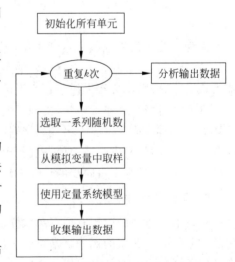

图 6.6 蒙特卡罗方法的逻辑流程

```
#include <iostream>
#include <cstdlib>
#include <ctime>
using namespace std;
int main()
{ srand(time(0));
  float ir = rand();
  cout<<"Random number is "<<ir<<endl;
  return 0;
}
```

目前,大多数计算机集成开发环境都有生成随机数的子程序(函数)。正如我们之前介绍的,计算机中的随机数实际不是真正的随机数,它是通过选定一个数字(随机种子),然后再通过一个特定的算法生成一个伪随机数列。

计算机集成开发环境所提供的产生随机数的子程序(函数)产生的也是伪随机数。上述程序是用 C++编写的利用系统当前时间做种子数,调用 rand 函数生成随机数的程序。该程序在 Visual C++ 6.0 环境下,调试编译成功。

例如,某自行车商店的仓库管理人员采取一种简单的订货策略,当库存量降低到 P 辆自行车时就向厂家订货,每次订货 Q 辆,如果某一天的需求量越过了库存量,商店就有销售损失和信誉损失,但如果库存量过多,将会导致资金积压和保管费增加。若现在已有如下表所示的五种库存策略,试比较选择一种策略以使总费用最少。

方案编号	重新订货点 P/辆	重新订量 Q/辆
方案 1	125	100
方案 2	125	150
方案 3	150	250
方案 4	175	250
方案 5	175	300

这个问题的已知条件是:

(1) 从发出订货到收到货物需隔 3 天。

(2) 每辆自行车保管费为 2 元/天,每辆自行车的缺货损失为 20 元/天,每次的订货费为 300 元。

(3) 每天自行车需求量是 0 到 99 之间均匀分布的随机数。

(4) 原始库存为 115 辆,并假设第一天没有发出订货。

在确定初始数据后,以一天为时间步长分别对五种方案进行如下仿真:

(1) 检查这一天是否为预定到货日期,如果是,则原有库存量加 Q,并把预定到货量清为零;如果不是,则库存量不变;

(2) 接着仿真随机需求量,这可用随机函数或根据以往需求量的分布特征得到。若库存量大于需求量,则新的库存量减去需求量;反之,则新库存量变为零,并且要在总费用上加一缺货损失。

(3) 检查实际库存量加上预定到货量是否小于重新订货点 P,如果是,则需要重新订货,这时就加一次订货费。

如此重复运行较长天数,比如 180 天,即可得不同方案所需费用总值,物流费用最小的一种即为最优方案。

6.3 系统动力学仿真

系统动力学是认识某类复杂问题的一种方法学。它的发展可以追溯到 20 世纪 50 年代兴起的工业动力学,当时主要用于解决企业中出现的一些有关经营管理的问题。例如,产量和雇佣的不稳定性、企业发展中的波动和萧条现象及股票市场上出现的跌落现象。在短短的几年中,工业动力学的方法已得到了广泛的应用,如经营管理某个"研究与开发"规划,解决城市的萧条与衰退问题,认识有限的、正在减少的自然资源中出现的指数增长的含义等,甚至对糖尿病理论的检验也用到了工业动力学。

因此,"工业动力学"很快就改用了"系统动力学"这一更广义的名称。它在这里的含义是,代表着适用范围的广泛性、问题的复杂性及观点的概括性,也就是一种用于解决某一特定问题的系统的研究方法。需要强调的一点是,系统动力学着重研究的并不是一个系统,而是一个问题。

1. 系统动力学的概述

系统动力学是由美国麻省理工学院福瑞斯特(J. W. Forester)教授于 1956 年提出的一种分析研究信息反馈系统动态行为的计算机仿真方法,它将信息反馈的控制原理与因果关系的逻辑分析结合,依据系统的内部结构建立仿真模型,并对模型实施各种不同方案,寻求解决问题的正确途径。系统动力学专家认为,系统的行为模式和特性主要取决于其内部结构与反馈机制,因此按系统动力学理论和方法建立的模型,借助于计算机模拟可以用于定性与定量地研究系统问题。通常情况下,研究社会经济系统时的各种理论设想,一般都不宜直接在实际系统上做试验。而系统动力学则可以作为实际系统(特别是社会、经济、生态等复杂大系统)的"实验室",来进行长期的、动态的、战略性的定量分析与研究。

系统动力学所探讨的问题,至少有两个共同的特征。

(1) 它们都是动态的,就是说包含的量具有随时间而变化的特性。如工业上雇用人员的波动、城市中税收和生活水准的降低以及医疗费明显的上涨。此外,建筑工程经费的超支、政府的发展过程、癌症甚至心理上的抑郁症,这些都是动态问题,而且都可以用变量随时间变化的图形来表示。因此,学习系统动力学首先要建立一个动态的概念。

(2) 都具有反馈的特征,使用反馈来揭示原因和寻找解决办法。从控制论的角度看,对于系统的研究可分为开环和闭环两个角度。

开环指的是不用反馈的概念研究问题,系统中各主体之间的信息流动是单向的,即只有顺向方向,而没有反向联系。开环系统的作用路径不是闭合的。如交通指挥中的红绿灯转换。面对十字路口车辆、行人如何通过的问题,政府部门采取的是排队—等停的方案,于是便在十字路口设置相应的红绿灯指示系统用来指挥交通,其过程可用图6.7表示。

描述成一般形式,如图6.8所示。

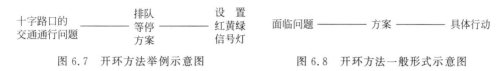

图6.7 开环方法举例示意图　　　图6.8 开环方法一般形式示意图

从开环转换成闭环的过程就包含了反馈的观点。即通过一定的行为,改变某些或某个变量的特征,从而使系统达到新的运行状态。

闭环方法与开环方法解决问题的不同环节比较见图6.9。

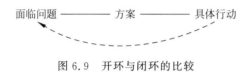

图6.9 开环与闭环的比较

在图6.9中,粗虚线所指代的环节即反馈过程。

反馈系统中的反馈是指信息的传送和返回。比如,日常生活中我们用空调控制室内温度。空调设备内有一个温度感应器将室温的信息返回给供暖系统,以控制空调设备的工作状态,从而可以起到控制室温的作用。

当反馈系统用图表示时,便形成我们在后面提到的因果环。乔治·P.雷恰逊给反馈系统的定义是,反馈环是一个封闭的因果序列,作用力与信息的闭路。一组互连的反馈环是一个反馈系统。将上述空调调节室温的案例描述成反馈环,如图6.10。

又如我们日常生活中的一个动作:伸手去取摆放在桌面上的一个杯子。这时,大脑、手、杯子也会构成一个反馈环的主体。在手伸向杯子的过程中,大脑不断判断手和杯子的距离能否够得着杯子。如果不能,则继续调节手和杯子之间的距离。伸手取物的反馈环如图6.11所示。

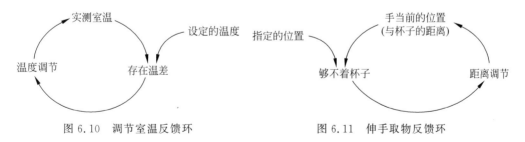

图6.10 调节室温反馈环　　　图6.11 伸手取物反馈环

在大多数情况下,反馈系统的"反馈"环节是遵从图6.12中所示的流程对相应的控制对象起到调节、控制作用的。

综上所述,系统动力学用于解决反馈系统中的动态问题。事实上,团体、机构、经济、社会等所有的人类系统都是反馈系统,见表6.2。

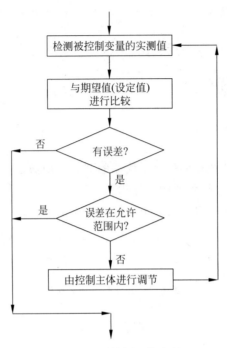

图 6.12 反馈环工作流程

表 6.2 社会反馈系统中的问题及其响应

问 题	响 应
交通拥挤	建设高速公路、高架公路、城市轨道
能源（如：原油）费用上升	固定能源价格、相应服务（如：计程车）费用上涨
城市房价过高	建设经济适用房

社会系统是一个反馈系统,已经成为越来越多人的共识。在对反馈过程进行分析的过程中,要知道反馈过程有"正"和"负"之分。回忆之前提及的空调调节室温反馈环,该环主要是使室温维持在设定温度。若室温低于设定温度,则处于供暖状态,提高室温;若室温高于设定温度,则空调处于降低温度的工作状态。反馈环的目的是使实测室温接近用户设定温度。再如伸手取物的例子,也是一个目标接近系统。控制论中,对类似于这样阻碍或抵消偏差的环即称为负反馈环。相反,正反馈环则放大环的偏差。

2. 系统动力学的表示方法

从系统动力学的观点来研究问题,大致可分为以下 7 个阶段：问题的识别与定义、系统的概念化、模型格式化、模型行为的分析、模型评价、策略分析、模型的使用或执行。

根据系统动力学的研究阶段,也可以得出系统动力学研究问题的基本过程,分为 6 个阶段：问题定义、模型概念化、模型数学表达、仿真、评价及政策分析。其中问题定义和模型概念化是系统动力学研究中两个技术性较弱的阶段,在第 2 个阶段,要求阐明问题的内容和特征,勾勒出系统参考模型,明确建模的目的,确定系统边界,按照行为和信息反馈环确定系统结构;而模型的数学表示、仿真和政策分析的3个阶段,完成按照反馈结构用特定语言表达的模型,观察模型行为及依据相关统计数据评价行为的拟合度;政策分析则是通过效果检验得出其社会经济发展的适用程度。

在利用模型方法的研究中,不仅要准确地描述现实领域,也要合理地描述控制领域。

- 现实领域包括经济水平、人口水平、消费水平、系统需求和供给等;
- 控制领域一般包括国民收入分配政策、人口控制政策、经济发展政策等。

上述系统要素基本上能够界定系统的研究范围,而系统的行为变化则取决于上述系统要素的构成及其相互关系。经过上述系统要素分析,在深入剖析系统要素的基础上,可以得到系统的因果关系图。模型有如下几种表示方法。

(1) 因果关系图。系统由相互依存、相互作用的因素组成,若一个因素的变化引起另一个因素的变化,则两者之间存在因果关系。在系统动力学中,元素之间的联系或关系可以概括为因果关系,正是这种因果关系的相互作用,最终形成系统的功能和行为。

对于定性描述系统中各因素之间的因果关系,可以采用基本因果关系图。在基本因果关系图中,包括若干个正反馈、负反馈基本反馈环,它们描述系统内部结构和系统的整体性,是系统动力学建立模型的基础。

① 因果链:若两要素之间存在因果关系,则可以用箭头表示,箭头指示方向表示原因作用于结果的方向。如有因素1表示原因,因素2表示结果,则有:因素1→因素2。

对于反馈过程的进一步分析,要求我们知道"正关系"和"负关系"。从理论角度分析,假设变量 A 表示原因,变量 B 表示结果。假定 $\Delta A>0, \Delta B>0$,分别表示变量 A、B 的改变量。

若满足下列条件之一,则称 A 到 B 具有正因果关系,简称正关系,可以用"+"号标注在因果链上。

- A 加到 B 中;
- A 是 B 的乘积因子;
- A 变到 $A\pm\Delta A$,有 B 变到 $B\pm\Delta B$,即 A、B 的变化方向相同。

若满足下列条件之一,则称 A 到 B 具有负因果关系,简称负关系,可以用"-"号标注在因果链上。

- A 从 B 中减去;
- $1/A$ 是 B 的乘积因子;
- A 变到 $A\pm\Delta A$,有 B 变到 $B\mp\Delta B$,即 A、B 的变化方向相反。

因果关系图采用隔离方法假设其他条件不变,只表示两两变量间因果正(负)关系。如

$$\text{因素1} \xrightarrow{+} \text{因素2} \quad \text{或} \quad \text{因素1} \xrightarrow{-} \text{因素2}$$

因果关系是逻辑关系,没有计量和时间上的意义。在系统中任意具有因果关系的两个变量,它们之间的关系不是正关系,就是负关系,没有第三种关系。

② 反馈回路:当两要素之间存在因果关系时,其中一个为原因,另一个为结果。但在多数场合下,结果又构成新的原因,新的原因作用到另外的要素上或者以反馈的形式作

用到原因上产生新的结果。串联若干依次作用的因果链形成一个闭合的因果序列,进行信息传递和返回就构成反馈回路,它能够定性表达系统变化的原因,具有使系统或者其中某因素变量自我强化显示发展或者自我抑制趋于稳定的功能。若干相互连结的反馈回路集合构成反馈系统。

例如,分析简单的库存系统,库存量、库存差额和订货量之间形成了相互的因果关系,它们之间的因果链及其极性如图 6.13 所示,以库存差额为例,由期望库存和库存量的差值确定,期望库存确定时,库存量越高库存差额越小。而库存差额又影响到订货量,差额越大订货量也越大。

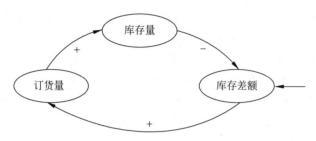

图 6.13　库存系统因果关系图

如前所述,图 6.13 称作因果关系图。从图 6.13 上又看到了变量和因果链形成了闭合回路,因此又构成反馈回路。

在反馈回路上,因果链极性的积累效应产生了反馈回路的极性。在一条反馈回路上,若负极性因果链的个数是奇数,则称负反馈回路。若全是正极性因果链,或负极性因果链个数是偶数,则称正反馈回路。正反馈回路能够产生自身增长的行为,这种性质又称为自增长性。负反馈回路能够产生自身寻求特定目标的行为,这种性质又称为自调整性。

因果相互关系分析是从研究一对变量的因果联系上开始的,逐渐展开成网络型的因果关联图,这种因果关联图有如下的优点。

- 容易理解,尤其对于非专业的用户一看就明,透明度很高。适合用于交流和用户对话。
- 有利于对系统的理解,可以改善概念模型,建立起对问题的总体认识。
- 有利于抓住问题的关键。正确绘制因果关联图,会防止遗漏重要方面。
- 有助于构模者的系统动力学思考。因果相互关系分析所确立起的系统反馈结构的框架是深入研究的基础。
- 便于应用主要矛盾、矛盾的主要方面及矛盾转化的哲学观点。在多个反馈回路耦合的系统中,一定要做反馈回路分析,找出主要回路,探讨主要回路转移的可能性等。

但是,因果关系图对于系统反馈结构的描述还很粗糙。譬如,没有区分出各个变量性质的差异,没有区分出物质流与信息流等。

对于有经验的构模者来说,不一定非要画出因果关联图,可是对于不太熟练的构模者或初学者来说,进行因果相互关系分析,绘制出因果关联图,是很有益处的。

（2）流图。流图图形表示所载的信息远远大于文字叙述，所表达的逻辑比叙述更为直观、准确。系统动力学中，表述系统反馈结构的结构图的方式，称为流图。

流图确定反馈回路中变量状态发生变化的机制，明确表示系统各元素间的数量关系，反映物质链与信息链的区别，能够反映物质的积累值及积累效应变化快慢的区别。

对于系统反馈结构来说，元件结构要素分为变量要素与关联要素两大类。变量要素有状态变量、决策变量、辅助变量和常数等。关联要素有物质链与信息链。而状态变量和决策变量是两个重要的元件结构要素。

元件结构要素按一定次序排列和组合，可以构成反馈回路。任何一个元件结构要素，若单独地存在是无所作为的，而只有把自己置身于反馈回路之中，才能够起到自己的作用，表现自己存在的意义。

① 物质链：系统中流动的实体，连接状态变量和决策变量，是不使状态值变化的守恒流。

绘制符号：→

例如，表示方法：要素 1 → 要素 2

② 信息链：连接状态和变化率的信息通道，是与因果关系相连的信息传输线路。

绘制符号：◯ - - - →

例如，表示方法：要素 1 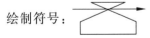 要素 2

③ 状态变量（LEVEL 或流位、积量）：描述系统物质流动或信息流动积累效应的变量，表征系统的某种属性，其具有累加性的特征。

未来时刻状态变量值的表示：状态变量（未来时刻）＝状态变量（当前时刻）＋改变值

绘制符号：☐

④ 决策变量（RATE 或流率）：描述系统物质流动或信息流动积累效应变化快慢的变量，其具有瞬时性的特征。决策变量需要的信息来源于状态变量，两个状态变量用一个决策变量联结，即状态变量与决策变量在系统反馈回路中必同时相间存在而各自不直接联结。

绘制符号：⋈

⑤ 常数：系统中不随时间而变化的量。

绘制符号：◯ - - →

⑥ 辅助变量：从信息源到决策变量之间，起到辅助表达信息反馈决策作用的变量，其类似决策变量，但无直接相关的状态变量，可以简化决策变量的表达。它在数量上具有时变性，在概念上无积累性、无速率性，在状态变量与变化率间或在环境与内部反馈回路间的信息通道上起辅助作用。

绘制符号：◯

仍以简单的库存系统为例，其流图如图 6.14 所示。

（3）方程式。系统动力学利用方程代表计算机语言描述系统的动态行为，是对流图中量的关系的补充说明，为求解模型或编程模拟、仿真分析做准备。系统动力学模型由代

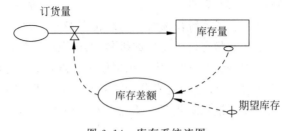

图 6.14 库存系统流图

数方程组构成,每一方程都简单明了地描述了系统的一部分是如何运行的。常见的系统动力学方程如下:

① 状态方程(L 方程)L　$L·K=L·J+DT*(RIN·JK-ROUT·JK)$
② 决策方程(R 方程)R　$R·KL=f(L·K,A·K,\cdots)$
③ 辅助方程(A 方程)A　$A1·K=g(L·K,R·JK,\cdots)$
④ 赋初值方程(N 方程)N　$L=$数值
⑤ 常量方程(C 方程)C　$C=$数值

其中,K(Current)表示现在,J(Just,刚刚)表示刚刚过去的那一时刻,L(Last,持续)表示紧随当前的未来的那一时刻。DT 表示 J 与 K 或 K 与 L 之间的时间长度。

假设期望库存(Y)为 6000 件,初始库存(I)为 1000 件,订货调整期(Z)是 5 天,订货量用 R 表示,库存差额用 D 表示。则图 6.14 的流图可以具体化为如下方程。

L　$I·K=I·J+DT*R·JK$
N　$I=1000$
R　$R·KL=D·K/Z$
A　$D·K=Y-I·K$
C　$Z=5$
C　$Y=6000$

3. 系统动力学仿真软件

建立系统方程式后,便可进行系统仿真。对于大规模系统,要借助相关软件进行计算机模拟。目前,市场上一些不错的、商用系统动力学软件包括 iThink®,来自于 High Performance Systems;Powersim®,来自于 Powersim Corporation;以及 Vensim®,来自于 Ventana Systems。一般都具备参考手册。

在 Vensim 中运行库存系统方程,可得到各变量的图表(表 6.3,图 6.15)。

表 6.3　库存系统仿真结果表

t	I	D	R
0	1000	5000	1000
1	2000	4000	800
2	2800	3200	640
...			

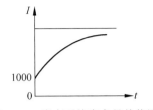

图 6.15 库存系统库存量趋势图

6.4 物流系统仿真案例

6.4.1 物流系统仿真在集装箱港口中应用的概述

港口装卸作业系统是一种典型的离散事件动态系统。港口系统仿真研究的目的是选择、改进、设计港口系统。在港口规划设计阶段,通过对多个方案的仿真研究,分析评价各种性能指标,选择一个最佳方案;对现有的港口,通过对外业系统的缺陷分析、改进,提高其运行效率。港口装卸系统的性能指标大致分为四类:吞吐能力、作业时间、利用率、费用。港口装卸系统仿真的主要任务就是研究港口资源配置、货物流量、性能指标三者之间的关系,港口物流系统的仿真研究可归纳为以下四类问题。

1. 研究港口作业系统的建模理论

包括排队和"瓶颈"问题,集装箱装卸技术和堆存空间需求问题,车辆和船舶到达及离开速率,设备(起重机、叉车、拖车)利用率,堆场、泊位、大门的吞吐量,作业费用(船舶、资本投资、管理费、劳务费及其他),多用途码头的作业。

2. 高新技术对港口效率影响的仿真研究

现代化的港口大量使用各种高新技术,如 EDI(电子数据交换,Electronic Data Interchange)用于信息交换,AEI(自动设备识别,Automatic Equipment Identification)用于车辆的查验,GPS(全球定位系统,Global Positioning System)用于集装箱定位,CCR(集装箱号识别,Container Code Recognition)自动识别进出港口的集装箱箱号等。通过仿真方法,可定量研究这些新技术对港口作业效率改变的程度。

3. 货物装卸和流量的仿真

根据货物装卸方式和流量,确定港口生产能力、堆存空间。

4. 港口运作分析仿真

通过对堆场、泊位、作业过程等的模拟和分析,优化港口运作效率和效益,辅助管理人员进行决策。

6.4.2 集装箱港口物流系统的复合模型

集装箱码头物流系统是一个比较复杂的系统,要建立一个合适的模型需要综合运用建模技术。具有形式化建模和非形式化建模优点的复合模型是一个不错的选择。所谓形式化建模是指采用大量的数学工具用状态方程对系统进行描述和分析,如排队网络法、Petri网、极大代数法、扰动分析法;非形式化建模是指采用图形符号或语言等方式对系统进行描述和分析,这种分析主要借助计算机程序实现,如活动循环图、仿真语言、面向对象技术等。

复合模型是将形式化建模与非形式化建模特点相结合,将面向对象的概念引到Petri网中,按面向对象的概念对网进行分类与抽象,形成层层子网的树形结构。确切地讲,将基本Petri网系统扩展成对外有输入、输出接口的递归网,同时保持基本网的性质不发生变化,即仍可以用Petri网的数学工具对新系统进行分析;对面向对象模型中的对象模型的信息和方法赋予新的含义,构成事件关系表,改进其动态模型。

复合模型的基本步骤分为三步:建立递阶的层次模型、建立动态模型、归纳变迁事件表。

1. 集装箱码头物流系统的层次模型

这是建立集装箱码头物流系统复合模型的第一步,该模型也是后续模型的基础,针对集装箱码头物流系统的层次模型,主要是识别、定义类及类之间的所属关系。如图6.16所示的集装箱码头物流系统层次模型中,按功能不同被分为7个子系统:泊位系统、计算机系统、集箱系统、卸船系统、装船系统、提箱系统和堆场系统。

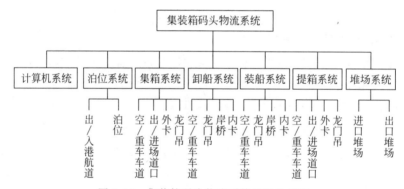

图6.16 集装箱码头物流系统的层次模型

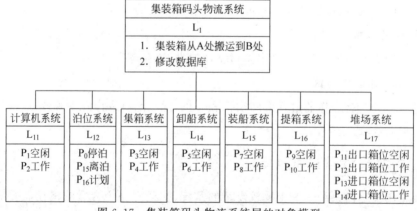

图6.17 集装箱码头物流系统层的对象模型

2. 集装箱码头物流系统层的动态模型

以层次模型为基础,逐步建立集装箱码头物流系统层的对象模型、动态模型及子系统的对象模型和动态模型。图 6.17 是集装箱码头物流系统层的对象模型。对于系统层,模型中只关心其子系统的外部功能,例如,对于集箱系统,其外部功能主要表现为外卡到堆场进行集箱作业,至于是哪个堆场、哪台设备去执行卸箱作业等具体功能,对集装箱码头物流系统层而言并不重要。按照同样的原则,定义其他几个子系统的功能。在模型中,对系统的各层次进行编号,将所研究的最上层定为 1 层,依次为 2 层、3 层、……每一层的各个子类又按照 1、2、3、…进行编号,因此,顶层为 L_1,下一层为 L_{11}、L_{12}、L_{13}、…,依此类推。

系统层只关心其子系统的外部功能。例如,集箱系统的出口、集装箱卸入堆场、数据库修改,对象模型的操作与消息传递是反映对象动态特性的重要组成部分。这里,对操作重新定义:对于上层父类,每个子类的操作是子类封装后所表现出来的外部状态。这种外部状态包括该类的所有操作,其中包括"空闲"这一不属于原来意义上的操作,例如,集箱系统的外部状态"空闲"指集箱系统中的外卡、龙门吊等可随时投入工作。对操作的这种定义是对原定义的一种扩展,它不会丢失原有的信息。

下面给出系统层的操作定义:

P_0:集装箱船舶到港停泊。

P_1:计算机系统空闲。

P_2:计算机系统工作。

P_3:集箱系统空闲。

P_4:箱站里的准备出口的集装箱正被运到出口堆场上。

P_5:卸船系统空闲。

P_6:集装箱船舶上的进口集装箱正被卸到进口堆场上。

P_7:装船系统空闲。

P_8:出口堆场上准备出口的集装箱正被装到集装箱船舶上。

P_9:提箱系统空闲。

P_{10}:进口堆场上进口集装箱正被运往箱站。

P_{11}:出口箱位空闲。位置 P_{11} 内的托肯数表示出口堆场内的空闲箱位,因为箱区内的空闲箱位数较多,故只用 4 个托肯表示。

P_{12}:出口箱位占用。

P_{13}:进口箱位空闲。位置 P_{13} 内的托肯数表示进口堆场内的空闲箱位,因为箱区内的空闲箱位数较多,故只用 4 个托肯表示。

P_{14}:进口箱位占用。

P_{15}:集装箱船舶离泊。

P_{16}:船舶计划到达。

集装箱码头物流系统层的动态模型如图 6.18 所示。

图 6.18 中,各变迁的定义分别为:

T_0：船舶计划进入计算机。信息含有到船日期、进出口箱量、种类等。

T_1：计算机发出集箱指令，出口区划出堆箱区域，进口区划出堆箱区域，集箱作业开始。

T_2：集箱作业结束，出口区堆箱区占用，返回计算机指令。

T_3：船舶到港，向计算机报到。

T_4：计算机发出靠泊卸船指令，根据划定进口区域开始卸箱作业。

T_5：卸船作业结束，进口堆箱区占用，返回计算机指令。

T_6：计算机发出装箱指令，装箱工作开始。

T_7：装船结束，船舶离开，返回计算机指令，触发提箱工作开始。

T_8：提箱申请提交计算机中心。

T_9：提箱工作开始。

T_{10}：提箱结束（一个完整的船舶服务结束）。

图 6.18 中的 A、B、C、D 表示事件发生的先后顺序。

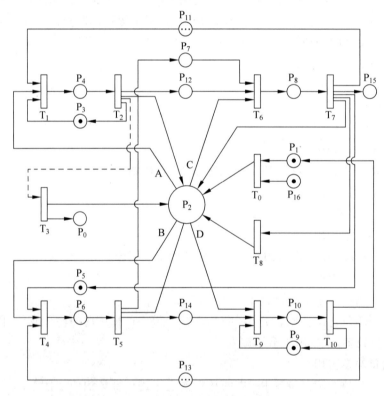

图 6.18　集装箱码头物流系统层的动态模型

该动态模型所表示的集装箱码头物流系统层的动态过程是，当船舶计划进入计算机时，计算机发出集箱指令；当集箱系统与出口箱位空闲时，集箱系统开始集箱；集箱完毕后，信息反馈给计算机。经过一段时间后，船舶到港停泊，当卸船系统和进口箱位空闲时，卸船系统开始卸船；卸船完毕，信息反馈给计算机，装船系统开始装船；装船完毕后，船舶离泊,信息反馈给计算机。再过一段时间,提箱申请进入计算机,计算机发出提箱指令,提箱系统开始提箱。当船舶没有进口箱或出口箱时,相应的卸船与提箱动作或集箱与装船动作不执行。

根据图 6.18 给出的动态模型,可找到集装箱码头物流系统层中各变迁发生的前提条件和后继条件,得到系统层的变迁事件表,如表 6.4 所示。

表 6.4 集装箱码头物流系统层的变迁事件表

变迁	前提条件	后继条件
T_0	P_1, P_{16}	P_2
T_1	P_2, P_3, P_{11}	P_4
T_2	P_4	P_0, P_2, P_3, P_{12}
T_3	P_4	P_0, P_2
T_4	P_2, P_5, P_{13}	P_6
T_5	P_6	P_2, P_7, P_{14}
T_6	P_2, P_7, P_{12}	P_8
T_7	P_8	P_2, P_5, P_{11}, P_{15}
T_8	P_8	P_2
T_9	P_2, P_9, P_{14}	P_{10}
T_{10}	P_{10}	P_1, P_9, P_{13}

3. 集箱子系统的动态模型

集装箱船舶的出口计划进入计算机后,计算机发出集箱指令,随之开始集箱作业。集箱子系统层的对象模型如图 6.19 所示。子系统中的符号 $(P_i, T_i, i=0,1,2,\cdots)$ 与系统层中的相同符号各代表不同的含义,以下各个子系统间的相同符号也分别代表不同的含义。

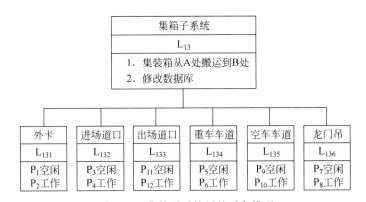

图 6.19 集箱子系统层的对象模型

根据集箱子系统层的对象模型,做出其动态模型,如图 6.20 所示。位置 P_0 内的托肯表示集箱指令;位置 P_1 内的托肯数表示空闲外卡的数量;位置 P_3 内的托肯数表示空闲进场道口的数量;位置 P_5 内的托肯数表示空闲重车车道的数量;位置 P_7 内的托肯数表示空闲龙门吊的数量;位置 P_9 内的托肯数表示空闲空车车道的数量;位置 P_{11} 内的托肯数表示空闲出场道口的数量。

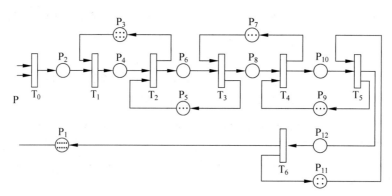

图 6.20 集箱子系统层的动态模型

该动态模型所表示的集箱子系统层的动态过程是,计算机发出集箱指令(P_0)后,空外卡(P_1)开往箱站取箱运输(T_0);取箱完毕,外卡重车(P_2)到达进港道口检查(T_1),进港道口开始工作(P_4);检查完通过(T_2),重车在港区重车车道上行驶,重车车道被占用(P_6);到达预定出口堆场(T_3),龙门吊开始工作(P_8);卸箱完毕(T_4),外卡在港区空车车道上行驶,空车车道被占用(P_{10});空车到达出港道口检查(T_5),出港道口开始工作(P_{12});检查完通过(T_6),空车(P_1)开回箱站。

根据图 6.20 给出的动态模型,可找到集箱子系统层中各变迁发生的前提条件和后继条件,得到集箱子系统层的变迁事件表,如表 6.5 所示。

表 6.5 集箱子系统层的变迁事件表

变迁	前提条件	后继条件
T_0	P_0, P_1	P_2
T_1	P_2, P_3	P_4
T_2	P_4, P_5	P_3, P_6
T_3	P_6, P_7	P_5, P_8
T_4	P_8, P_9	P_7, P_{10}
T_5	P_{10}, P_{11}	P_9, P_{12}
T_6	P_{12}	P_1, P_{11}

4. 卸船子系统的动态模型

集装箱船舶靠泊后,如果该船有进口集装箱,计算机发出卸船指令,卸船系统开始卸船。卸船子系统层的对象模型如图 6.21 所示。

根据卸船子系统层的对象模型,做出其动态模型,如图 6.22 所示。位置 P_0 内的托肯表示卸船指令;位置 P_1 内的托肯数表示空闲内卡的数量;位置 P_3 内的托肯数表示空闲空车车道的数量;位置 P_4 内的托肯数表示空闲岸桥的数量;位置 P_6 内的托肯数表示空闲重车车道的数量;位置 P_8 内的托肯数表示空闲龙门吊的数量。

该动态模型所表示的卸船子系统层的动态过程是,计算机发出卸船指令(P_0)后,空内卡(P_1)起动(T_0);内卡开往码头前沿,港区空车车道被占用(P_2),内卡到达码头前沿,

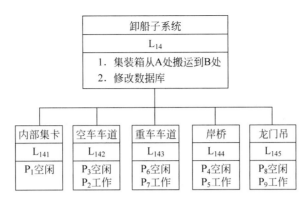

图 6.21 卸船子系统层的对象模型

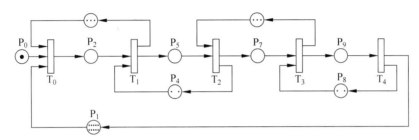

图 6.22 卸船子系统层的动态模型

岸桥开始从船上卸箱到内卡上(T_1);岸桥进入工作状态(P_5);岸桥从船上卸箱到内卡上后(T_2),内卡开上重车车道,重车车道被占用(P_7);内卡进入预定进口箱区,龙门吊系统开始工作(T_3),龙门吊进入工作状态(P_9);龙门吊将集装箱从内卡上卸到预定区域(T_4)后,内卡回到空车状态(P_1)。

根据图 6.22 给出的动态模型,可找到卸船子系统层中各变迁发生的前提条件和后继条件,得到卸船子系统层的变迁事件表,如表 6.6 所示。

表 6.6 卸船子系统层的变迁事件表

变迁	前提条件	后继条件
T_0	P_0,P_1,P_3	P_2
T_1	P_2,P_4	P_3,P_5
T_2	P_5,P_6	P_4,P_7
T_3	P_7,P_8	P_6,P_9
T_4	P_9	P_1,P_8

5. 装船子系统的动态模型

集装箱船舶靠泊后,如果该船有出口集装箱,且没有进口集装箱或进口集装箱已卸完,则计算机发出装船指令,装船系统开始装船。装船子系统层的对象模型如图 6.23 所示。

根据装船子系统层的对象模型,做出其动态模型,如图 6.24 所示。位置 P_0 内的托肯

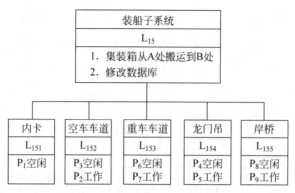

图 6.23 装船子系统层的对象模型

数表示装船指令;位置 P_1 内的托肯数表示空闲内卡的数量;位置 P_3 内的托肯数表示空闲空车车道的数量;位置 P_4 内的托肯数表示空闲龙门吊的数量;位置 P_6 内的托肯数表示空闲重车车道的数量;位置 P_8 内的托肯数表示空闲岸桥的数量。

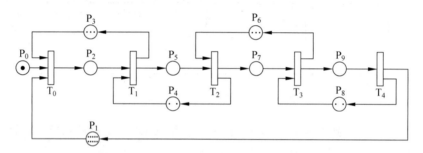

图 6.24 装船子系统层的动态模型

该动态模型所表示的装船子系统层的动态过程是,计算机发出装船指令(P_0)后,空内卡(P_1)起动(T_0);内卡开往出口堆场,港区空车车道被占用(P_2),内卡到达出口堆场,龙门吊开始装出口集装箱到内卡上(T_1);龙门吊进入工作状态(P_5);出口箱装到内卡上后(T_2),内卡开上重车车道,重车车道被占用(P_7);内卡到达码头前沿,岸桥系统开始工作(T_3),岸桥进入工作状态(P_9);岸桥将集装箱从内卡上卸到船上后(T_4),内卡回到空车状态(P_1)。

根据图 6.22 给出的动态模型,可找到装船子系统层中各变迁发生的前提条件和后继条件,得到装船子系统层的变迁事件表,如表 6.7 所示。

表 6.7 装船子系统层的变迁事件表

变迁	前提条件	后继条件
T_0	P_0, P_1, P_3	P_2
T_1	P_2, P_4	P_3, P_5
T_2	P_5, P_6	P_4, P_7
T_3	P_7, P_8	P_6, P_9
T_4	P_9	P_1, P_8

6. 提箱子系统的动态模型

货主提箱之前,要做出提箱申请。当提箱申请进入计算机后,计算机发出提箱指令,提箱系统开始提箱。提箱子系统层的对象模型如图 6.25 所示。

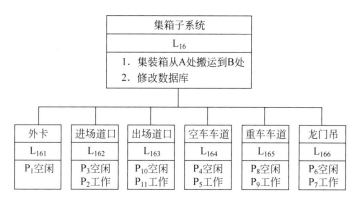

图 6.25 提箱子系统层的对象模型

根据提箱子系统层的对象模型,做出其动态模型,如图 6.26 所示,位置 P_0 内的托肯表示集箱指令;位置 P_1 内的托肯数表示空闲外卡的数量;位置 P_3 内的托肯数表示空闲进场道口的数量;位置 P_4 内的托肯数表示空闲重车车道的数量;位置 P_6 内的托肯数表示空闲龙门吊的数量;位置 P_8 内的托肯数表示空闲空车车道的数量;位置 P_{10} 内的托肯数表示空闲出场道口的数量。

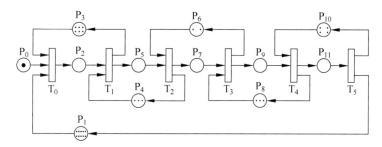

图 6.26 提箱子系统层的动态模型

该动态模型所表示的提箱子系统层的动态过程是:计算机发出提箱指令(P_0)后,空外卡(P_1)到达进港道口检查(T_0),进港道口开始工作(P_2);检查完通过(T_1),空车在港区空车车道上行驶,空车车道被占用(P_6);到达预定进口堆场(T_2),龙门吊开始工作(P_7);进口集装箱装到外卡上(P_3),外卡在港区重车车道上行驶,重车车道被占用(P_9);重车到达出港道口检查(T_4),出港道口开始工作(P_{11});检查完通过(T_5),空车(P_1)开回箱站。

根据图 6.24 给出的动态模型,可找到提箱子系统层中各变迁发生的前提条件和后继条件,得到提箱子系统层的变迁事件表,如表 6.8 所示。

表 6.8 提箱子系统层的变迁事件表

变迁	前提条件	后继条件
T_0	P_0, P_1, P_3	P_2
T_1	P_2, P_4	P_3, P_5
T_2	P_5, P_6	P_4, P_7
T_3	P_7, P_8	P_6, P_9
T_4	P_9, P_{10}	P_8, P_{11}

6.4.3 集装箱港口装卸系统的仿真模块

根据集装箱港口装卸系统的复合模型,在专用离散事件仿真语言(witness、e-Plant)的平台下,建立集装箱港口装卸系统的仿真程序模块。仿真模块具有港口布局、堆存模式、交通管理、并发作业、设备调度、设备数量及性能参数设定、闸口检查、作业计划指定等功能。

1. 码头布置模块

整个码头的组成成分,泊位、堆场、道路、进出口大门、停车场、拆装箱库及其他建筑设施的布局,含位置、方向、尺寸、数量的详细说明。

2. 船舶产生模块

能以一种统计分布模式产生船舶类型。船型按不同的装箱量区别,装箱量也按一定的统计规律产生。

3. 集装箱产生模块

根据船型,以一定的统计规律产生不同尺寸、不同重量(含空箱)、不同种类(普通箱、危险箱、冷藏箱、特种箱)、不同客户的进口集装箱或出口集装箱。

4. 交通布置及管理模块

说明车道数、停车标记、规定行车方向、最大行车速度,对港内集装箱拖车和外部集卡分别进行道路管理。

5. 码头前沿装卸模块

安排及实施装卸作业计划。根据不同船舶及装卸箱量大小,按一定的策略,对装卸桥和内部集装箱拖车进行作业调度。根据装卸桥的性能参数,设定其工作能力。

6. 堆场作业模块

按进口箱、出口箱、空箱、危险箱、冷藏箱、特种箱,对堆场进行分区管理。设定各箱区的大小、堆垛的层数。按分港、分吨、分尺寸、分客户堆存集装箱。根据不同船舶及装卸箱量大小,安排及实施堆场作业计划,按一定的策略,对轮胎式起重机或轨道式起重机进行作业调度。根据起重机的性能参数,设定其工作能力。

7. 进出口大门模块

设定进出口大门车道数,完成单证验证、集装箱检查等功能。

8. 送箱模块

多个客户可以同时送箱,根据制订的作业计划,派外部集装箱卡车将集装箱送到指定的箱区。

9. 提箱模块

多个客户可以同时提箱,接受指令后,派外部集装箱卡车到指定箱区提箱。

10. 码头作业计划制订模块

根据产生的船舶及集装箱的箱量,安排泊位和不同客户、不同种类的进出口集装箱堆存位置。

11. 性能参数统计模块

统计吞吐量、起重设备利用率、泊位利用率、堆场利用率、船舶在港时间、船舶在港等待时间、单船作业能力、单机作业能力、外部集装箱卡车在港内停留时间、港口营运费用、进出闸口通过能力、内部集装箱卡车利用率等。

本章小结

1. 系统、模型和仿真三者之间有着密切的关系。系统是研究的对象,模型是系统的抽象,仿真是通过对模型的实验以达到研究系统的目的。它和现实系统实验的差别在于,仿真实验不是依据实际环境,而是作为实际系统映像的系统模型,在相应的"人造"环境下进行的。这是仿真的主要功能。

系统仿真是一种对系统问题求数值解的计算技术,当系统无法通过直接建立数学模型求解时,利用仿真技术能比较真实地描述系统结构的主要特征、不同技术参数下的运行状态、演变情况及其发展过程。

2. 系统动力学方法往往根据社会系统的因果关系构造出反映非线性、多重反馈和长时滞性的动态模型,并利用计算机仿真的方法实现动态系统的变化过程,进而分析社会因素对系统变化的影响。特别是在系统结构复杂、历史数据少的情况下,可以了解系统内部结构和动态行为特征,深化对系统本质的认识,可以作为政策模拟分析思路的理论依据,具有其他方法难以替代的作用。

3. 系统动力学方法是面向问题而不是面向系统的,它从系统总体出发,充分估计和研究影响因素,注重研究系统内部的非线性相互作用及延迟效应等。同时,它是一种结构化、动态的、连续型的系统建模仿真方法,虽精度不够高,但能满足许多社会、经济等管理问题的要求,也有一定的预测功能。

复习与思考

1. 物流系统仿真的优缺点各是什么?
2. 试利用蒙特卡罗方法对文中自行车订货案例进行仿真。
3. 请分析下面系统中每个关联的极性(标注在每条箭线旁边即可)。

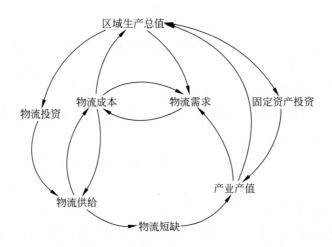

第 7 章 物流系统评价

本章关键词

指标体系(target system) 综合评价(quality synthetic evaluation)
因子分析方法(factor analysis) 数据包络分析(data envelopment analysis)

> 判别物流系统规划与设计方案的优劣,往往需要对规划与设计方案或物流系统因素进行综合评价,即对物流系统规划与设计方案或物流系统因素的价值进行评估。
> 物流系统分析与物流系统决策的进程可划分为四个阶段:一是对系统进行描述性分析;二是对系统进行解析性分析;三是对系统进行预测性研究;四是进行系统决策。
> 综合评价等方法,如因素分析方法,属于描述性分析,它们能够保证在数据信息损失最小的前提下,从大规模的原始数据群中,迅速将重要的信息提取出来,将高位的数据集合进行降维处理,迅速地揭示系统中的结构,从而使人们对该系统达到尽可能充分和全面的认识,大大地提高决策者的洞察能力和分析效率。

7.1 物流系统评价概述

物流系统评价是对物流系统的价值进行评估。物流系统评价是物流系统规划中的一种基本处理方法,也是物流系统分析中的一个重要环节。物流系统评价作为对客观事物进行评定,明确其应用价值的处理方法,已经在社会经济发展、工程技术研究、企业经营管理等各个方面得到了广泛应用。

当物流系统为单目标时,评价工作容易进行。当物流系统为多目标复杂物流系统时,因为多个目标往往不能同时达到,并且多种因素相互影响,有的甚至是相反作用,这时需运用特定的评价方法进行评价工作。

7.1.1 物流系统评价的基本概念

1. 含义与意义

物流系统评价是按预定的物流系统目标,在物流系统调查和可行性研究的基础上,对研究对象的功能进行数量化描述,对研究对象的结构进行间接描述。它是物流系统决策中的基础性工作。

它从社会、政治、经济、技术等方面,通过建立指标体系来综合评价物流系统的各种方案,为物流系统选择最优方案提供依据,以达到最终为决策服务的目的。

涉及每一研究对象的评价指标至少有几十种,精确的量化不等于评价的准确,因此应选取尽量少的指标,反映最主要和最全面的信息,并且每项指标应具有独立性、可量化和通用性。所以在建立指标物流系统过程中,往往遵循一定的原则。

2. 目标和任务

在对某个物流系统进行评价时,要从明确评价目标开始,通过评价目标来规定评价对象,并对其功能、特性和效果等属性进行科学的测定。

物流系统评价的目的是进行正确的物流系统决策,即物流系统评价是物流系统决策的前提条件,物流系统评价是方案选优和决策的基础,物流系统评价的质量影响着物流系统决策的水平。

7.1.2 物流系统评价的指导思想

物流系统评价的思想是利用控制论和物流系统工程的观点,对物流系统整体进行评价。

任何评价方法都有其评价的目标(指标)和内容,而这些目标和内容的提出、问题的确定又都取决于评价的思想原则。评价思想的转变必然导致评价内容和方法的不同,同时环境的演变、社会和科学的发展也对评价思想的确立起着巨大的影响或制约作用。总的来说,评价的指导思想注重以下几方面。

1. 追求单一目标的思想原则

早期的评价方法大多具有这种思想的痕迹。人们在评价时,注重系统的某一方面目标的实现,而将其他目标放在次要地位。

2. 追求经济利益的思想原则

理论上认为,人类的劳作是理性的,发展是主题,而经济又是发展的主要方面。因此人们在评价时,注重物流系统的投入与产出,希望以最小的投入取得最大的产出。

3. 综合评价的思想原则

这种思想原则的确立,一是与物流系统的规模越来越大,涉及范围越来越广,影响越来越复杂有关;二是与人类的生存环境越来越恶化有关;三是与科学技术方法、物流系统方法为评价提供的有力工具有关。人们开始注重对事物的全面评价,即从政治、经济、社会、技术、风险、自然与生态环境、组织和个人等多方面对复杂物流系统问题进行综合评价。在评价时,不仅重视直接的效益和影响,而且重视间接的影响;不仅重视近期效益,而且重视长远利益;不仅重视定量指标的评价,而且重视软指标的评价。

4. 物流系统规划的思想原则

为了减少盲目性,人们对决策活动的事先评价越来越重视,不断地寻找能科学地、全面地、客观地反映决策活动特征的评价指标体系。不仅重视项目自身的经济效益、技术性能等的评价,而且把项目纳入国民经济大物流系统中进行规划。

7.2 物流系统评价的指标体系

7.2.1 物流评价指标体系的建立原则

系统评价是一些归类的指标按照一定的规则与方法,对评判对象从其某一方面或多方面或全面的综合状况作出优劣评定。评价指标体系的建立应遵循以下原则。

1. 整体性原则

建立的指标体系应该能从物流系统目标所涉及的各个不同侧面反映物流系统的现有特征和状况,能够体现物流系统的未来变化发展趋势。

2. 客观性原则

保证评价指标体系的客观公正,保证评价资料及数据来源的全面性、可靠性、准确性和可行性,以及评估方法的科学性。

3. 科学性原则

指标的选择与指标权重的确定,定量指标和定性指标的协调,数据的选取、计算与合成等,必须以公认的科学理论为依据。

4. 非线性原则

评价对象往往是一个复杂的物流系统,评价指标选取应遵循非线性原则,实现指标体系的结构最优化。

5. 实用性原则

评价工作的意义在于分析现状,认清物流系统变化所处阶段和发展中存在的问题,寻找影响物流系统运行的主要方面,更好地指导实际工作,因此尽量选取日常统计指标或容易获得的指标,以便直观、简便地说明问题。

7.2.2 物流评价指标体系的指标组成

物流系统是由若干单项评价指标组成的整体,各个指标是研究对象某些方面的客观属性变量。各属性变量是关于研究目的的框架结构,它由物流系统的性质、目标要求、特殊问题等,以及问题的规模、重要性等概括确定。评价指标一般包括以下几个方面。

1. 政策性指标

包括政府的方针、政策、法令、规划等。

2. 技术性指标

包括产品的性能、寿命、可靠性等,工程的设备、设施、运输等。

3. 经济性指标

包括方案的成本、利润、资金、周期等。

4. 社会性指标

包括社会的福利、发展、就业、环境等。

5. 资源性指标

包括工程的物资、人员、能源、土地等。

6. 时间性指标

包括工程的进度、时间等。

在选择确定评价指标的过程中,还要注意以下几个问题:①指标的大类和数量问题。若选择的指标范围宽、数量多,不同方案间的差异就明显,则有利于判断和评价,但确定指标大类及其重要程度就困难,则造成歪曲方案本质特性的可能性就大。②指标间的相互关系问题。单项指标间要尽量相互独立,若有交叉则必须明确划分和规定该指标的属类。③指标的提出和确定问题。指标的提出要广泛征求意见,反复交换信息。指标的确定要归纳综合,必要时进行统计处理。④指标量化和归一化问题。指标体系选择中由于各因素的不可共性和矛盾性,因此首先要对原始指标的属性值进行初始化,进行量纲一元化或无量纲化处理。当不同方案难以取舍时,用"归一化"处理。

7.3 多指标综合评价方法

7.3.1 物流系统评价的步骤

物流系统评价的步骤是有效地进行评价工作的保证。它一般包括以下几个步骤。

1. 明确物流系统目的,熟悉物流系统方案

为了进行科学的评价,必须反复调查、了解物流系统的目的,熟悉所提出的物流系统方案,进一步分析和讨论已经考虑到的各种因素,并简要说明各个评价方案。

2. 分析物流系统要素,确定评价项目

根据物流系统目的,集中收集有关的资料和数据,对组成物流系统的各个要素及性能特征进行全面的分析,找出进行物流系统评价的项目,规定一组评价指标。

3. 确定评价指标体系

确定评价指标体系中单项和大类指标的组成。指标是衡量物流系统总体目标的具体标志。对于所评价的物流系统,必须建立能对照和衡量各个方案的统一尺度,即建立评价指标体系。

评价指标体系必须科学地、客观地、尽可能全面地考虑各种主要因素。选用不同指标进行对比和评价是决定方案取舍的标志。指标体系的选择要视被评价物流系统的目标和特点而定。指标体系可以在大量的资料、调查、分析的基础上得到,它是由若干个单项评价指标组成的整体,它应反映出所要解决问题的各项目标要求。

4. 制定评价结构和评价准则

在评价过程中,如果只是定性地描述物流系统达到的目标,而没有定量的表述,就难以做出科学的评价。因此,要对所确定的指标进行定量化处理,以确定各个单项和大类指标权重,分析评价各个单项指标的实现程度。

每一个具体指标可能是几个指标的综合,这是由评价物流系统的特性和评价指标体系的结构所决定的,因此在评价时要制定评价结构。由于各指标的评价尺度不一样,对于不同的指标,很难在一起比较,因此必须将指标体系中的指标规范化,制定出评价准则,根据指标所反映要素的状况,确定各指标的结构和权重。

5. 确定评价方法

评价方法根据对象的具体要求不同而有所不同。总的来说,要按物流系统目标、物流系统分析结果与效果的测定方法、评价准则等确定。

6. 单项评价

单项评价是就物流系统的某一方面进行详细评价,以突出物流系统特征,是综合单项指标求得大类指标的价值。单项评价不能解决最优方案的判定问题,只有综合评价才能解决最优方案或方案优先顺序的确定问题。

7. 综合评价

按照评价标准,在单项评价的基础上,从不同的观点和角度对物流系统进行全面的评价。综合评价就是利用模型和各种资料,从物流系统的整体观点出发,综合分析问题,对比各种可行方案,权衡各个方案的利弊得失,选择适当而且可能实现的优化方案,即综合各个大类指标价值求得总价值。

7.3.2 因子分析方法

1. 因子分析含义和作用

因子分析是通过变量(或样本)的相关系数矩阵(或样本的相似系数矩阵)内部结构的研究,找出能控制所有变量(或样本)的少数几个随机变量去描述多个变量(或样本)之间的相关(或相似)关系。也就是把观测变量分类,将相关性较高的——联系比较紧密、包含重复信息较多的变量分在同一类中,使不同类的变量之间的相关性较低,那么每一类变量实际就代表了一个本质因子或一个基本结构。因子分析就是寻找系统中这种不可观测的因子或结构的方法。

因子分析的实质就是在存在相关关系的变量之间,探讨是否存在不能直接观察,但对观测变量的变化起支配作用的、不可测的潜在因素。其主要是寻找潜在的、起支配作用的因素,以便将多个变量综合为少数几个因子;并建立模型,以再现原始变量与因子之间的相关关系。

因子分析最终用较少的综合指标分别综合存在于各个变量中的各类信息,对原始变量进行分门别类的综合评价。这些综合因子往往不能直接观测得到,但更能反映事物的本质。

2. 模型的形式

因子分析不是对原始变量的重新组合,而是对原始变量进行分解,分解为公共因子与特殊因子两部分。在因子分析过程中,可以将每个公共因子表示为变量的线性组合,进而用变量的观测值来估计各个因子的值(因子得分)。原始观测变量 x_i 与潜在因素 z_i 之间的关系表示为

$$\left.\begin{aligned} x_1 &= b_{11}z_1 + b_{12}z_2 + \cdots + b_{1m}z_m + e_1 \\ x_2 &= b_{21}z_1 + b_{22}z_2 + \cdots + b_{2m}z_m + e_2 \\ &\vdots \\ x_m &= b_{m1}z_1 + b_{m2}z_2 + \cdots + b_{mm}z_m + e_m \end{aligned}\right\} \quad (7.1)$$

其中，$x_1,\cdots,x_m$ 为原始观测变量；$z_1,\cdots,z_m$ 为潜在共性因素；$e_1,\cdots,e_m$ 为潜在个性（特殊）因素，且共性因素与特殊因素相互独立。

3. 目的和任务

因子分析的目的是寻求变量基本结构、简化观测系统，即达到减少变量维数、用一个变量子集来解释整个问题。即主要目的是研究一种假设的结构，用 $m(m<p)$ 个假设的公共因子来解释和说明 p 个变量之间的相互依赖结构及其复杂关系。

其任务的关键是寻找共性因素，但建立因子分析模型的目的不仅是找出主因子，更重要的是知道每个主因子的意义，以便对实际问题进行分析，所以计算出结果后还要探讨其实际意义并给予命名。

4. 统计与计算

在模型的建立与分析过程中，需要计算与解释的统计量主要有以下几个。

（1）因子载荷。反映某个公共因子对某观测变量的影响程度。

其表征公共因子与原有指标之间的关联程度，因子载荷值越高，表明该因子包含的原有指标的信息量越多。

（2）共性方差。用某个公共因子占总方差的百分比说明共性因素对观测变量总体的作用大小。

公共因子个数的选择应尽量兼顾以下几点：因子所能解释的方差比率或贡献率、与利用有关专业知识所得结果的合理一致性、通过这几种途径和手段对研究结果给予合理解释的可能性和可靠性，这样才能够使所研究的问题具有一定的深度和广度。

由于因子分析法是以由原始变量组成的每个主因子的方差贡献率作为权重来构造综合评价函数，所以评价结果具有很强的客观合理性。

（3）因子得分。用观测变量表示共性因素的数值。

因子得分是各个样本在公共因子上的投影值或坐标值，是将原始的全部变量信息集中到几个公共因子上。在进行更深入的定量分析时，可以把样本的因子得分当作初始变量进行进一步的分析。

（4）因子旋转。初始共性因素进行坐标变换，获得新的共性因素，重新分配因子载荷，以便容易命名和解释共性因素的实际意义。

为了使因子旋转后的结果达到更易于解释的目的，应使旋转后的因子负荷矩阵尽可能具有简单结构：每一列上的负荷大部分应是很小的，且尽可能接近于 0；每一行中尽可能只有少数几个，最好只有一个较大的负荷值；每两列中大负荷和小负荷的排列模式应当不同。

5. 方法的特征

（1）因子分析模型中的公共因子包含原始变量的绝大部分信息；

（2）因子分析模型中的公共因子是不可观测的潜在变量；

(3) 因子分析模型中的公共因子个数是未知的,是需要估计的;
(4) 正交因子分析模型中的公共因子之间是相互独立的。

从提取公共因子的方法,即估计因子载荷矩阵的角度看,因子分析主要分为以下几种:主成分分析、主因子分析、α 因子分析、未加权最小二乘法、映象因子分析、广义最小二乘法和最大似然法。

在因子分析中,主成分方法对总体的分布情况没有什么假定,其他方法一般要求总体服从某特定分布规律,如最大似然法要求总体 X 服从 p 维正态分布。在计算过程中,其他方法不能像主成分分析法那样可以一次计算因子载荷成功,如主因子法往往需要经过多次尝试,才能得到因子载荷矩阵。只有用主成分分析法求解因子载荷时可以选择与变量个数相等的因子变量个数,其他方法都必须是因子变量个数小于原始变量个数。因此在通常情况下,主要采用主成分分析方法。

7.3.3　主成分分析方法

主成分分析法具有理论和实践的简洁性、所得结果的客观性等特点,并且其降维的思想与多指标评价指标序化的要求非常接近,所以近年来该方法被广泛地应用于社会、经济、管理等领域中众多对象的综合评价中,逐渐成为一种独具特色的多指标评价技术,并成为最常用的排序方法之一。

1. 基本思路

在研究多因素问题时,多因素问题的每个指标都在不同程度上描述和反映了所研究问题的某方面信息,但指标之间往往存在一定的相关性,所得统计数据反映的信息在一定程度上有重叠,并且因素太多会增加计算量和分析问题的复杂性,难以客观地反映被评价对象的相对地位。

多因素问题涉及的多指标之间既然有一定的相关性,就必然存在起支配作用的共同因素。人们自然希望在进行定量分析的过程中,找到这些共同因素,使涉及的指标较少,而得到的信息量又较多。

主成分分析方法利用降维的思想和信息浓缩的技术,以较少的主成分综合代替原来较多的评价指标,使综合指标为原来变量指标的线性组合,并使这些主成分能尽可能地反映原来指标的信息,而且彼此之间相互独立,使得我们在研究复杂问题时容易抓住主要矛盾。

利用该方法进行评价,包含了两个层次的线性合成。第一层次将原始指标恰当地线性组合成主成分,按累计方差贡献率不低于某个值的原则确定前几个主成分。第二层次是各主成分以各自的方差贡献率为权重,通过线性加权求和得到各个样本的评价值。

2. 模型形式

潜在因素 z_i 与原始观测变量 x_i 之间的关系表示为

$$\left.\begin{aligned} z_1 &= a_{11}x_1 + a_{12}x_2 + \cdots + a_{1m}x_m \\ z_2 &= a_{21}x_1 + a_{22}x_2 + \cdots + a_{2m}x_m \\ &\vdots \\ z_m &= a_{m1}x_1 + a_{m2}x_2 + \cdots + a_{mm}x_m \end{aligned}\right\} \tag{7.2}$$

(1) 模型的假设。原始变量是潜在因素的纯线性组合,特殊因素的作用忽略不计。因为这种线性变换不具备改变样本空间中样本点散布状态的功能。

(2) 模型的条件。第一成分有最大方差,后续各主成分的方差逐次递减。其中 n 个新变量能解释原始数据大部分方差所包含的信息,公因子数根据累计贡献率尽量大的原则确定。

3. 统计计算

在模型的建立与分析过程中,需要计算与解释的统计量主要有以下几个,其中部分统计量与因子分析中的计算方法和含义是相同的。

(1) 特征方程根。是确定主成分数目的根据,反映原始变量的总方差在各个成分上重新分配的结果。$S_i = \dfrac{\sum_{i=1}^{n}(Z_i - \bar{Z}_i)^2}{n-1} = \lambda_i$,$\sum_{i=1}^{n} \lambda_i = m$,即特征值的和等于特征值方差和。

(2) 成分贡献率。各个成分所包含信息占总信息的百分比,用方差作为变量包含的信息,$\lambda_i \Big/ \sum_{i=1}^{n} \lambda_i = \lambda_i / m$。

(3) 积累贡献率。前 n 个成分的累计贡献率,$\sum_{i=1}^{n}\left(\lambda_i \Big/ \sum_{i=1}^{n} \lambda_i\right)$。

(4) 主成分判定。或者取所有特征值大于某定值的成分作为主成分,或者根据累计贡献率达到百分比值定主成分。

(5) 特征向量值。各个成分表达式中标准化原始变量(均值为0、标准差为1)的系数向量值,它是写成分表达式的根据。

(6) 主成分分数。根据主成分表达式和各个观测变量值计算的成分值。

4. 方法特征

(1) 多指标的主成分分析主要用来判断某种事物或现象的综合指标并给综合指标所蕴藏的信息以恰当的解释,以便更深刻地解释事物的内在规律性。

(2) 主成分分析的目的主要是根据相关矩阵或协方差的信息,用一组(总共 p 个)相互正交的主成分来说明 p 个变量的总变差。

(3) 主成分分析不需要有关待分析样本或变量的任何先验信息,对变量的属性没有严格要求,只要样本达到一定数量又具有独立性、代表性,则相同属性的变量、相近特征的样本会根据各自在潜在变量空间中的位置显示出清晰的相互关系。

(4) 在主成分分析中,经过原来诸多变量转化后而得到的综合指标(主成分)是相互独立的,消除了多重共线性,几个指标代表的信息不重叠,且每个主成分相应的系数是唯一确定的。

5. 分析步骤

(1) 建立指标体系和原始矩阵,并对原始数据进行同方向性处理。

建立指标体系时,对有高度相关性的若干个变量,或者某些变量所表示的实物与其他变量所表示的实物有一定程度的类似作用,可以取其中的一部分来代替这些变量,或初步将它们合并在一起,则可初步剔除一些重复信息,使得主成分分析的结果有很大的改进。

指标最好同趋势化,一般为了评价分析的方便,需要将逆指标(数值越小越好的指标)转化为正指标(数值越大越好的指标),转化的方式为用逆指标的倒数值或取负值代替原指标。

(2) 为避免量纲的不同,将原始数据进行标准化处理。

当各个指标存在数据量纲不同或者数量级差异很大时,运用 SPSS 统计分析软件,按分析(Analyze)—描述统计(Descriptives Statistics)—描述(Descriptives)的顺序,选择变量框中指标进行标准化处理,并将标准化后的变量保存在数据编辑窗口。

标准化处理可以减小量纲和数量级对数据分析的影响,但是需要注意指标标准化也会对分析的结果产生影响。

(3) 运用 KMO(Kaiser-Meyer-Olkin)检验模型与巴特利特球度检验(Bartlett's Test of Sphericity)对数据进行检验。

(4) 计算相关系数矩阵,解特征方程并计算相关矩阵的特征值和特征向量、贡献率和累计贡献率,根据方差累计贡献率等确定因子个数,计算初始因子载荷矩阵和因子旋转矩阵,确定主成分等。

(5) 计算主因子得分和构造综合因子评分函数,并根据主因子和综合因子得分情况,给出相应的评价。

7.3.4 数据包络分析方法

近年来,数据包络分析方法(data envelopment analysis,DEA)作为一种对多投入、多产出的复杂系统非常适用的评价方法,正逐渐受到人们的青睐。DEA 第一个运用成功的案例,是评价为弱智儿童开设的公立学校项目。之后,随着人们的逐步深入研究和实践,DEA 的应用范围不仅由非营利的公共事业单位扩大到企业,而且也由横向的管理效率评价延伸到同一个决策单元历史发展的纵向评价。目前,DEA 的应用范围已经涉及空军的飞行和基地维修保养、银行、医院、交通运输、工业管理、城市竞争力评价、投资项目评价和高新项目风险性分析等。

1. 数据包络的一般概念

(1) 意义和作用。数据包络分析是以相对效率概念为基础、以凸分析和线性规划为工具发展起来的一种效率评价方法。该方法利用客观数据,可以对同一类型的各评价或决策单元的相对有效性进行评定和排序,可以确定决策单元是 DEA 有效、弱 DEA 有效、DEA 无效,也可以进一步分析各评价或决策单元非有效性的原因及其改进方向,能够判断决策单元的投入规模是否恰当,并给出各个决策单元调整投入规模的正确方向和程度,可以为决策者提供重要的管理决策信息。

DEA 有效性评价是一种非参数统计的客观评价方法,根据输入、输出动态地调整评价模型的权重指标,使评价模型具有可变性。因此,该方法特别能够处理多种投入、多种产出的指标评价问题。DEA 方法是纯技术性的,它以决策单元的输入和输出数据的权重为变量,从最有利于决策单元的角度进行评价,避免了人为确定指标权重的主观性。假定每一个输入都关联到一个或多个输出，而且输入与输出之间确实存在某种关系，运用该方法则不必确定这种关系的显示表达式，排除了很多主观因素，具有很强的客观性。

DEA 对相同类型单元的评价依据是决策单元的"输入"数据和"输出"数据。输入数据是指决策单元为了进行某种生产活动所消耗的某些资源量，例如投入的资金总额、投入的劳力总数、占地总面积等；输出数据是指决策单元经过一定的资源投入以后，产生的表明该活动成效的某些信息量，例如各类型产品的数量、产品的质量、部门或企业的经济效益等。具体说，譬如在评价城市轨道交通系统的综合效率时，输入可以是运营公司的人员总数、固定资产总金额、专业设备总金额、年业务支出等，输出可以是旅客周转量、设备使用率、年业务收入等。根据输入数据和输出数据来评价决策单元的优劣，即所谓评价单元间的相对有效性。

(2) 方法的产生和发展。DEA 是美国著名数学家和经济管理学家 A. Charnes 和 W. W. Cooper 等人开创的。第一个 DEA 模型，是由著名运筹学家 Charnes、Cooper 和 Rhodes，于 1978 年在"相对效率评价"概念的基础上给出的，称为 C^2R 模型，评价部门间的相对有效性。从经济学中的生产有效性分析的角度看，该模型是用来评价具有多输入和多输出的，同时为"技术有效"和"规模有效"的"生产部门"的十分理想的方法。

为了正确估计"有效生产前沿面"，1985 年，R. D. Banker、A. Charnes 和 W. W. Cooper 给出了另一个被称为 C^2GS^2 的 DEA 模型，C^2GS^2 模型用来评价决策单元的纯"技术有效性"。1989 年，A. Charnes、W. W. Cooper、魏权龄、Z. M. Huang 在 DEA 模型中引进了体现决策者偏好的、可以调整输入输出指标权重锥比率的 DEA 模型 C^2WH。1996 年，魏权龄和 P. Brockett 给出更为一般的综合的 DEA 模型，该模型不仅包括体现决策者偏好的锥结构 C^2WH，而且包含至今为止最具代表性的 DEA 模型 C^2R，以及 1985 年由 R. Fare 和 S. Grosskopf 给出的 FG 模型和 1990 年由 L. M. Seiford 和 R. M. Thrall 给出的 ST 模型。至今为止，DEA 的模型、方法、理论和应用还在不断地发展和完善。

2. 方法的基本原理

假设有 n 个评价对象，每个评价对象都可以看作一个决策单元 DMU（decision making units），这样就有 n 个决策单元。每个决策单元都有 m 种"输入"，表示该决策单元对"资源"的耗费，以及 s 种"输出"，表示该决策单元消耗"资源"之后所产生"成效"的数量，如图 7.1 所示。

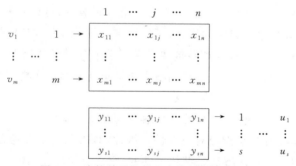

图 7.1　决策单元的投入产出量及指标权重

其中，x_{ij} 是第 j 个 DMU 对第 i 种输入的投入量（$x_{ij}>0$），y_{rj} 是第 j 个 DMU 对第 r 种输出的产出量（$y_{rj}>0$），v_i 是对第 i 种输入的一种度量（或称"权"），u_r 是对第 r 种输出的一种度量（或称"权"），$i=1,2,\cdots,m$，$j=1,2,\cdots,n$，$r=1,2,\cdots,s$。

(x_{ij}, y_{rj}) 为已知的数据，可以根据历史资料得到；v_i、u_r 为变量，对应于一组权系数，$\boldsymbol{v}=(v_1,v_2,\cdots,v_m)^{\mathrm{T}}$，$\boldsymbol{u}=(u_1,u_2,\cdots,u_r)^{\mathrm{T}}$；总输出与总输入之比是效率评价指数，$h_j = \left(\sum_{r=1}^{s} u_r Y_{rj}\right) \Big/ \left(\sum_{i=1}^{m} v_i X_{ij}\right)$，$j=1,2,\cdots,n$，每个决策单元都有相应的效率评价指数。我们总可以选取适当的权系数 $\boldsymbol{v}$ 和 $\boldsymbol{u}$，使其满足 $h_j \leqslant 1$，$j=1,2,\cdots,n$。

现在，对第 j_0 个决策单元进行效率评价（$1 \leqslant j_0 \leqslant n$）。以权系数 $\boldsymbol{v}$ 和 $\boldsymbol{u}$ 为变量，以第 j_0 个决策单元的效率指数为目标，以所有决策单元（包括第 j_0 个决策单元）的效率指数为约束，即 $h_j \leqslant 1$，$j=1,2,\cdots,n$。则形成最优化模型（为方便，记作 $\boldsymbol{x}_0=\boldsymbol{x}_{j0}$，$\boldsymbol{y}_0=\boldsymbol{y}_{j0}$），模型如式（7.3）所示。

$$\begin{cases} \max h_{j0} = \left(\sum_{r=1}^{s} u_r y_{rj}\right) \Big/ \left(\sum_{i=1}^{m} v_i x_{ij}\right) \\ \text{s.t.} \left(\sum_{r=1}^{s} u_r y_{rj}\right) \Big/ \left(\sum_{i=1}^{m} v_i x_{ij}\right) \leqslant 1, \quad j=1,2,\cdots,n \\ \boldsymbol{v} = (v_1, v_2, \cdots, v_m)^{\mathrm{T}} \geqslant 0 \\ \boldsymbol{u} = (u_1, u_2, \cdots, u_r)^{\mathrm{T}} \geqslant 0 \end{cases} \quad (7.3)$$

其中，$\boldsymbol{v} \geqslant 0$ 表示对 $i=1,2,\cdots,m$，有 $v_i \geqslant 0$，即至少存在某 i_0（$1 \leqslant i_0 \leqslant m$），使 $v_{i0} \geqslant 0$。对于 $\boldsymbol{u} \geqslant 0$ 有类似的含义。

利用模型（7.3）评价决策单元 j_0 是否有效，是相对于所有 n 个决策单元而言的。该线性规划模型可以使用矩阵符号表示，如式（7.4）所示。

$$(P) \begin{cases} \max h_{j0} = (\boldsymbol{u}^{\mathrm{T}} \boldsymbol{y}_0)/(\boldsymbol{v}^{\mathrm{T}} \boldsymbol{x}_0) \\ \text{s.t.} (\boldsymbol{u}^{\mathrm{T}} \boldsymbol{y}_j)/(\boldsymbol{v}^{\mathrm{T}} \boldsymbol{x}_j) \leqslant 1, \quad j=1,2,\cdots,n \\ \boldsymbol{v} \geqslant 0, \boldsymbol{u} \geqslant 0 \end{cases} \quad (7.4)$$

其中，$\boldsymbol{x}_j = (x_{1j}, x_{2j}, \cdots, x_{mj})^{\mathrm{T}}$，$\boldsymbol{y}_j = (y_{1j}, y_{2j}, \cdots, y_{sj})^{\mathrm{T}}$，$j=1,2,\cdots,n$。

根据模型进行 DEA 有效性判断。若线性规划 (P) 的最优解 $h_{j0}=1$，则称决策单元 j_0 为弱 DEA 有效；若存在 $\boldsymbol{v}^* > 0$，$\boldsymbol{u}^* > 0$，且 $h_{j0}=1$，则称决策单元 j_0 为 DEA 有效。

使用 Charnes-Cooper 变换，可以将分式规划 (P) 转化为一个等价的线性规划问题。令 $t = 1/(\boldsymbol{v}^{\mathrm{T}} \boldsymbol{x}_0)$，$\boldsymbol{\omega} = t \cdot \boldsymbol{v}$，$\boldsymbol{\mu} = t \cdot \boldsymbol{u}$，

则 (P) 可以转化为线性规划问题，如式（7.5）所示。

$$(P_{\mathrm{C^2R}}) \begin{cases} \max h_{j0} = \boldsymbol{\mu}^{\mathrm{T}} \boldsymbol{y}_0 \\ \text{s.t.} \boldsymbol{\omega}^{\mathrm{T}} \boldsymbol{x}_j - \boldsymbol{\mu}^{\mathrm{T}} \boldsymbol{y}_j \geqslant 0, \quad j=1,2,\cdots,n \\ \boldsymbol{\omega}^{\mathrm{T}} \boldsymbol{x}_0 = 1 \\ \boldsymbol{\omega} \geqslant 0, \boldsymbol{\mu} \geqslant 0 \end{cases} \quad (7.5)$$

上述线性规划的对偶规划如式（7.6）所示。

$$(D_{C^2R}) \begin{cases} \min \theta \\ \text{s.t.} \sum_{j=1}^{n}(\boldsymbol{x}_j\lambda_j) \leqslant \theta\boldsymbol{x}_0 \\ \sum_{j=1}^{n}(\boldsymbol{y}_j\lambda_j) \geqslant \boldsymbol{y}_0 \\ \lambda_j \geqslant 0, \quad j=1,2,\cdots,n \end{cases} \tag{7.6}$$

其中，λ_j 为权重。为了使用对偶线性规划 (D_{C^2R}) 判别决策单元 j_0 的 DEA 有效性，这里引进正、负偏差变量：$\boldsymbol{s}^+=(s_1^+,s_2^+,\cdots,s_s^+)^T\in E_s, \boldsymbol{s}^-=(s_1^-,s_2^-,\cdots,s_m^-)^T\in E_m$，则得到的线性规划如式(7.7)所示。

$$(D_{C^2R}^1) \begin{cases} \min \theta \\ \text{s.t.} \sum_{j=1}^{n}(\boldsymbol{x}_j\lambda_j) + \boldsymbol{s}^- = \theta\boldsymbol{x}_0 \\ \sum_{j=1}^{n}(\boldsymbol{y}_j\lambda_j) - \boldsymbol{s}^+ = \boldsymbol{y}_0 \\ \lambda_j \geqslant 0, \quad j=1,2,\cdots,n \\ \boldsymbol{s}^- \geqslant 0, \quad \boldsymbol{s}^+ \geqslant 0 \end{cases} \tag{7.7}$$

引入非阿基米德无穷小量 ε，ε 是一个小于任何正数且大于零的数，可以将模型 $(D_{C^2R}^1)$ 等价转化为在实际评价中常用的线性规划模型，如式(7.8)所示。

$$(D_s) \begin{cases} \min \theta - \varepsilon(\hat{\boldsymbol{e}}^T\boldsymbol{s}^- + \boldsymbol{e}^T\boldsymbol{s}^+) \\ \text{s.t.} \sum_{j=1}^{n}(\boldsymbol{x}_j\lambda_j) + \boldsymbol{s}^- = \theta\boldsymbol{x}_0 \\ \sum_{j=1}^{n}(\boldsymbol{y}_j\lambda_j) - \boldsymbol{s}^+ = \boldsymbol{y}_0 \\ \lambda_j \geqslant 0, \quad j=1,2,\cdots,n \\ \boldsymbol{s}^- \geqslant 0, \quad \boldsymbol{s}^+ \geqslant 0 \end{cases} \tag{7.8}$$

其中，$\hat{\boldsymbol{e}}^T=(1,1,\cdots,1)\in E_m, \boldsymbol{e}^T=(1,1,\cdots,1)\in E_s$，$\varepsilon$ 为非阿基米德无穷小量。因此，我们可以借助对偶规划 (D_s) 判断决策单元 j_0 的有效性，并根据以下基本定理进行。

(1) DMU_{j0} 为弱 DEA 有效的充分必要条件是规划 (D_s) 的最优值 $\theta^*=1$。

(2) DMU_{j0} 为 DEA 有效的充分必要条件是规划 (D_s) 的最优值 $\theta^*=1$，并且对每个最优解 λ^*，都有 $\boldsymbol{s}^{*-}=0, \boldsymbol{s}^{*+}=0$。

3. 模型参数的经济含义分析

(1) DEA 有效性分析。当 $\theta^*=1$ 且 $\boldsymbol{s}^{*-}=\boldsymbol{s}^{*+}=0$ 时，称决策单元 j_0 为 DEA 有效。此时，该决策单元既是规模有效，又是技术有效的。说明在这 n 个决策单元组成的经济系统中，决策单元 j_0 的生产要素已经达到最佳组合，并取得最佳的产出效果。

规模有效的决策单元 $(x_0, f(x_0))$ 是指，投入规模小于 x_0 时为规模效益递增状态，投入规模大于 x_0 时为规模效益递减状态。技术有效的生产过程是指，任何再减少投入 x

并保持产出 $f(x)$ 不变的企图都是无法实现的。

当 $\theta^*=1$ 且 $s^{*-}\neq 0$ 或 $s^{*+}\neq 0$ 时,称决策单元 j_0 为弱 DEA 有效。此时,该决策单元或不为规模有效,或不为技术有效。对于决策单元 j_0 而言,投入 x_0 可以减少 s^{*-} 而保持原产出 y_0 不变,或者在投入 x_0 不变的情况下可以将产出 y_0 提高 s^{*+}。

当 $\theta^*<1$ 时,称决策单元 j_0 为非 DEA 有效。说明该决策单元规模无效且技术无效。在这 n 个决策单元组成的经济系统中,j_0 可以通过组合将投入降至原来投入 x_0 的 θ 倍而能够保持原产出 y_0 不变。

(2) 规模收益分析。

令 $\beta=\sum\lambda_j$,称 β 为决策单元 j_0 的规模收益值。

当 $\beta=1$ 时,表示决策单元 j_0 的规模收益不变,此时 j_0 达到最大产出规模点。

当 $\beta<1$ 时,表示决策单元 j_0 的规模收益递增,且 β 值越小,规模收益递增的趋势越大,表明 j_0 在原投入 x_0 基础上适当地增加投入量,产出量将有更高比例的增加。

当 $\beta>1$ 时,表示决策单元 j_0 的规模收益递减,且 β 值越大,规模收益递减的趋势越大,表明 j_0 在原投入 x_0 的基础上,已没有必要再增加投入。

(3) DMU 在相对有效平面上的投影分析。当决策单元 j_0 为 DEA 有效时,对应的规划 (P_{C^2R}) 有最优解 $\boldsymbol{\omega}^*$,$\boldsymbol{\mu}^*$,且 $\boldsymbol{\omega}^*\geq 0$,$\boldsymbol{\mu}^*\geq 0$,$h_{j_0}^*=\boldsymbol{\mu}^{*T}\boldsymbol{y}_0=1$,而 $\boldsymbol{\omega}^{*T}\boldsymbol{x}_0=1$,则 $\boldsymbol{\omega}^{*T}\boldsymbol{x}_0-\boldsymbol{\mu}^{*T}\boldsymbol{y}_0=0$,即点 $(\boldsymbol{x}_0,\boldsymbol{y}_0)$ 位于平面 $\boldsymbol{\omega}^{*T}\boldsymbol{x}-\boldsymbol{\mu}^{*T}\boldsymbol{y}=0$ 上,这个平面上其他点所代表的决策单元也是 DEA 有效的,则这平面称为相对有效平面或有效生产前沿面。

当决策单元 j_0 为非 DEA 有效时,则必定存在投入冗余和产出不足两种情况。变量 s^{*-} 中各非零分量即为投入 x_0 对应的投入冗余量,变量 s^{*+} 中各非零分量即为产出 y_0 对应的产出不足量。投入和产出部分的调整可按照如下公式进行,$\boldsymbol{x}_0'=\boldsymbol{\theta}^*\boldsymbol{x}_0-\boldsymbol{s}^{*-}$,$\boldsymbol{y}_0'=\boldsymbol{y}_0+\boldsymbol{s}^{*+}$。其中,$\boldsymbol{x}_0'$、$\boldsymbol{y}_0'$ 分别表示决策单元 j_0 调整后的投入量和产出量,可以看作为 j_0 对应的 $(\boldsymbol{x}_0,\boldsymbol{y}_0)$ 在 DEA 相对有效平面上的"投影"。

这时,可以在不减少输出的前提下,使原来的输入有所减少,或者在不增加输入的前提下,使输出有所增加,即通过调整非 DEA 有效的决策单元的投入和产出指标的数值,使决策单元 j_0 由非 DEA 有效转化为 DEA 有效,所以,非 DEA 有效的决策单元在生产前沿面上的投影是 DEA 有效的。

(4) 投入冗余率和产出不足率分析。对于非 DEA 有效的决策单元,可以进一步分析其投入冗余率和产出不足率,为管理者提供更加丰富的决策参考信息。

投入冗余率是指决策单元 j_0 中 s^{*-} 中各非零分量与 x_0 对应分量的比值,其经济学含义是各种资源的投入量可以节省的比例。产出不足率是指决策单元 j_0 中 s^{*+} 中各非零分量与 y_0 对应分量的比值,其经济学含义是各项产出指标可以提高的比例。

比较同一个评价对象的不同时段的投入冗余率或产出不足率,可以动态地反映该对象的资源配置、人员安排及资金投入等方面的情况。在同一类型评价对象的横向比较中,可以通过比较投入冗余率和产出不足率来挖掘自身的优势,改善投入决策中的不足,最终提供更好的投入方案,使资源得到合理的利用,并在有限资源的基础上得到最大的产出效果。

7.4 物流系统规划设计评价案例

7.4.1 因子分析方法在 TPL 企业评价中的应用

1. 案例背景

第三方物流(third-party logistics,TPL)是指由物品的供应方和需求方之外的第三方去完成的物流运作方式。由于科学技术不断进步、社会分工日趋细化等原因,TPL 的重要性越来越突出。TPL 服务的使用比例,在美国和欧洲均高达 60% 以上。但是,由于我国的 TPL 产业发展历史短,其运作绩效水平较低,远不能满足市场需要,主要表现在:TPL 企业的作业能力不能令人满意;TPL 企业的物流设备总量过剩,结构失调;物流设施利用率低,企业经营水平较低;物流信息化程度低而难以满足客户需要等方面。

随着社会分工的细化和企业向核心能力的发展,不涉及生产制造的各方面物的流动都有可能被纳入 TPL 的经营范围。由于 TPL 企业运作的各种不足,因此从广义的 TPL 角度来研究第三方物流运作效率具有重要的理论研究价值和实际应用意义,这也能体现 TPL 的价值。通过改进 TPL 运作绩效,使 TPL 提供商可以实现以下几个方面的目标。

(1) 实现资源的优化配置,将有限的人力、物力和财力集中于核心业务,发展核心能力,提高企业竞争力。有利于促进社会分工,带动企业专业化的发展。

(2) 通过提高各环节的能力利用率实现费用节省,使企业能从分离费用结构中获益,即通过降低物流成本来取得利润,同时也节约社会成本。

(3) 通过精心策划物流计划和适时运送手段,替生产企业管理库存或者联合管理库存,最大限度地减少企业库存,改善企业的现金流量,实现成本优势。

(4) 通过设计、制定出以顾客为导向、低成本高效率的物流方案,并通过广布的运送网络,缩短交货周期,帮助客户改进服务,树立自己的品牌形象。

2. 评价指标的选取与定性分析

按照评价指标选取的原则,以及参考评价第三方物流企业的一般指标,适当选取比较具有代表性的指标,包括运力资源利用率、固定资产周转率、订单完成率、配送资源利用率等 20 个,令选取的指标变量为 X_i。

X_1——运力资源利用率(%) X_2——固定资产周转率(%)
X_3——物流运营总体效率(%) X_4——研究开发费用率(%)
X_5——总资产周转率(%) X_6——仓容利用率(%)
X_7——运输设备时间利用率(%) X_8——仓库面积利用率(%)
X_9——配送资源利用率(%) X_{10}——及时交货率(%)
X_{11}——准确交货率(%) X_{12}——订单完成率(%)
X_{13}——误差处理及时率(%) X_{14}——投诉率(%)
X_{15}——劳动生产率(%) X_{16}——客户满意率(%)
X_{17}——客户保持率(%) X_{18}——物流设施投资增长率(%)
X_{19}——平均客户利润率(%) X_{20}——市场占有率(%)

(1) 运力资源利用率 $= \dfrac{\text{企业本期实际的完成业务量}}{\text{机器设备所能提供的业务量}} \times 100\%$,运力资源是指一个企业的机器设备等资源,运力资源利用率就是指企业的设备资源的利用效率。

(2) 研究开发费用率 $= \dfrac{\text{本期研究开发费用}}{\text{本期营业收入总额}} \times 100\%$,如今客户越来越重视第三方物流是否具有创新的能力,物流企业希望花费尽可能低的成本研发出新的技术。所以,该指标能从一定程度上反映出一个企业的投入产出效率。

(3) 固定资产周转率 $= \dfrac{\text{销售收入净额}}{\text{固定资产平均总额}} \times 100\%$,该指标不仅体现企业固定资产的运营效率,而且在一定程度上反映企业的生产柔性。从这个意义上说,该指标值并不是越大越好,而是要适中,就是要有一定的弹性。

(4) 物流运营总体效率 $= \dfrac{\text{营业收入总额}}{\text{物流成本}} \times 100\%$,这是一个经营业务指标,从财务的角度反映一个企业的运行状况。

(5) 总资产周转率 $= \dfrac{\text{营业收入净额}}{\text{平均资产总额}} \times 100\%$,总资产周转率是指一定时期内主营业务收入净额同平均资产总额的比值,是考察资产运营效率的一项重要指标,反映全部资产的管理质量和利用效率。

(6) 仓容利用率 $= \dfrac{\text{年储存物品实际容积}}{\text{年可储存物品容积}} \times 100\%$,仓容利用率是物流系统中库存管理方面的评价指标,它是库存商品实际储存量与仓库的储存量之比。该指标可以反映企业利用设备资源的效率。

(7) 运输设备时间利用率 $= \dfrac{\text{一定时期内运输设备实际利用时间}}{\text{一定时期内运输设备额定利用时间}} \times 100\%$,该指标与一般的设备资源利用率类似,但是它更偏向从时间指标的角度反映企业利用设备资源的效率。

(8) 仓库面积利用率 $= \dfrac{\text{年储存物品实际面积}}{\text{年可储存物品面积}} \times 100\%$,与仓库容积利用率类似,也是从存储物的堆积反映出对资源的利用率,是评价库存管理的指标。

(9) 配送资源利用率 $= \dfrac{\text{报告期平均配送量}}{\text{报告期可供货物配送的能力}} \times 100\%$,配送是物流中非常关键的一个方面,配送资源的利用充分、得当与否直接影响了一个物流企业的效率。

(10) 及时交货率 $= \dfrac{\text{一定时期内按时交货次数}}{\text{一定时期内总交货次数}} \times 100\%$,所谓"及时",就是指速度,即规定的物流速度。及时指根据生产和生活需要为满足顾客要求按时完成或提前完成,如不能按顾客规定的时间完成就是不及时。对于客户来说,及时交货能够直接判断一个物流企业的水平。

(11) 准确交货率 $= \dfrac{\text{一定时期内准确交货次数}}{\text{一定时期内总交货次数}} \times 100\%$,物流企业交付的商品是否与客户指定的商品一致也是衡量物流质量的重要指标,同时准确交货率也是衡量业务流程内部绩效的一个重要指标。

(12) 订单完成率 = $\frac{完成订单数}{总订单数} \times 100\%$,订单完成率是从数量上反映订单完成的情况,同时能够直接反映企业质量及业务水平。

(13) 误差处理及时率 = $\frac{误差及时解决次数}{误差情况发生次数} \times 100\%$,顾客对不合格的产品、不满意的服务会发出抱怨,并希望第三方物流企业能在尽可能短的时间内解决提出的问题。

(14) 投诉率 = $\frac{被投诉次数}{总承运次数} \times 100\%$,指某运营商的服务由于种种原因被客户投诉,比如装货时不服从仓库指挥,到客户处卸货状态不好或货物受损等。

(15) 接单率 = $\frac{安排发运的订单数}{总订单数} \times 100\%$,指本期下给某运营商的订单中可以安排发运的比例。一个企业的接单率高低,反映了其业务运营状况。

(16) 客户满意率 = $\frac{物流企业总服务次数-客户抱怨数}{物流企业总服务次数} \times 100\%$,客户满意度指客户对物流企业所提供的物流服务的满意程度,客户满意率指标能从整体上去衡量客户的满意程度。

(17) 客户保持率 = $\frac{企业当期业务量-企业上期业务量}{企业上期业务量} \times 100\%$,客户保持率反映物流企业的市场保持状况,它是指一定时期内,保留或维持和老客户的业务关系的比例。一般而言,客户保持率越高越好。物流企业的绩效如何与客户满意水平有着直接的关系,而客户满意水平越高,客户保持率越高,企业的绩效就越好。

(18) 市场占有率 = $\frac{本期物流企业营业额}{本期物流市场总营业额} \times 100\%$,即一定时段内某第三方物流企业提供的某服务的销售额占行业内同类服务的百分比。它能够反映第三方物流企业在市场上的影响程度。市场占有率高,说明企业在市场处势较优,适应市场能力强;市场占有率低,则较弱。

(19) 物流设施投资增长率 = $\frac{期末物流设施原值-期初物流设施原值}{期初物流设施原值}$,即本期用于物流设施的投资额占期初物流设施原值的比例,它综合反映了企业物流设施规模的扩张程度。

(20) 平均客户利润率 = $\sum_{i=1}^{n}$某一客户利润率$/n$,客户利润率是指企业从客户处获得利润的水平,某一客户利润率 = $\frac{该客户利润额}{企业总利润额} \times 100\%$。商家之所以如此看重客户的满意度、客户的保留和获取,是因为客户是实现利润的关键,即该指标可以反映企业经营利润。

3. 数据来源及预处理

通过公开的信息以及收集到的12家第三方物流企业所公布的年度财务数据,再通过物流企业提供的竞标文件获得其他各项数据,归纳整理得到12个样本的原始指标值。

在综合评价指标体系中,存在三种性质的指标。一是正指标,即指标值越大,表示的实际成果越大;二是逆指标,即指标值越大,所表示的实际成果越低;三是适度指标,即指标值在某一区间表示最优水平。对这些进行无量纲化处理,目的是处理后的指标都具有正指标的性质。具体处理公式如下。

逆指标
$$x'_i = 1 - x_i \tag{7.9}$$

适度指标
$$x'_i = \frac{1}{|x_i - \bar{x}_i|} \tag{7.10}$$

式(7.9)是对逆指标的处理公式,式(7.10)是对适度指标的处理公式,正指标不需要处理。在对原始数据进行同向化处理之后,对同向化后的原始数据进行标准化处理,得到标准化后的数据样本。标准化后的数据服从(0,1)标准正态分布。

在标准化数据的基础上,利用 SPSS 统计分析软件导入数据,并求出 12 个样本单位指标之间的相关系数。其中 12 个样本单位指标之间存在一定的相关关系,说明指标之间的信息量存在一定的重叠。因此,有必要对样本单位指标进行因子分析,寻找互不相关的主因子。

4. 统计分析

对 SPSS 软件进行设置和运行之后,产生一些图表,通过这些图表中的数据,我们可以进一步进行分析。

(1) 统计描述(公因子方差分析)。表 7.1 为公因子方差表。提取公因子之前,各原始变量的公因子方差均为 1,n 个变量的公因子方差总和为 n。提取公因子之后,各变量的未旋转的公因子方差有差异,其数值越大,对应变量与潜在共性因子的相关性越强。比如及时交货率、准确交货率等都达到 0.9 以上,说明它们与隐性因子的相关性较强,而平均客户利润率只有 0.278,显然是相对最不相关的因子。

表 7.1 公因子方差表

因 子	原始公因子方差	未旋转公因子方差
运力资源利用率	1.000	0.734
固定资产周转率	1.000	0.493
物流运营总体效率	1.000	0.889
研究开发费用率	1.000	0.693
总资产周转率	1.000	0.614
仓容利用率	1.000	0.754
运输设备时间利用率	1.000	0.794
仓库面积利用率	1.000	0.742
配送资源利用率	1.000	0.423
及时交货率	1.000	0.901
准确交货率	1.000	0.925
订单完成率	1.000	0.945
误差处理及时率	1.000	0.726
投诉率	1.000	0.847
接单率	1.000	0.620
客户满意率	1.000	0.809
客户保持率	1.000	0.817
物流设施投资增长率	1.000	0.784
平均客户利润率	1.000	0.278
市场占有率	1.000	0.764

(2) 方差分解（因子提取分析）。表 7.2 是相关矩阵的特征值与其贡献率及累计贡献率。公共因子的贡献率反映原指标的信息量，累计贡献率表示相应几个公共因子累计反映原指标的信息量。从表 7.2 列出的所有主成分可以看出，它们按照特征根从大到小的次序排列。第一个主成分的特征根为 5.216，它解释了总变异的 26.079%；第二个主成分特征根为 4.036，解释了总变异的 20.180%；第三个主成分的特征根为 2.930，解释了总变异的 14.650%；第四个主成分的特征根为 2.368，解释了总变异的 11.842%；它们的累计贡献率达到 72.750%。

表 7.2 方差分解表

主成分	原始特征值			因子载荷平方和			旋转因子载荷平方和		
	总和	方差百分比	累计百分比	总和	方差百分比	累计百分比	总和	方差百分比	累计百分比
1	5.216	26.079	26.079	5.216	26.079	26.079	4.491	22.456	22.456
2	4.036	20.180	46.259	4.036	20.180	46.259	3.856	19.278	41.734
3	2.930	14.650	60.909	2.930	14.650	60.909	3.159	15.797	57.531
4	2.368	11.842	72.750	2.368	11.842	72.750	3.044	15.219	72.750
5	1.790	8.952	81.702						
6	1.492	7.461	89.163						
7	0.943	4.715	93.878						
8	0.561	2.807	96.685						
9	0.372	1.858	98.542						
10	0.213	1.066	99.609						
11	0.078	0.391	100.000						
12	0.000	0.000	100.000						
13	0.000	0.000	100.000						
14	0.000	0.000	100.000						
15	0.000	0.000	100.000						
16	0.000	0.000	100.000						
17	0.000	0.000	100.000						
18	0.000	0.000	100.000						
19	0.000	0.000	100.000						
20	0.000	0.000	100.000						

一般而言，提取主成分的累计贡献率达到 80% 或 85% 以上才算比较满意，可以以此决定需要提取多少个主成分。为了确定提取几个主因子，我们需要结合碎石图来做进一步的判断。

图 7.2 为碎石图，横轴为因子序号，纵轴表示特征根的大小。它将因子按特征根从大到小依次排列，从中可以直观地了解哪些是主因子。可见从第四个主成分开始特征根非常低，在图中第 5 点有一个拐点，该图从另一个侧面说明了只需要提供 4 个主成分即可。

(3) 成分矩阵（旋转结果分析）。表 7.3 为旋转前因子载荷矩阵，是各个原始变量的因子表达式的系数，表达提取的共性因子对原始变量的影响程度。各原始变量在提取的

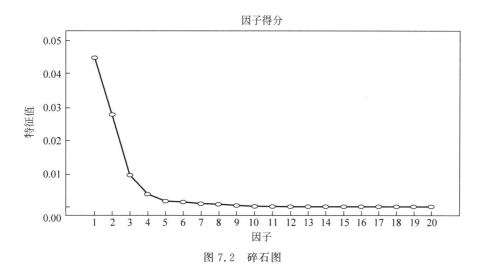

图 7.2　碎石图

公共因子下得分越高,即其绝对值越接近 1,表示它们与该公共因子的关系越密切,可以根据其得分的高低将其归为 4 类因子,见表 7.3。

表 7.3　旋转前的因子载荷矩阵

因子	1	2	3	4
物流设施投资增长率	−0.803	0.265	−0.146	0.219
仓库面积利用率	0.770	−0.257	−0.287	−0.021
客户保持率	0.705	0.295	−0.298	−0.380
仓容利用率	0.682	−0.390	0.370	−0.018
运输设备时间利用率	−0.668	0.549	0.155	0.150
总资产周转率	0.578	−0.459	−0.202	0.169
运力资源利用率	0.478	−0.415	0.348	−0.460
固定资产周转率	0.431	0.245	−0.313	0.386
订单完成率	0.555	0.790	0.038	−0.110
误差处理及时率	0.222	0.749	0.211	−0.267
准确交货率	0.514	0.654	0.477	−0.069
及时交货率	0.302	0.621	0.487	−0.433
接单率	0.320	0.570	−0.425	0.110
平均客户利润率	0.186	−0.355	−0.314	−0.136
投诉率	−0.353	0.066	0.766	0.362
客户满意率	0.140	−0.452	0.743	0.181
配送资源利用率	0.348	−0.372	0.405	−0.002
物流运营总体效率	0.634	−0.024	0.134	0.685
研究开发费用率	0.265	0.260	0.317	0.674
市场占有率	0.486	0.229	−0.325	0.608

以物流设施投资增长率为例,它在第一个主因子的得分为 −0.803,在第二个主因子的得分为 0.265,第三个主因子的得分为 −0.146,第四个主因子的得分为 0.219。显然,

物流设施投资增长率在第一主因子处得分的绝对值最高,所以可以将其归入第一类主因子。其他因子也可同样分析。由于未旋转前的因子矩阵仅仅列出了得分,并未由高到低排序,为了方便对因子命名,可以将矩阵进行旋转,自动排序,这样更容易看出得分高低,从而方便命名,见表7.4。

表 7.4 旋转后的因子载荷矩阵

因子	1	2	3	4
仓容利用率	0.845	0.080	0.142	0.113
运输设备时间利用率	−0.777	0.192	−0.112	0.375
仓库面积利用率	0.619	−0.016	0.362	−0.477
配送资源利用率	0.599	−0.021	−0.011	0.252
及时交货率	0.108	0.922	−0.171	0.100
投诉率	−0.110	0.910	−0.036	0.071
准确交货率	0.173	0.897	0.237	0.182
订单完成率	−0.011	0.876	0.355	−0.226
误差处理及时率	−0.145	0.838	0.016	−0.043
物流运营总体效率	0.395	0.025	0.828	0.217
运力资源利用率	−0.316	0.130	0.785	−0.033
研究开发费用率	0.026	0.183	0.665	0.466
固定资产周转率	0.002	0.106	0.651	−0.241
总资产周转率	0.357	−0.281	0.586	−0.252
接单率	−0.250	0.377	0.473	−0.438
市场占有率	0.007	0.033	−0.171	0.856
物流设施投资增长率	0.207	−0.213	−0.118	−0.826
客户满意率	0.570	−0.103	−0.058	0.686
客户保持率	0.319	0.515	0.170	−0.649
平均客户利润率	0.260	−0.277	−0.031	−0.364

表7.4显示因子载荷两极分化后的结果,这时各成分变量的趋向性更集中,它是分析和概括共性因子意义及命名因子的依据。这里的输出表格已经进行过排序,所以从表中也可以把相关因素分离出4种因子。根据各因子相对主成分因子的得分系数的高低,我们可以对这20个指标进行归类,归纳成4类主因子。

第一主成分 F_1:主要包含的指标有 X_6(仓容利用率),X_7(运输设备时间利用率),X_8(仓库面积利用率),X_9(配送资源利用率)。这些指标都有一个共同特性,它们都是反映企业利用设备资源的效率,所以将其命名为设备利用效率因子。

第二主成分 F_2:主要包含的指标有 X_{10}(及时交货率),X_{11}(准确交货率),X_{12}(订单完成率),X_{13}(误差处理及时率),X_{14}(投诉率)。很显然,及时交货、准确交货、误差处理等指标都能够反映企业的服务质量和服务效率,所以将其命名为质量保证效率因子。

第三主成分 F_3:主要包含的指标有 X_1(运力资源利用率),X_2(固定资产周转率),X_3(物流运营总体效率),X_4(研究开发费用率),X_5(总资产周转率),X_{15}(接单率)。这些指标包括企业在创新力上的投入和产出,总体反映企业的经营状况,所以将其命名为投入产出效率因子。

第四主成分 F_4：主要包含的指标有 X_{16}（客户满意率），X_{17}（客户保持率），X_{18}（物流设施投资增长率），X_{19}（平均客户利润率），X_{20}（市场占有率）。这些指标大都与客户有直接关系，反映企业在市场中的影响度和竞争能力，所以将其命名为企业竞争效率因子。

整理成表格形式如表 7.5 所示。

表 7.5 因子命名表

因子	指标	因子命名
因子 1	X_6：仓容利用率 X_7：运输设备时间利用率 X_8：仓库面积利用率 X_9：配送资源利用率	设备利用效率因子
因子 2	X_{10}：及时交货率 X_{11}：准确交货率 X_{12}：订单完成率 X_{13}：误差处理及时率 X_{14}：投诉率	质量保证效率因子
因子 3	X_1：运力资源利用率 X_2：固定资产周转率 X_3：物流运营总体效率 X_4：研究开发费用率 X_5：总资产周转率 X_{15}：接单率	投入产出效率因子
因子 4	X_{16}：客户满意率 X_{17}：客户保持率 X_{18}：物流设施投资增长率 X_{19}：平均客户利润率 X_{20}：市场占有率	企业竞争效率因子

（4）因子得分分析。因子得分能够反映各项指标变量与四个主因子之间的关系，在某一主因子上得分越高，表明该指标与该主因子之间关系越密切，见表 7.6。

表 7.6 因子得分矩阵

因子	1	2	3	4
运力资源利用率	−0.164	0.062	0.200	−0.007
固定资产周转率	0.039	0.016	0.211	−0.048
物流运营总体效率	0.054	0.043	0.282	0.127
研究开发费用率	0.016	0.010	0.246	0.196
总资产周转率	0.101	−0.098	0.110	−0.056
接单率	−0.092	0.066	0.133	−0.128
仓容利用率	0.193	0.019	0.006	0.068
运输设备时间利用率	−0.165	0.057	−0.008	0.105

续表

因　子	1	2	3	4
仓库面积利用率	0.114	−0.028	0.072	−0.129
配送资源利用率	0.147	−0.001	−0.021	0.100
及时交货率	0.043	0.264	−0.122	0.036
准确交货率	0.039	0.232	0.025	0.086
订单完成率	−0.021	0.214	0.056	−0.052
误差处理及时率	−0.030	0.226	0.044	−0.011
投诉率	−0.001	0.307	−0.036	0.029
客户满意率	0.153	−0.014	−0.008	0.245
客户保持率	0.053	0.126	0.024	−0.201
物流设施投资增长率	0.043	−0.054	−0.027	−0.183
平均客户利润率	0.052	−0.075	−0.025	−0.122
市场占有率	0.048	0.049	−0.013	0.292

主因子 F_1、F_2、F_3、F_4 分别从投入产出效率、设备利用效率、质量保证效率、企业竞争效率 4 个主要方面来评价第三方物流企业。根据表 7.6，我们可以得到旋转后四个主因子 F 的主成分线性组合。

$$F_1 = -0.164X_1 + 0.039X_2 + 0.054X_3 + 0.016X_4 + 0.101X_5 + 0.193X_6 - 0.165X_7 + 0.114X_8 + 0.147X_9 + 0.043X_{10} + 0.039X_{11} - 0.021X_{12} - 0.030X_{13} - 0.001X_{14} - 0.092X_{15} + 0.153X_{16} + 0.053X_{17} + 0.043X_{18} + 0.052X_{19} + 0.048X_{20}$$

$$F_2 = 0.062X_1 + 0.016X_2 + 0.043X_3 + 0.010X_4 - 0.098X_5 + 0.019X_6 + 0.057X_7 - 0.028X_8 - 0.001X_9 + 0.264X_{10} + 0.232X_{11} + 0.214X_{12} + 0.226X_{13} + 0.307X_{14} + 0.066X_{15} - 0.014X_{16} + 0.126X_{17} - 0.054X_{18} - 0.075X_{19} + 0.049X_{20}$$

$$F_3 = 0.200X_1 + 0.211X_2 + 0.282X_3 + 0.246X_4 + 0.110X_5 + 0.006X_6 - 0.008X_7 + 0.072X_8 - 0.021X_9 - 0.122X_{10} + 0.025X_{11} + 0.056X_{12} + 0.044X_{13} - 0.036X_{14} + 0.133X_{15} - 0.008X_{16} + 0.024X_{17} - 0.027X_{18} - 0.025X_{19} - 0.013X_{20}$$

$$F_4 = -0.007X_1 - 0.048X_2 + 0.127X_3 + 0.196X_4 - 0.056X_5 + 0.068X_6 + 0.105X_7 - 0.129X_8 + 0.100X_9 + 0.036X_{10} + 0.086X_{11} - 0.052X_{12} - 0.011X_{13} + 0.029X_{14} - 0.128X_{15} + 0.245X_{16} - 0.201X_{17} - 0.183X_{18} - 0.122X_{19} + 0.292X_{20}$$

根据表 7.6 得综合评价函数模型：

$$F = (26.079F_1 + 20.180F_2 + 14.560F_3 + 11.842F_4)/72.75 \tag{7.11}$$

式(7.11)中，F_1、F_2、F_3、F_4 可在因子得分分析中得到，将 12 个企业的 20 个因素的数据代入，就可以计算出每个企业的综合得分，然后再对各企业的综合得分水平进行排序和比较，见表 7.7。

从表 7.7 中可以看出各个企业的综合得分的高低，从而对它们进行评价。其中，因为在进行主成分分析时对数据作了标准化处理，使得某些企业的得分为负数，这表示该企业的综合水平在全体被考察企业的平均水平之下，同理，若得分为正，则意味着该企业的综合水平在第三方物流企业平均水平之上,发展情况较好。

表 7.7 各企业综合得分及排名表

第三方物流企业	得分	名次	第三方物流企业	得分	名次
A_1	−0.464 4	9	A_7	0.592 5	3
A_2	−0.565 8	10	A_8	0.635 3	1
A_3	−0.364 2	8	A_9	0.254 6	5
A_4	−0.599 1	11	A_{10}	0.492 7	4
A_5	0.594 4	2	A_{11}	0.025 4	7
A_6	−0.729 4	12	A_{12}	0.128 0	6

从计算结果可以看出,综合能力明显高于平均水平的企业有 6 家,有 1 家企业的综合能力在平均水平附近,5 家企业的综合能力低于平均水平。综合能力比较强的企业有 A_8、A_5 等,比较差的有 A_4、A_6 等。

分别以因子 1、因子 2、因子 3、因子 4 作为横纵坐标,作关于各样本的因子散点图,如图 7.3(a)、图 7.3(b)、图 7.3(c)所示,可以更直观地观察各个企业在每个主因子方面的优劣势,方便进行更具体的比较。

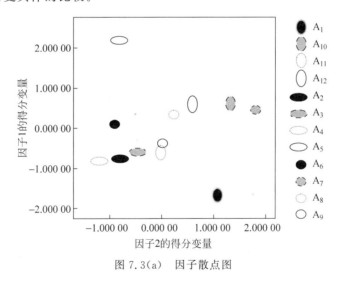

图 7.3(a) 因子散点图

从图 7.3(a)中看出,A_5 在第一因子即设备利用效率这方面是得分最高的,接着是 A_{10},A_7 和 A_{12} 仅次之;A_7 和 A_{12} 在第二因子即质量保证效率方面是最出色的。A_6 在设备利用效率方面相对薄弱,而在质量保证效率方面比较有优势;A_8 在设备利用效率和质量保证效率两方面都处于中间位置,两方面的水平较平均。

从图 7.3(b)中看出,大多数企业都集中在设备利用效率和投入产出效率的平均水平,A_{11}、A_3、A_9 在第三因子即投入产出效率方面较有优势,A_8 仍然在第一和第三因子,即设备利用效率、投入产出效率两方面的发展都比较平均,处于中间位置。

从图 7.3(c)中看出,大多数企业都在企业竞争效率方面做得较好,得分高的有 A_4、

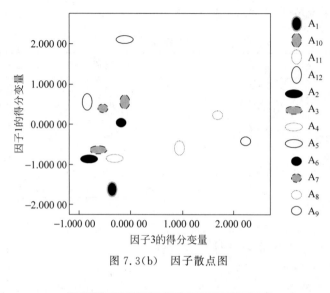

图 7.3(b) 因子散点图

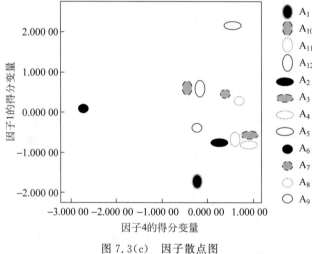

图 7.3(c) 因子散点图

A_8 和 A_3,而既在设备利用效率方面有优势,又在企业竞争效率方面做得较好的企业有 A_5、A_{10}、A_7、A_{12} 等。

综合来看,综合得分高的企业未必在各个方面得分都最高,但是,综合能力最强的企业往往在各个方面的得分都较为平均,比如 A_8,它在设备利用效率、质量保证效率、投入产出效率、企业竞争效率方面的得分都不是最高,但都在平均水平之上,所以它综合得分是最高的。而综合得分最差的企业 A_6,虽然在设备利用效率方面得分较高,但在其他几个方面都不够好。也就是说,一个物流企业的综合能力的提高,应当完善各个方面的能力,而不能仅仅抓住某一方面,却忽略其他几个重要的方面。

5. 模型的评价

该评价模型在使用过程中具有很多优势,但还存在某些不足。

(1) 由于影响第三方物流的指标很多,并且变量单位各不相同,该模型通过对原始变量的标准化处理和数学变换,消除指标间的相关影响,以及由于标准分布不同,数据本身差异造成的不可比性,保证评价的质量。

(2) 模型从多个指标中选出四个主因子,将较多的信息量转为少而相对准确的信息量,方便了对第三方物流评价选择的过程,使问题简单化。对评价物流企业来说,这是一个比较科学而简单的办法。模型的评价结果比较客观,符合当今第三方物流企业的发展状况。

(3) 从模型所得的积累贡献率仅仅达到 72% 左右,对于整体信息的掌握度约在八成左右,还不能达到非常满意的结果,目前我们所提取的四个主因子仅仅能够概括 20 个因子,还不够全面和准确。

(4) 就提取的主因子来看,是比较符合第三方物流发展状况的,大多数客户都比较重视设备利用,且服务质量也是越来越受重视的因素之一,此外投入产出、企业竞争是不容忽视的关键因素。但是,几个主因子之间还存在一定的相关性,比如质量保证效率和企业竞争效率之间存在很大的相关度,这是这个模型的不足之处。

7.4.2 数据包络在 TPL 运作效率评价中的应用

物流系统具有多个属性指标,对第三方物流系统及其运作效率进行综合评价,往往需要事先设定这些属性及其权重。为了减少人为因素的主观影响,提高评价的客观性,在构建第三方物流企业运作效率评价指标体系的基础上,运用 DEA 方法建立评价模型,计算两两实体构成的输入输出系统的有效系数,并验证评价方法的可行性和一致性。其主要研究内容,有以下几个部分。

1. 第三方物流企业评价指标体系的确立

建立第三方物流企业综合评价指标体系是评价工作的第一步,是一项基础性工作,尤其在运用 DEA 评价方法时,更是一个关键步骤,指标的选取对于最终的评价结果有着很大的影响。以往,在评价物流系统或者其他系统过程中,评价指标的选取往往带有很强的随意性与主观性,而运用不准确的指标体系来评价系统必然导致评价结果偏离实际。因此,必须设定建立指标体系的一般原则,从而为指标的选取提供指导。

(1) 确立评价指标应当遵循的基本原则。根据评价第三方物流企业的现状及以往评价的不足,在建立评价指标体系时,首先确立应当遵循的基本原则。

① 整体性原则:以往针对一般企业的评价,往往以财务数据为评价依据,随着企业规模、效益及知名度的提升,这种评价已经不能适应第三方物流企业发展的需求。第三方物流企业综合评价体系的设立,不只局限于对局部成本的考察和控制,还应从整体上对物流管理的效率进行评价。

② 重要性和均衡性原则:对于评价体系内各指标的选取,往往根据各指标对实现评价目标的重要程度和自身的重要性来确定,同时还需保证各指标在评价指标体系中的分布均匀性和数量均衡性。

③ 经济性原则:建立评价指标体系,需要考虑到操作的成本收益,常常选择具有较强代表性且能综合反映第三方物流企业整体水平的指标,以期望既能减少工作量、减少误

差，又能降低成本、提高效率。

④ 层次性原则：体系中的指标要能分出评价层次，在每一层次的指标选取中能突出重点，需要对关键的绩效指标进行重点分析。

⑤ 可比性原则：为保证评价指标的广泛适用性，一是要求所选取的指标尽量能够反映评价对象的一般性或共同性特征，对评价范围内的每一个评价对象都适用；二是要求评价指标在形式、时间等方面也具有可比性。

⑥ 定性与定量相结合原则：由于物流企业的综合效率涉及物流风险和客户满意度等企业形象问题，而类似这样的评价要素比较难以进行量化，所以需要使用一些定性、定量的方法对指标进行修正，对某些指标进行量化处理。

⑦ 稳定性与发展性原则：评价指标体系在指标的内涵、指标的数量、体系的构成等方面应保持相对的稳定，但为保证指标体系的适用性和有效性，指标体系可以随着社会、经济、生活的进步和国家的宏观经济政策等客观环境的改变而进行改进。

(2) 评价指标体系的确定。对第三方物流企业进行综合评价，首先，要从总体上把握第三方物流企业经营的现状，寻找制约第三方物流企业系统效率的瓶颈，挖掘提高第三方物流绩效的有效手段。其次，在遵循评价原则的基础上，选择有代表性的第三方物流企业综合评价的特征指标，形成系统化的评价指标体系。若评价指标选得过多过细，容易造成大量有效 DMU 产生，影响 DEA 评价方法的有效性；若评价指标选得过粗过少，则不利于发现系统中问题所在，无法为管理者提供充分的决策信息。因此，第三方物流企业评价的投入指标和产出指标的选取，是 DEA 方法应用中需首先解决的问题之一。

在形成评价指标体系的过程中，需将有代表性的特征指标进行分类。若按照第三方物流的业务目的进行分类，供应物流、生产物流、销售物流中描述生产运营实质的指标是相同的，则失去分级确定评价目标的意义；若按照物流的环节分类，其运输与配送、仓储与库存等环节存在界限不清、对象模糊的问题，则可能造成评价指标选择重复的现象。因此，我们根据研究主题选择确定评价要素，运用层次分析或者因子分析等定量分析方法，从综合效率入手进行评价指标体系的构造，具体指标分解结果如表 7.8 所示，其中各个指标的含义和作用在 7.4.1 节中已有说明。

表 7.8 第三方物流企业运作效率评价指标体系表

投入产出效率	设备利用效率	质量保证效率	企业竞争效率
运力资源利用率	容积空载率（仓库或车船）	投诉率	客户满意率
物流运营总体效率	运输设备实载率	及时交货率	客户保持率
总资产周转率	运输设备时间利用率	准时到达率	市场占有率
固定资产周转率	仓库面积利用率	准确交货率	平均客户利润率
研究开发费用率	配送资源利用率	订单完成率	物流设施投资增长率
		误差处理及时率	
		接单率	

2. 评价模型的建立与分析

基于前面所构建的物流企业综合效率评价指标体系，下面分别进行总体有效性分析、规模收益分析,以达到为各物流企业的健康发展提供指导性意见和建议,从整体上提升企业的市场竞争力和发展潜力的目的。

(1) 数据准备。为进行综合评价,我们调查了上海若干家第三方物流企业,通过各个企业提供的各项数据,选取其中12家具有代表性的第三方物流企业进行评价。因评价模型的需要,经过归一化处理,得到转换后的指标数据。

转换方法。设 X_{ij} 为物流系统中第 j 个评价单元 DMU_j 的第 i 个输入指标,Y_{rj} 为物流系统中第 j 个评价单元 DMU_j 的第 r 个输出指标,则 $X'_{ij}=X_{ij}\Big/\sum_{j=1}^{n}X_{ij}$,$Y'_{rj}=Y_{rj}\Big/\sum_{j=1}^{n}Y_{rj}$,$i=1,2,\cdots,m$,$j=1,2,\cdots,n$,$r=1,2,\cdots,s$。经过归一化处理,使得输入输出的值在 $0\sim1$ 之间,从而具有可比性。

(2) 输入输出指标的确定。按照 DEA 模型的要求,应将每个待评价的第三方物流企业作为一个决策单元,并且按上述四大类别构造输入和输出系统。这里,将越大越好的指标作为输入指标,将越小越好的指标作为输出指标,但在运用 DEA 模型进行效率评估时,希望用尽量少的投入得到尽量多的产出,即输入指标越小越好,输出指标越大越好,因此将所有输入输出指标取倒数。具体构造如下。

第一模块中,输入指标由运力资源利用率、固定资产周转率、物流运营总体效率、总资产周转率构成,研究开发费用率为输出指标。

第二模块中,输入指标由运输设备实载率、运输设备时间利用率、仓库面积利用率、配送资源利用率构成,容积空载率(车船或仓库)为输出指标。

第三模块中,输入指标由及时交货率、准确交货率、订单完成率、误差处理及时率、准时到达率、接单率构成,投诉率为输出指标。

第四模块中,输入指标由客户满意率、客户保持率、市场占有率、平均客户利润率构成,物流设施投资增长率为输出指标。

(3) DEA 模型的建立。假定,被评价的第 j_0 个物流企业是 DMU_{j0},$\boldsymbol{X}_0$ 和 $\boldsymbol{Y}_0$ 分别代表由该企业的输入数据构成的矩阵和输出数据构成的矩阵,$\boldsymbol{v}$ 为输入指标权重矩阵,$\boldsymbol{u}$ 为输出指标权重矩阵,h_{j0} 为 DMU_{j0} 的相对效率,则可以根据公式(7.4)所示的 C^2R 模型 (P),得到相应的效率评价指数,从而建立第三方物流运作效率的评价模型。

公式(7.4)所示的 C^2R 模型 (P) 是一个分式规划问题,可以利用 Charnes-Cooper 变换将其转化为等价的线性规划问题,如公式(7.5)所示的模型 (P_{C^2R})。若线性规划有最优解,即 DMU_{j0} 有最佳权重组合 (v_j^*, u_j^*),则最优值 $h_{j0} = \boldsymbol{\mu}^T \boldsymbol{Y}_0$ 即为 DMU_{j0} 的效率值。由于 h_{j0} 是利用最有利于 DMU_{j0} 的权重计算出来的值,因此称 h_{j0} 为 DMU_{j0} 的自我评价值(self-evaluation),这里记为 E_{jj}。在 DEA 中,如果 h_j 达到最大值1,则称 DMU_j 是有效的,若 $h_j<1$,则称 DMU_j 为非有效的。

在实际问题中,往往有较多的决策单元都能取到最大的效率值1。因此,仅用 h_j 一般不能区分这些决策单元的优劣。此外,模型 (P_{C^2R}) 使每一个 DMU_j 用最有利于自己的权重计算出,这个权重往往对各个输入和输出的分配极为悬殊(例如,对有利于自己的输入指标和输出指标赋权很大,对不利于自己的指标赋权很小,甚至赋予零权重),这种只重视少数有利的输入和输出指标,而不重视(甚至完全忽略)其他指标的现象,使得计算出的

自我评价值 h_j 并不完全能反映出 DMU_j 的优劣。

为解决这个问题,人们引入交叉评价机制。交叉评价(cross-evaluation)的基本思想是用每一个 DMU_j 的最佳权重 (v_j^*, u_j^*) 去计算其他 DMU_k 的效率值,得交叉评价值。

$$E_{jk} = \frac{\boldsymbol{Y}_k^T u_j^*}{\boldsymbol{X}_k^T v_j^*} \tag{7.12}$$

其中,E_{jk} 越大对 DMU_k 越有利,对 DMU_j 越不利。

但是,由于线性规划的最优解 (v_j^*, u_j^*) 不唯一,则由式(7.12)得出的交叉评价值 E_{jk} 具有不确定性。为此,可采用对抗型交叉评价(aggressive cross-evaluation)。这种方法的基本原理是:先求出每一个 DMU_j 的自我评价值 E_{jj},再在保证 DMU_j 得到最大值 E_{jj} 的前提下,使其他的 DMU_k 得到尽可能小的交叉评价值 E_{jk}。即对抗型交叉评价的实质是,每一个 DMU_j 在尽可能抬高自己的前提下,尽可能地贬低其他 DMU_k。建立对抗型交叉评价模型的步骤如下。

第一步:利用公式(7.5)所示的模型(P_{C^2R}),计算 DMU_j 的自我评价值 E_{jj};

第二步:给定 $j \in \{1, 2, \cdots, n\}, k \in \{1, 2, \cdots, n\}$,解线性规划

$$\begin{cases} \min \boldsymbol{Y}_k^T \boldsymbol{u} \\ \text{s.t.} \boldsymbol{Y}_j^T \boldsymbol{u} \leqslant \boldsymbol{X}_j^T \boldsymbol{v}, \boldsymbol{Y}_j^T \boldsymbol{u} = E_{jj} \boldsymbol{X}_j^T \boldsymbol{v}, \boldsymbol{X}_k^T = 1, \boldsymbol{u} \geqslant 0, \boldsymbol{v} \geqslant 0 \end{cases}$$

第三步:利用线性规划的最优解 (v_{jk}^*, u_{jk}^*),求出交叉评价值

$$E_{jk} = \frac{\boldsymbol{Y}_k^T u_{jk}^*}{\boldsymbol{X}_k^T v_{jk}^*}$$

第四步:由交叉评价值构造交叉评价矩阵

$$\boldsymbol{E} = \begin{bmatrix} E_{11} & E_{12} & \cdots & E_{1n} \\ E_{21} & E_{22} & \cdots & E_{2n} \\ \vdots & \vdots & \vdots & \vdots \\ E_{n1} & E_{n2} & \cdots & E_{nn} \end{bmatrix}$$

其中,主对角线元素 E_{jj} 为自我评价值,非主对角线元素 $E_{jk}(k \neq 1)$ 为交叉评价值;E 的第 j 列是各决策单元对 DMU_j 的评价值,这些值越大,说明 DMU_j 越优;E 的第 i 行(对角线元素除外)是 DMU_i 对其他决策单元的评价值,这些值越小对 DMU_i 越有利。

一些将 DEA 作为多属性决策排序工具的文献,将 E 的第 j 列的平均值 $e_j = \frac{1}{n} \sum_{k=1}^{n} E_{kj}$ 作为衡量 DMU_j 优劣的指标,e_j 可视为各决策单元对 DMU_j 的总评价,e_j 越大说明 DMU_j 越优。同样,也可以将第 i 行非对角线元素的平均值 $e_i = \frac{1}{n-1} \sum_{k=1}^{n} E_{ik}$ 作为衡量 DMU_i 优劣的指标,e_i 越小说明 DMU_j 越优。

交叉评价方法的主要思想是利用自评、互评体系,消除或减弱单纯依靠自评体系对决策单元进行评价的弊端,该方法能够充分利用各个决策单元的评价信息,能够对系统中所有决策单元充分排序,从而判断出全系统最优的决策单元,还能够解决权系数过于极端和不现实的问题,但在求解模型时可能会遇到有无穷多组最优权系数的情况。

(4) DEA 交叉评价的 MATLAB 程序。前面的模型涉及大量的线性规划问题,要

得到 n 个决策单元的自我评价值,需要解 n 个线性规划;要得到交叉评价矩阵 E,则须解更多个线性规划,计算量很大。在模型的实际建立过程中,为了减少计算工作量,提高计算精度,可以利用计算机编程技术进行计算。在此,采用 MATLAB 数学软件进行编程,利用数学软件 MATLAB 编写相关的计算程序,可以方便、快速地进行 DEA 交叉评价分析。

MATLAB 所解的线性规划的标准形式是极小化问题。

$$\begin{cases} \min f^* w \\ \text{s.t.} A^* w \leqslant b, Aeq^* w = beq, \text{LB} \leqslant w \leqslant \text{UB} \end{cases}$$

其中,w 是权重向量,f 是目标函数的系数向量,A 是不等式约束的系数矩阵,Aeq 是等式约束的系数矩阵,LB 和 UB 分别是权重变量的下界和上界。

MATLAB 解线性规划的语句为 $w = \text{LINPROG}(f, A, b, Aeq, beq, \text{LB}, \text{UB})$,如果要解极大化问题 $\max f^* w$,只需将其化为极小化问题 $\min(-f)^* w$ 即可。DEA 自我评价、交叉评价的 MATLAB 程序如下。

```
clear
X = [];                                          % 键入输入矩阵 X
Y = [];                                          % 键入输出矩阵 Y
n = size(X',1); m = size(X,1); s = size(Y,1);    % 第一轮线性规划,进行自我评价
A = [-X' Y']; b = zeros(n,1);
LB = zeros(m+s,1); UB = [];
for i = 1: n
    Aeq = [X(:,i)' zeros(1,s)]; beq = 1;
    f = [zeros(1,m) -Y(:,i)'];
    w(:,i) = LINPROG(f,A,b,Aeq,beq,LB,UB);       % 解线性规划,得最佳权重向量 w_j
    E_jj = Y(:,i)'*w(m+1: m+s,i);                % 得自我评价值 E_jj
    for k = 1: n;                                % 第二轮线性规划,进行交叉评价
        f = [zeros(1,m) Y(:,k)'];
        Aeq = [X(:,k)' zeros(1,s) E_jj*X(:,i)'-Y(:,i)']
        beq = [1 0];
        v = LINPROG(f,A,b,Aeq,beq,LB,UB);
        E(i,k) = (Y(:,k)'*v(m+1: m+s))/(X(:,k)'*v(1: m));
    end
end
E                                                % 输出交叉评价矩阵 E
Mean(E)                                          % 计算 E 的各列平均值 e_j
[Y I] = sort(mean(E));                           % 按 e_j 大小,对决策单元从小到大排列
fliplr(I)                                        % 按 e_j 大小,对决策单元从大到小排列
```

3. 模型的运算及结果分析

如前所述,我们对上海多家第三方物流企业进行分析,选择出具有代表性的 12 家第三方物流企业,分别从四大类二级指标、22 小类三级指标进行数据收集。现利用上述 MATLAB 程序,对这 12 家第三方物流企业,分别从投入产出效率指标、设备利用效率指标、质量保证效率指标、企业竞争效率指标以及综合效率指标的相对有效性,进行交叉评价。

(1) 投入产出效率指标。根据投入产出效率的 5 类三级指标进行评价,将数据输入 MATLAB,运算结果如下。

交叉评价矩阵 $E=$

0.660 2 0.627 5 0.677 8 0.627 5 0.562 0 0.173 7 0.454 2 1.000 0
1.000 0 0.760 6 0.631 3 0.793 4
0.660 2 0.627 5 0.677 8 0.627 5 0.562 0 0.173 7 0.454 2 1.000 0
1.000 0 0.760 6 0.631 3 0.793 4
0.660 2 0.627 5 0.677 8 0.627 5 0.562 0 0.173 7 0.454 2 1.000 0
1.000 0 0.760 6 0.631 3 0.793 4
0.660 2 0.627 5 0.677 8 0.627 5 0.562 0 0.173 7 0.454 2 1.000 0
1.000 0 0.760 6 0.631 3 0.793 4
0.660 2 0.627 5 0.677 8 0.627 5 0.562 0 0.173 7 0.454 2 1.000 0
1.000 0 0.760 6 0.631 3 0.793 4
0.612 7 0.596 9 0.585 6 0.574 7 0.550 8 0.182 7 0.431 1 1.000 0
1.000 0 0.686 8 0.551 1 0.722 0
0.660 2 0.627 5 0.677 8 0.627 5 0.562 0 0.173 7 0.454 2 1.000 0
1.000 0 0.760 6 0.631 3 0.793 4
0.590 3 0.542 4 0.514 6 0.501 7 0.209 1 0.087 1 0.198 1 1.000 0
0.255 5 0.256 2 0.125 1 0.259 3
0.594 9 0.579 5 0.568 4 0.557 7 0.477 9 0.164 6 0.378 2 0.970 2
1.000 0 0.672 8 0.551 1 0.658 3
0.660 2 0.627 5 0.677 8 0.627 5 0.562 0 0.173 7 0.454 2 1.000 0
1.000 0 0.760 6 0.631 3 0.793 4
0.640 9 0.608 9 0.658 3 0.608 9 0.554 8 0.170 2 0.444 2 0.970 2
1.000 0 0.753 1 0.639 0 0.786 3
0.660 2 0.627 5 0.677 8 0.627 5 0.562 0 0.173 7 0.454 2 1.000 0
1.000 0 0.760 6 0.631 3 0.793 4

由矩阵的对角线元素可以看出,自我评价值分别为:$E_{11}=0.660\ 2$,$E_{22}=0.627\ 5$,$E_{33}=0.677\ 8$,$E_{44}=0.627\ 5$,$E_{55}=0.562\ 0$,$E_{66}=0.182\ 7$,$E_{77}=0.454\ 2$,$E_{88}=1.000\ 0$,$E_{99}=1.000\ 0$,$E_{10\ 10}=0.760\ 6$,$E_{11\ 11}=0.639\ 0$,$E_{12\ 12}=0.793\ 4$。自我评价值 E_{jj} 小于 1 时,基本可以区分各个决策单元的优劣,如 $DMU_j(j=1,2,3,4,5,6,7,10,11,12)$。但当自我评价值 E_{jj} 等于 1 时,用 E_{jj} 无法区分各决策单元的优劣,如 DMU_8、DMU_9,则需利用交叉评价值进行判别。

由程序计算出的各企业的平均交叉评价值分别为:$e_1=0.643\ 4$,$e_2=0.612\ 3$,$e_3=0.645\ 8$,$e_4=0.605\ 3$,$e_5=0.524\ 0$,$e_6=0.166\ 2$,$e_7=0.423\ 8$,$e_8=0.995\ 0$,$e_9=0.938\ 0$,$e_{10}=0.704\ 5$,$e_{11}=0.576\ 4$,$e_{12}=0.731\ 1$。则得知,DMU_8 优于 DMU_9,并且得到 12 家企业的投入产出效率从优到劣的总排序:DMU_8、DMU_9、DMU_{12}、DMU_{10}、DMU_3、DMU_1、DMU_2、DMU_4、DMU_{11}、DMU_5、DMU_7、DMU_6。其中,非 DEA 有效决策单元的排列顺序

与利用自我评价值所得的排列顺序一致。

由此优劣排序可以得出以下结论,在二级指标"投入产出效率"中,5类三级指标"运力资源利用率、固定资产周转率、物流运营总体效率、总资产周转率、研究开发费用率"的权重是不相同的。E_{88}、E_{99}的值等于1,说明所对应的两家第三方物流企业,在投入产出效率方面是相对有效的,即第8家、第9家企业在投入产出效率上达到最优分配;其余10家企业的自我评价值都小于1,则说明它们都是非有效的,即在资源、资产等方面未达到规模有效或技术有效,因此,它们可以分别从"运力资源利用率、固定资产周转率、物流运营总体效率、总资产周转率"四个方面入手,提高企业自身投入产出效率的相对有效性。

(2)设备利用效率指标。根据设备利用效率的5类三级指标进行评价,将数据输入MATLAB,运算结果如下。

交叉评价矩阵 $\boldsymbol{E}=$

0.3387	0.9091	0.8774	1.0000	0.8877	0.8855	0.2342	0.7883
0.7863	0.3052	0.4310	0.8652				
0.2681	0.9200	0.8879	1.0000	0.8984	0.7700	0.2260	0.6885
0.7345	0.3009	0.3801	0.8202				
0.3282	0.9091	0.9324	1.0000	0.9439	0.8719	0.2428	0.7866
0.8189	0.3200	0.4356	0.9222				
0.2681	0.8985	0.8774	1.0000	0.8472	0.7700	0.2260	0.6885
0.7345	0.3009	0.3801	0.8202				
0.1588	0.4578	0.4629	0.5092	1.0000	0.6533	0.1275	0.4268
0.5148	0.2187	0.2242	0.4933				
0.3328	0.9070	0.8837	1.0000	1.0000	0.9455	0.2373	0.7980
0.8238	0.3244	0.4329	0.8846				
0.3264	0.9080	0.9298	1.0000	1.0000	0.9031	0.2436	0.7919
0.8360	0.3291	0.4361	0.9270				
0.3328	0.9070	0.8837	1.0000	1.0000	0.9455	0.2373	0.7980
0.8238	0.3244	0.4329	0.8846				
0.3264	0.9080	0.9298	1.0000	1.0000	0.9031	0.2436	0.7919
0.8360	0.3291	0.4361	0.9270				
0.3118	0.8987	0.8937	1.0000	1.0000	0.9363	0.2371	0.7680
0.8340	0.3301	0.4253	0.8740				
0.3264	0.9080	0.9298	1.0000	1.0000	0.9031	0.2436	0.7919
0.8360	0.3291	0.4361	0.9270				
0.3264	0.9080	0.9298	1.0000	1.0000	0.9031	0.2436	0.7919
0.8360	0.3291	0.4361	0.9270				

由矩阵的对角线元素可以看出,自我评价值分别为:$E_{11}=0.3387$,$E_{22}=0.9200$,$E_{33}=0.9324$,$E_{44}=1.0000$,$E_{55}=1.0000$,$E_{66}=0.9455$,$E_{77}=0.2436$,$E_{88}=0.7980$,

$E_{99}=0.8360, E_{1010}=0.3301, E_{1111}=0.4361, E_{1212}=0.9270$。

由程序计算出的各企业的平均交叉评价值分别为：$e_1=0.3037, e_2=0.8699, e_3=0.8682, e_4=0.9591, e_5=0.9648, e_6=0.8659, e_7=0.2285, e_8=0.7425, e_9=0.7846, e_{10}=0.3118, e_{11}=0.4072, e_{12}=0.8560$。

由交叉评价值得到12家企业的设备利用效率从优到劣的总排序：DMU_5、DMU_4、DMU_2、DMU_3、DMU_6、DMU_{12}、DMU_9、DMU_8、DMU_{11}、DMU_{10}、DMU_1、DMU_7。其中，DEA相对有效的决策单元的排列顺序（DMU_5和DMU_4）仅由交叉评价值决定，其余非DEA有效决策单元的排列顺序与利用自我评价值所得的排列顺序一致。

从此优劣排序可以得出以下结论，在二级指标"设备利用效率"中，5类三级指标"运输设备实载率、运输设备时间利用率、仓库面积利用率、配送资源利用率、车船容积空载率"的权重是不相同的。自我评价值 E_{44}、E_{55} 都等于1，说明所对应的两家第三方物流企业，在设备利用效率方面是相对有效的，即第4家、第5家企业在设备利用效率上达到最优分配；其余10家企业的自我评价值都小于1，则说明它们都是非有效的，即在设备利用方面还未达到规模有效或技术有效，但第2、3、6、12家企业的相对效率值达到0.92以上，表明这4家企业在设备利用效率上有较优的分配。因此，它们可以分别从"运输设备实载率、运输设备时间利用率、仓库面积利用率、配送资源利用率"四方面入手，提高企业自身设备利用效率的相对有效性。

（3）质量保证效率指标。根据质量保证效率的7类三级指标进行评价，将数据输入MATLAB，运算结果如下。

交叉评价矩阵 $E=$

```
0.8812  0.8603  0.8803  0.8803  0.8430  0.1643  0.7203  1.0000
0.4934  0.6938  0.8636  0.6420
0.8274  0.8982  0.9080  0.9110  0.8922  0.1598  0.6932  1.0000
0.4852  0.6726  0.9127  0.6281
0.8274  0.8982  0.9080  0.9110  0.8922  0.1598  0.6932  1.0000
0.4852  0.6726  0.9127  0.6281
0.8274  0.8982  0.9080  0.9110  0.8922  0.1598  0.6932  1.0000
0.4852  0.6726  0.9127  0.6281
0.8694  0.8590  0.8761  0.8852  0.8590  0.1696  0.7074  1.0000
0.4947  0.7019  0.8765  0.6429
0.8812  0.8603  0.8803  0.8803  0.8430  0.1643  0.7203  1.0000
0.4934  0.6938  0.8636  0.6420
0.8274  0.8457  0.8626  0.8715  0.8430  0.1598  0.6932  1.0000
0.4852  0.6726  0.8604  0.6281
0.8694  0.8590  0.8761  0.8852  0.8590  0.1696  0.7074  1.0000
0.4947  0.7019  0.8765  0.6429
```

0.8687	0.8494	0.8663	0.8753	0.8494	0.1678	0.7087	1.0000
0.4852	0.7084	0.8604	0.6284				
0.8274	0.8982	0.9080	0.9110	0.8922	0.1598	0.6932	1.0000
0.4852	0.6726	0.9127	0.6281				
0.8694	0.8590	0.8761	0.8852	0.8590	0.1696	0.7074	1.0000
0.4947	0.7019	0.8765	0.6429				

由矩阵的对角线元素可以看出,自我评价值分别为:$E_{11}=0.8812$,$E_{22}=0.8982$,$E_{33}=0.9080$,$E_{44}=0.9110$,$E_{55}=0.8922$,$E_{66}=0.1696$,$E_{77}=0.7203$,$E_{88}=1.0000$,$E_{99}=0.4947$,$E_{10\,10}=0.7084$,$E_{11\,11}=0.9127$,$E_{12\,12}=0.64292$。

由程序计算出的各企业的平均交叉评价值分别为:$e_1=0.8503$,$e_2=0.8736$,$e_3=0.8882$,$e_4=0.8932$,$e_5=0.8680$,$e_6=0.1637$,$e_7=0.7026$,$e_8=1.0000$,$e_9=0.4889$,$e_{10}=0.6864$,$e_{11}=0.8867$,$e_{12}=0.6341$。

由交叉评价值得到 12 家企业的质量保证效率从优到劣的总排序:DMU_8、DMU_4、DMU_3、DMU_{11}、DMU_2、DMU_5、DMU_1、DMU_7、DMU_{10}、DMU_{12}、DMU_9、DMU_6。因只有一个决策单元的 DEA 相对有效(DMU_8),所以,所有决策单元的交叉评价值排列顺序与自我评价值的排列顺序完全一致。

从此优劣排序可以得出以下结论,在二级指标"质量保证效率"中,7 类三级指标"及时交货率、准确交货率、订单完成率、误差处理及时率、准时到达率、接单率、投诉率"的权重是不相同的。第 8 家企业的自我评价值等于 1,平均交叉值也为 1,说明所对应的这家第三方物流企业,在质量保证效率方面的相对有效性达到很高的水平,即第 8 家企业在质量保证效率上达到最优分配;其余 11 家企业的自我评价值都小于 1,说明它们都是非有效的。因此,它们可以分别从"及时交货率、准确交货率、订单完成率、误差处理及时率、准时到达率、接单率"六个方面入手,研究如何提高企业自身质量保证效率的相对有效性,如第 6 家企业的相对效率值为 0.1696,平均交叉值为 0.1637,需要着重在质量保证效率上多下工夫。

(4) 企业竞争效率指标。根据企业竞争效率的 7 类三级指标进行评价,将数据输入 MATLAB,运算结果如下。

交叉评价矩阵 $E=$

0.9516	1.0000	0.9368	1.0000	0.2949	0.3969	0.3982	0.2403
0.5847	0.5548	0.7007	0.7669				
0.9048	1.0000	0.9094	0.9405	0.2880	0.3817	0.3618	0.2265
0.5345	0.5436	0.6486	0.6325				
0.9516	1.0000	0.9368	1.0000	0.2949	0.3969	0.3982	0.2403
0.5847	0.5548	0.7007	0.7669				
0.8053	0.6837	0.7483	1.0000	0.2293	0.3388	0.3982	0.2358
0.5847	0.4229	0.7007	0.4636				
0.9285	1.0000	0.9267	1.0000	0.3088	0.4981	0.4692	0.3197
0.8538	0.6166	0.9845	0.6481				

0.904 8　1.000 0　0.909 4　0.962 2　0.305 8　0.498 4　0.446 3　0.316 9
0.830 6　0.616 3　0.965 5　0.644 5
0.805 3　0.683 7　0.748 3　1.000 0　0.229 3　0.338 8　0.547 4　0.235 8
0.753 4　0.422 9　0.800 3　0.463 6
0.928 5　1.000 0　0.926 7　1.000 0　0.308 8　0.498 1　0.469 2　0.319 7
0.853 8　0.616 6　0.984 5　0.648 1
0.928 5　1.000 0　0.926 7　1.000 0　0.308 8　0.498 1　0.469 2　0.319 7
0.853 8　0.616 6　0.984 5　0.648 1
0.928 5　1.000 0　0.926 7　1.000 0　0.308 8　0.498 1　0.469 2　0.319 7
0.853 8　0.616 6　0.984 5　0.648 1
0.928 5　1.000 0　0.926 7　1.000 0　0.308 8　0.498 1　0.469 2　0.319 7
0.853 8　0.616 6　0.984 5　0.648 1
0.916 4　1.000 0　0.910 5　0.940 5　0.288 0　0.381 7　0.361 8　0.226 5
0.534 5　0.543 6　0.648 6　0.787 6

由矩阵的对角线元素可以看出，自我评价值分别为：$E_{11}=0.9516$，$E_{22}=1.0000$，$E_{33}=0.9368$，$E_{44}=1.0000$，$E_{55}=0.3088$，$E_{66}=0.4984$，$E_{77}=0.5474$，$E_{88}=0.3197$，$E_{99}=0.8538$，$E_{10\,10}=0.6166$，$E_{11\,11}=0.9845$，$E_{12\,12}=0.7876$。

由程序计算出的各企业的平均交叉评价值分别为：$e_1=0.9069$，$e_2=0.9473$，$e_3=0.8944$，$e_4=0.9869$，$e_5=0.2895$，$e_6=0.4353$，$e_7=0.4382$，$e_8=0.2767$，$e_9=0.7230$，$e_{10}=0.5618$，$e_{11}=0.8406$，$e_{12}=0.6472$。

由交叉评价值得到12家企业的企业竞争效率从优到劣的总排序：DMU_4、DMU_2、DMU_1、DMU_3、DMU_{11}、DMU_9、DMU_{12}、DMU_{10}、DMU_7、DMU_6、DMU_5、DMU_8。其中，DEA相对有效的决策单元的排列顺序（DMU_4和DMU_2）仅由交叉评价值决定，其余非DEA有效决策单元的排列顺序与利用自我评价值所得的排列顺序一致。

从此优劣排序可以得出以下结论，在二级指标"企业竞争效率"中，5类三级指标"客户满意率、客户保持率、市场占有率、平均客户利润率、物流设施投资增长率"的权重是不相同的。E_{22}和E_{44}的值等于1，说明所对应的两家第三方物流企业，在企业竞争效率方面都是相对有效的，即第4家、第2家企业在企业竞争效率上达到最优分配；其余10家企业的自我评价值都小于1，则说明它们都是非有效的。因此，它们可以分别从"客户满意率、客户保持率、平均客户利润率、市场占有率"四方面入手，进行提高企业自身企业竞争效率的相对有效性的研究。

(5) 综合运作效率指标。上述四种交叉评价，是针对第三方物流企业运作效率的四个方面进行的，若仍以12家物流企业为决策单元，以投入产出效率、设备利润效率、质量保证效率、企业竞争效率为评价指标因素，以四种对应的交叉评价平均值为样本数据，并以投入产出效率、设备利润效率、质量保证效率作为输入矩阵，以企业竞争效率作为输出矩阵，进行高一层次的交叉评价，则可以利用MATLAB程序，计算综合运作效率的交叉评价值。

交叉评价矩阵 $\boldsymbol{E}=$
1.000 0　0.364 7　0.345 0　0.344 6　0.100 5　0.168 3　0.590 6　0.124 8

```
0.3086  0.5688  0.6913  0.2532
1.0000  0.9367  0.8485  0.9627  0.3141  1.0000  0.7247  0.1880
0.5130  0.5688  0.9925  0.5575
1.0000  0.9367  0.8485  0.9627  0.3141  1.0000  0.7247  0.1880
0.5130  0.5688  0.9925  0.5575
1.0000  0.9367  0.8485  0.9627  0.3141  1.0000  0.7247  0.1880
0.5130  0.5688  0.9925  0.5575
1.0000  0.9367  0.8485  0.9627  0.3141  1.0000  0.7247  0.1880
0.5130  0.5688  0.9925  0.5575
0.4011  0.4078  0.3787  0.4155  0.1254  1.0000  0.2345  0.1041
0.2943  0.3045  0.3565  0.3380
1.0000  0.9367  0.8485  0.9627  0.3141  1.0000  0.7247  0.1880
0.5130  0.5688  0.9925  0.5575
1.0000  0.8525  0.7952  0.8519  0.2549  1.0000  0.5912  0.2320
1.0000  0.7439  0.8630  0.7343
0.9883  0.8447  0.7880  0.8443  0.2525  0.9862  0.5835  0.2301
1.0000  0.7372  0.8526  0.7305
1.0000  0.8488  0.7919  0.8477  0.2535  0.9862  0.5906  0.2318
1.0000  0.7450  0.8616  0.7319
1.0000  0.9367  0.8485  0.9627  0.3141  1.0000  0.7247  0.1880
0.5130  0.5688  0.9925  0.5575
1.0000  0.8525  0.7952  0.8519  0.2549  1.0000  0.5912  0.2320
1.0000  0.7439  0.8630  0.7343
```

由矩阵的对角线元素可以看出，自我评价值分别为：$E_{11}=1.0000$，$E_{22}=0.9367$，$E_{33}=0.8485$，$E_{44}=0.9627$，$E_{55}=0.3141$，$E_{66}=1.0000$，$E_{77}=0.7247$，$E_{88}=0.2320$，$E_{99}=1.0000$，$E_{10\,10}=0.7450$，$E_{11\,11}=0.9925$，$E_{12\,12}=0.7343$。

由程序计算出的各企业的平均交叉评价值分别为：$e_1=0.9491$，$e_2=0.8159$，$e_3=0.7487$，$e_4=0.8277$，$e_5=0.2605$，$e_6=0.9284$，$e_7=0.6275$，$e_8=0.1902$，$e_9=0.6401$，$e_{10}=0.6047$，$e_{11}=0.8702$，$e_{12}=0.5722$。

由交叉评价值得到 12 家企业的综合运作效率从优到劣的总排序：DMU_1、DMU_6、DMU_{11}、DMU_4、DMU_2、DMU_3、DMU_9、DMU_7、DMU_{10}、DMU_{12}、DMU_5、DMU_8。其中，DEA 相对有效的决策单元的排列顺序（DMU_1 和 DMU_6）基本由交叉评价值决定，其余非 DEA 有效决策单元的排列顺序与利用自我评价值所得的排列顺序大部分一致。

根据综合效率的交叉评价值，在这 12 个决策单元组成的经济系统中，第 1 家、第 6 家、第 11 家第三方物流企业的运作效果比较好，它们的平均交叉值都大于 0.85，但都小于 1，说明从整体来看，最优的物流企业也没有达到以最少的投入获得最大的产出的效果，还是存在投入过多、设备资源浪费、质量没有完全保证等方面的问题，使得企业没有形成最优化的配置管理。另外，第 9 个决策单元的综合相对效率为 1，但交叉评价值只有

0.642 4,则可能存在其他未知的、不确定因素的影响。

4. 规模效益分析

不同的第三方物流企业有可能处于不同的发展阶段,并拥有相应的投资规模。在 DEA 模型框架下,大型企业不一定因为拥有更多的人力、物力和财力而成为规模有效的企业,小型企业也不一定因为生产结构简单而显得更优。因此,不同规模的企业可进行规模效益的横向比较。现对各决策单元的 β 值分别加以讨论,见表 7.9。

表 7.9 各决策单元的规模收益值

决策单元	规模收益值 β	规模收益	决策单元	规模收益值 β	规模收益
DMU_1	1.000 0	不变	DMU_7	0.727 7	递增
DMU_2	0.936 6	递增	DMU_8	0.231 9	递增
DMU_3	0.839 1	递增	DMU_9	1.000 0	不变
DMU_4	0.957 9	递增	DMU_{10}	0.745 2	递增
DMU_5	0.315 3	递增	DMU_{11}	0.984 0	递增
DMU_6	1.000 0	不变	DMU_{12}	0.733 8	递增

由表 7.9 可以看到,决策单元 1、6、9 的规模效益值为 1,说明它们的规模收益不变,达到最大产出规模点。

其他决策单元的规模效益值均小于 1,说明它们都处在规模收益递增阶段。其中,决策单元 8 的 β 值最小,仅有 0.231 9,说明该决策单元的规模过于小,则该决策单元的规模收益递增的趋势最大。

5. 模型的综合评价

将投入产出效率、设备利用效率、质量保证效率、企业竞争效率和综合运作效率排名整合在一起,进行分析与评价,各种效率的排名表如表 7.10 所示。

表 7.10 各种效率的排名表

决策单元（企业）	投入产出效率（排名）	设备利用效率（排名）	质量保证效率（排名）	企业竞争效率（排名）	综合运作效率（排名）
DMU_1	第 6	第 11	第 7	第 3	第 1
DMU_2	第 7	第 3	第 5	第 2	第 5
DMU_3	第 5	第 4	第 3	第 4	第 6
DMU_4	第 8	第 2	第 2	第 1	第 4
DMU_5	第 10	第 1	第 6	第 11	第 11
DMU_6	第 12	第 5	第 12	第 10	第 2
DMU_7	第 11	第 12	第 8	第 9	第 8
DMU_8	第 1	第 8	第 1	第 12	第 12
DMU_9	第 2	第 7	第 11	第 6	第 7
DMU_{10}	第 4	第 10	第 9	第 8	第 9
DMU_{11}	第 9	第 9	第 4	第 5	第 3
DMU_{12}	第 3	第 6	第 10	第 7	第 10

通过表 7.10 中各种效率的排名对比，结合各种效率的自我评价值、交叉评价值的大小特征，综合概括出以下几个方面的主要问题。

(1) 分项效率与综合效率的排名存在不一致的情况。第 1 家企业的投入产出效率、质量保证效率的排名只是处于中等水平，仅企业竞争效率排名在前 3 名，但综合运作效率排名却为第 1 名；第 6 家企业的投入产出效率、质量保证效率的排名都为第 12 家，设备利用效率排名只是处于中等水平，但综合运作效率排名却为第 2 名；第 8 家企业的投入产出效率、质量保证效率的排名都为第 1，仅企业竞争效率排名为第 12 家，但综合运作效率排名却为第 12 名，这说明第三方物流企业作为经济系统中的一个子系统，符合系统的整体性特征。

(2) 第三方物流行业处于生命运动周期的发展阶段。在由 12 家第三方物流企业组成的经济系统中，仅有 3 家(第 1 家、第 6 家、第 11 家)的总体有效性为 DEA 有效，他们的生产要素达到相对的最佳组合，并取得相对的最佳产出效果，仅这 3 家既是规模有效的，又是技术有效的。就是说，占总数 75% 的第三方物流企业为非 DEA 有效，均有很大的发展空间。

(3) 分析有效性低的决策单元可提供调整的方向和力度。投入产出效率较低的有第 6 家、第 7 家、第 5 家企业，设备利用效率较低的有第 7 家、第 1 家、第 10 家企业，质量保证效率较低的有第 6 家、第 9 家、第 12 家企业，企业竞争效率较低的有第 8 家、第 5 家、第 6 家企业，综合运作效率较低的有第 8 家、第 5 家、第 12 家企业，通过对总体有效性低的决策单元进行分析，可以为第三方物流企业各项资源的调整方向和调整力度，提供定量化的依据。

(4) 非 DEA 有效的几乎都处于规模收益递增状态。在规模收益分析中，有 3 家第三方物流企业(第 1 家、第 6 家、第 9 家)的规模收益不变，已经达到最佳规模点。其余的企业均为非 DEA 有效的，均处在规模收益递增的阶段，还没有达到最佳规模，这些企业应在合理的范围内，加强资源的投入力度以提高各方面产出。最优的规模是在一定时期和环境中最有效率的规模，而不是简单的增加投入，因此应立足于提高其综合效率。

本章小结

1. 应用因子分析方法时的注意事项

(1) 对因子分析结果考察的处理方法。为了考察因子分析结果的稳定性与可靠性，一般来说应该在原总体中抽取几个样本进行分析。如果几个样本的分析结果较一致，则说明因子分析的解是有意义的。

还应注意不要单纯地从一个因子分析就做出某种定论。为了保证因子分析结果的可靠性，应对初步分类结果进行再处理，等量提取各主因子中因子载荷较大的指标再次进行因子分析。

(2) 对因子分析最终结果的解释。因子分析不但需要客观的复杂计算，还需要主观思维的补充加工。针对因子分析最终结果的解释一定要与实际研究问题的性质及专业知识紧密结合，只有当这种解释与专业研究人员所考虑的几个方面相符合或相近时，才能认为这种分析是成功的。而且不同的研究者对其结果有不同的分析,只要解释合理也就认为是可以接受的。

（3）影响主成分分析结果的主要因素。综合评价结果较易受到评价指标属性的影响。如果存在一个指标数量多、相关性强的指标子集,则第一主成分的权重系数将向该子集中的指标倾斜,其他指标的权重系数将会很小。如果评价指标中存在多个高度相关的指标子集,则第一主成分中各指标的权重分配就变成这些指标子集之间的较量。哪个子集指标个数多且内部相关性高,其在第一主成分中的系数就大。

所以,主成分分析方法中某一方面的评价指标的多少、相关性的强弱对结果有着显著的影响。因此在进行评价时,首先将评价指标划分为不同的指标子集,利用该方法得到每一指标子集的评价值,再给各指标子集分配相应的权重系数。

（4）其他需要注意的问题。特别需要注意区别提取的因子矩阵与得分的系数矩阵的含义、用途、用法等。应用时需进一步分析主成分分数的对象、类别、含义、方法等,而且进一步分析的方法通常为图形分析、聚类分析等。

2. 应用数据包络方法时的注意事项

（1）DEA 作为一种非参数方法,将数学、经济和管理的概念与方法相结合,是处理多目标决策问题,解决在经济理论估计中具有多个输入、多个输出问题的有力工具,尤其在经济学生产函数的确定方面更为突出。可以对具有相同类型的部门或单位间的相对有效性进行排序和评价,还可以通过在生产前沿面上的投影分析,发现非 DEA 有效和弱 DEA 有效的产生原因及改进方向,调整资源投入量和效益产出量使各个决策单元达到 DEA 有效。

（2）应用 DEA 模型进行评价,不必事先确定指标权重,只需假定由决策单元的输入输出指标组成的状态可能集满足凸性、无效性、锥性及最小性等条件即可。DEA 方法本身包含指标的权重分配过程,在计算不同的决策单元的最大有效性数值时,指标的权重是动态可变的,最后排序的结果是每个决策单元得到最有利于自己的权重。

（3）应用 DEA 方法建立模型时,一般要求决策单元数目应大于输入变量与输出变量的数目。在实际应用中,为体现评价的全面性,往往会引入大量的评价指标,同时,为体现评价的准确性,系统中会确定较少的评价单元。为解决这个问题,通常的方法是对所有指标分层次进行 DEA 有效性评价,或者先用因子分析方法将指标归类,合并相关性强的指标,再对公共因子进行 DEA 有效性评价。

（4）输入与输出指标体系的确定,简单说是根据资源投入量与效益产出量确定,但实际上,许多复合指标的概念往往有些模糊,可以根据用尽量少的投入得到尽量多的产出的效率评估目标,设定越大越好的指标为输出变量、越小越好的指标为输入变量。另外,DEA 模型要求输入输出指标具有非负性,用该指标加同指标最小数的绝对值进行处理。

（5）DEA 方法不仅能对管理效率进行横向的对比评价,还能够进行纵向的、动态的分析与评价,即评价的样本数据可以是断面数据,也可以是时间序列数据。DEA 模型的数据与量纲无关,最好使用"效益型相对数据",不需进行数据预处理,若为"成本型绝对数据",则进行标准 0—1 转换,进行无量纲化处理。但在模型分析的过程中,需注意,可能会出现自我评价值与交叉评价值不统一、DEA 有效性分析与规模收益分析不一致等特殊情况,这时需从多个环节去查找原因。

(6) 应用 DEA 方法进行评价的一般步骤:选定评价对象,确立评价目的,研究对象系统的功能要素;设计评价指标体系,划分输入、输出指标体系;收集、整理资料,确定同类型的评价决策单元,进行数据处理;运用 DEA 方法,建立评价模型;利用 MATLAB 软件,计算 DEA 有效性的最优解;进行 DEA 有效性分析和规模效益分析;评价模型的效果和优劣;实证研究和讨论。

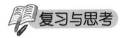 复习与思考

1. 物流系统评价有什么现实意义?
2. 主成分分析方法的基本特征是什么?
3. 系统评价过程中的主要难点有哪些? 如何克服?
4. 数据包络方法应用的技术难点主要有哪些?
5. 试针对某实际物流系统建立评价指标体系,并说明选择评价方法的理由。

 即测即练

第 8 章　物流系统决策

本章关键词

物流系统决策（logistics system decision）　　确定型决策（ascertaining type decision）
风险型决策（risk decision）　　决策方法（decision making technique）
非确定型决策（nonascertaining type decision）

> 决策是反复分析比较、综合并做出抉择的过程，决策需要科学的方法，也需要实际经验，需要决策者全面、科学地对决策问题涉及的各种情况进行分析判断。在物流运作中，系统决策是各层次物流管理者日常工作不可缺少的部分。物流战略、库存水平和物流线路等无处不包含决策。

8.1　物流系统决策概述

8.1.1　物流系统决策概念

1. 管理决策的定义

在物流基础设施建设与经营管理过程中，物流管理者经常需要对一些重大问题做出决定。例如，某个仓储公司打算建立一个大型仓库，需要从几个方案中进行选择，在选择方案时，需要考虑投资费用、运行成本、未来的需求情况、潜在的风险评估等多种因素。

对以上问题作出决断的过程就是决策，决策的问题和决策活动是多方面、多领域、多层次的，决策存在于人类活动的方方面面。决策过程随问题的规模和复杂程度的不同，可能非常复杂。决策科学包括决策的定量分析、决策的评价、决策支持系统等。就像赫伯特·A. 西蒙（Herbert A. Simon）说的"决策是管理的心脏；管理是由一系列决策组成的；管理就是决策"。管理中决策无时无处不在。

决策是在一定的人力、设备、材料、技术、资金等条件的制约下，人们为了实现特定的目标，从两个或者多个可供选择的方案中做出判断和选择。在此概念中还包含下面的几层意思：决策的依据是目标或目的；决策的结果需要付诸实施；决策是选择和优化的过程；决策是从若干个有价值的方案中选择一个"最优的"、"最有利的"或"最满意的"或"最合理的"方案的行动。

对物流系统来说，决策就是在充分占有资料的基础上，根据物流系统客观环境，借助于经验、科学的理论和方法，从若干备选的方案中，选择一个合理、满意的方案的决断行为。在物流系统的规划中需要进行许多决策，如物流节点的选址、物流线路的选择、物流网络的规划等。

2. 决策过程

系统决策程序大致可分为发现问题、确定目标、搜集资料、制订方案、评估和优选方案、贯彻实施、反馈及追踪检查六个过程（图8.1）。这种划分是相对的，既可简化步骤，也可具体细分，但其逻辑顺序和科学要求基本是一致的。

（1）发现问题，确定目标。任何决策都是从发现和提出问题开始的。发现问题后，接着就要确定目标。所谓目标，是指在一定条件下，根据需要和可能，在预测的基础上所寻求的最终要求，或决策所要获得的最终结果。确定目标是决策中的重要一环，是决策成功的基础。

（2）搜集资料，掌握情报信息。搜集与决策有关的经济、技术、社会等各方面的情报资料，是进行科学决策的重要依据。没有一批定量的数据，就不可能为决策做出定性分析。因而，要尽可能大量掌握数据和资料。一方面是统计调查资料；另一方面是预测资料。

（3）制定多种方案。制定供选择用的各种可能方案，是决策的基础。这项工作主要是由智囊机构承担的。如果只有一个方案，就没有比较和选择的余地，也就无所谓决策。拟订方案阶段的主要任务是对信息系统提供的数据、情报进行充分的系统分析，并在这个基础上制定出备选方案。

（4）优选方案。要尽可能采用现代科学的评估方法和决策技术，对预选方案进行综合评价。通过定性、定量、定时的分析，评估各预选方案的近期、中期、远期效能价值，分析方案的后果及其影响。在评估的基础上，权衡各个方案的利弊得失，并将各方案按优先顺序排列。选择最优化方案是决策的关键一环，做好方案优选，需要满足两个条件：一是要有合理的选择标准；二是要有科学的选择方法。

选择方案的标准一般有"最优标准"和"满意标准"两种。由于人们的认识受许多因素的限制，如主客观条件、科技水平、情报信息以及环境、时间等限制。因此，绝对的最优标准是不存在的，最优也是相对而言的。决策理论学派的代表西蒙，提出一个现实的标准，即"满意标准"或"有限合理性标准"。方案只要足够满意即可，不必追求最优。多数决策是按"满意标准"进行的。当然，这样做并不排除在可能条件下达到最优的可能性。

选择方案的方法很多，归纳起来有经验判断法、归纳法、数学法和试验法等。

（5）贯彻实施。方案选定后，要付诸实施，实施分两步进行：一是进行试点工作，二是普遍实施。

首先在普遍实施前进行"试点"。试点要注意选择在整个系统中具有典型性的地方，不能人为地创造某些特殊条件，这样纵然试点成功，也很难实践。在试验实证中，应特别注重"可靠性"分析。可靠性是在规定条件下和预定时间内，完成任务或达到目标的成败概率。

经过可靠性验证后,可以进入普遍实施阶段。在这一步骤上要抓好以下工作:

① 把决策目标、价值标准以及整个方案向有关人员宣传。动员有关人员为实现目标而共同努力。

② 围绕目标和实施目标的优化方案,制定具体的实施方案,明确各部门的职责、分工和任务,做出时间和进度安排。

③ 制定各级各部门及执行人员的责任制,确立规范,严明制度,赏罚分明。

④ 随时纠正偏差,减少偏离目标的震荡。

(6) 反馈及追踪检查。一个优化方案在执行过程中,由于主客观情况的变化,发生这样那样与目标偏离的情况也是常有的。因此,必须做好反馈和追踪检查工作。这个阶段的任务,就是要准确、及时地把方案实施过程中出现的问题、执行情况的信息,反馈到决策机构。

追踪决策是正常的但不是注定要发生的或经常大量出现的,否则就失去了决策的科学性了。对追踪决策要有正确的看法,采取冷静审慎的态度。决策过程是一个动态的依赖于时空变量的复杂随机函数,把决策看成一个凝固僵化的

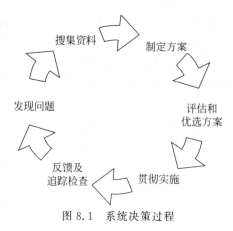

图 8.1　系统决策过程

东西,是不切实际的。因此,对方案进行必要的修正是常见的。经过追踪决策使方案达到双重优化,不但会减少损失,而且可以获得更佳效益。

8.1.2　物流系统决策的类型

1. 物流系统决策的要素

(1) 决策者。决策过程的主体,即决策人。决策的正确与否,受决策者所处的社会、政治、经济环境及决策者个人素质的影响。

(2) 方案。为实现目标而采取的一系列活动或措施,方案可以是有限的也可以是无限的。

(3) 自然状态。决策者将要面临但又不受决策者控制的客观状况,也称为环境条件,自然状态需要预先估计。

(4) 损益值。每一可行方案在每一客观情况下产生的后果。对于 n 种自然状态和 m 个方案的情况,损益值可以组合成损益矩阵,如表 8.1 所示。

表 8.1　损 益 矩 阵

	状态 1	状态 2	…	状态 n
方案 1	c_{11}	c_{12}		c_{1n}
方案 2	c_{21}	c_{22}		c_{2n}
⋮				
方案 m	c_{m1}	c_{m2}		c_{mn}

2. 物流系统决策的分类

根据决策的要素,可将决策问题划分为不同的类型。

(1) 按决策者的领导层划分。高层决策是指由高层领导者所做的决定企业经营方向和目标的重大决策。这类决策大多数属于非确定型的或风险型决策。中层决策一般是由中级管理人员所做的业务性决策。基层决策是由基层管理人员所做的执行性决策。

这三种决策因决策的层次不同,具有不同的职能、作用和比重,其复杂程度、定量化程度及肯定化程度都有一定区别(表8.2)。

表8.2 高层决策、中层决策和基层决策的比较

	高层决策	中层决策	基层决策
性质差别	非定型化多,定型化少	定型化多,非定型化少	基本定型化
层次差别	战略性的多	业务性的多	执行性的多
决策的复杂程度	复杂	比较复杂	比较简单
决策的定量化程度	大部分无定量化,具有风险性	大部分定量化,小部分无定量化	全部定量化
肯定程度	不完全肯定	肯定	很肯定

(2) 决策影响的时间。长期决策是指有关组织今后发展方向的长远性、全局性的重大决策,又称长期战略决策,如投资方向的选择、人力资源的开发和组织规模的确定等。

短期决策是为实现长期战略目标而采取的短期策略手段,又称短期战术决策,如企业日常营销、物资储备以及生产中资源配置等问题的决策都属于短期决策。

(3) 决策的重要性。战略决策对组织最重要,通常包括组织目标、方针的确定,组织机构的调整,企业产品的更新换代,技术改造等,这些决策牵涉组织的方方面面,具有长期性和方向性。

战术决策又称管理决策,是在组织内贯彻的决策,属于战略决策执行过程中的具体决策。战术决策旨在实现组织中各环节的高度协调和资源的合理使用,如企业生产计划和销售计划的制订、设备的更新、新产品的定价及资金的筹措等都属于战术决策的范畴。

业务决策又称执行性决策,是日常工作中为提高生产效率、工作效率而做出的决策,牵涉范围较窄,只对组织产生局部影响。属于业务决策范畴的主要有:工作任务的日常分配和检查、工作日程(生产进度)的安排和监督、岗位责任制的制定和执行、库存的控制以及材料的采购等。

表8.3总结了战略决策、战术决策和业务决策各自的不同内容。

表8.3 高物流战略、战术及业务决策

	战略决策	战术决策	业务决策
选址	设施的数量、规模和位置	库存定位	线路选择、车辆调度
运输	选择运输方式	服务内容	补货计划
订单处理	系统选择	订单处理顺序	发出订单
仓储	地点选择	储存布局	订单履行
采购	制定采购政策	选择供应商	发出订单

(4) 决策的主体。集体决策是指多个人一起做出的决策,个人决策则是指单个人做出的决策。

(5) 决策的起点。初始决策是零起点决策,它是在有关活动尚未进行从而环境未受到影响的情况下进行的。

随着初始决策的实施,组织环境发生变化,这种情况下所进行的决策就是追踪决策。因此,追踪决策是非零起点决策。

(6) 决策所涉及的重复性。组织中的问题可被分为两类:一类是例行问题,另一类是例外问题。

赫伯特·A. 西蒙(Herbert A. Simon)根据问题的性质把决策分为程序化决策与非程序化决策。程序化决策涉及的是例行问题,而非程序化决策涉及的是例外问题。

程序化决策也称重复性决策,是指按规定的程序、规定的处理方法和标准,去解决企业管理中经常重复出现的问题。在企业管理中绝大多数属于程序化决策,如订货程序、制订生产作业计划、发放工资等,其过程已经标准化,可由专门的机构或专门的人员按规定的程序、已有的决策模式进行。

非程序化决策也称非重复性决策,是指对那些牵扯面广,而且没有出现过或不经常出现的问题所进行的决策。这类问题比较复杂,决策时无章可循。由于非程序化决策要考虑企业内、外部条件和环境的变化,无法用常规的办法来处理,除采用定量分析外,决策者个人的经验、知识、洞察力和直觉、信念等主观因素都非常重要。

(7) 环境因素的可控程度。确定型决策是指在稳定(可控)条件下进行的决策。在确定型决策中,决策者确切知道自然状态的发生,每个方案只有一个确定的结果,最终选择哪个方案取决于对各个方案结果的直接比较。

风险型决策也称随机决策,在这类决策中,自然状态不止一种,决策者不能知道哪种自然状态会发生,但能知道有多少种自然状态以及每种自然状态发生的概率。

不确定型决策是指在不稳定条件下进行的决策。在不确定型决策中,决策者可能不知道有多少种自然状态,即便知道,也不能知道每种自然状态发生的概率。

(8) 决策的变量。定量决策是指决策目标与决策变量等可以用数量来表示的决策。如企业管理中有关提高产量降低成本之类的决策就属定量决策。

定性决策是指决策目标与决策变量等不能用数量来表示的决策。这类决策一般难以用数学方法来解决,而主要依靠决策者的经验和分析判断能力。

(9) 决策目标数量。在企业经营和管理的决策中,无论是战略决策,还是战术决策,都是为了实现某种目标而进行的。单目标决策就是指决策的目标只有一个的决策。单目标决策是我们研究决策问题的基础,处理决策问题的大多数方法,都是从研究单目标决策开始的。

多目标决策是指企业决策不是为了实现同一个目标,而是为实现若干个目标进行的决策,如工资与利润目标是矛盾的。

3. 决策基本方法

图 8.2 所示为物流系统决策基本方法的层次结构。

(1) 定性决策方法。包括领导集体决策法、头脑风暴法、哥顿法、对演法、德尔菲法、

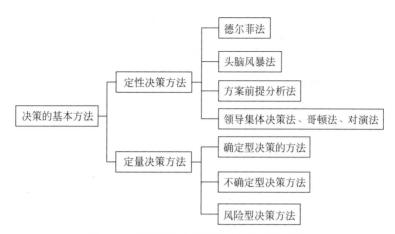

图 8.2　物流系统决策基本方法的层次结构

方案前提分析法。

① 领导集体决策法：它是指举行领导班子成员会议，发挥集体领导的作用，集体讨论研究，集体决策。运用这种方法，可以避免个人说了算，减少决策失误。

② 头脑风暴法：它是指决策者将与决策问题有关的专家集中到一起，采取会议的形式进行讨论，但事前并不指明会议的明确目的，只是给出某一方面的总议题让各位专家无拘无束地发表意见。主持者要力图创造一种氛围，使与会者能够产生创造性奇想，并且使他们相互影响，发挥联想的作用。在这个过程中，专家们的思路就像天空中的风暴一样，骤然形成，因而被称为头脑风暴法。

实施这种方法应遵循一定的规则，即对别人的意见不允许进行反驳，也不要作结论；鼓励每个人独立思考，广开思路，不要重复别人的意见；意见建议提得越多越受欢迎，不要怕它们之间相互矛盾；可以补充相同的意见，使某一意见变得具有说服力。这种方法在应用过程中，参与者不宜太多，最多十几个人。这种方法鼓励人们打破传统的思考问题的界限，寻求新的观念和创造性建议，并为决策者所吸收。与此相反，还有"反头脑风暴法"，即在会上专挑毛病，专找矛盾，同意或肯定的意见一概不提。这种方法对于暴露矛盾和问题，认识问题，做出科学决策，同样具有十分重要的意义，它与头脑风暴法能起到互相补充的作用。

③ 哥顿法：这是美国人哥顿创造的一种专家会议讨论方法，与头脑风暴法非常相似，不同之处就在于当专家讨论到一定程度时，主持者将会议主题揭开，这样既使各位专家自由地发表意见，又能使各种意见集中到会议主题上来。

④ 对演法：决策者组织几个对立的小组，分别提出不同的方案，然后各方展开辩论，说明自身方案的优点，揭露其他方案的缺点。这样的方法可以使各方案的优缺点充分暴露出来，以便修改、调整方案，从而使决策越来越完善。

⑤ 德尔菲法：也称专家调查法，它是以专家的预测意见为基础来进行决策。这个方法是美国兰德公司于20世纪50年代初发明的，最早用于预测，后来推广应用到决策中。这个方法是就一定问题发函给某些方面的专家，请他们提出意见，然后将收到的专家意见加以综合整理，以匿名的方式将归纳后的结果寄回给各位专家，继续征询意见。如此经过

几轮的反复,直到意见趋于集中或实在难以达成一致为止。

它同专家会议的形式有很大不同,具有自身的特点。首先,德尔菲法具有匿名性,它不是把有关专家集中到一起采取会议的形式进行讨论,而是各位专家互不见面,采取"背靠背"的方式,围绕论题独立发表见解,这样可以避免受其他专家意见的影响,特别是避免附和权威专家的意见,从而使意见具有独立性、多样性和创造性。其次,德尔菲法具有反馈性。它将专家的意见反馈回来,进行整理分析,再提出新的问题,发给各个专家进行研究,如此循环往复,多轮次地征求意见,直到专家的意见趋于一致或意见分歧特别突出为止。这样决策者便可以吸收专家集体的预测意见进行决策。

⑥ 方案前提分析法:这个方法的出发点是每个方案都有几个前提假设作为根据,方案正确与否关键在于前提假设是否成立。这个方法是不直接讨论方案本身,而是集中分析方案的前提假设。如果前提假设是成立的,那么说明这个方案所选定的目标和途径基本上是正确的。这样,不但对方案的正确选择没有什么影响,而且可以克服决策中常见的一些缺点。从总体上看,定性决策法中涉及最多的是两部分人:一是决策者本身,二是专家群体。因此,领导者素质的高低、能力的大小及对专家的选择是否准确,是保证决策科学性的重要前提。

(2) 定量决策方法。由于方案是在未来实施的,所以管理者在计算方案的经济效果时,要考虑到未来的情况。根据未来情况的可控程度,可把有关活动方案的决策方法分为三大类:确定型决策方法、风险型决策方法和不确定型决策方法。

① 确定型决策方法:确定型决策是指自然状态的发生和该种自然状态发生时的结果为已知情况下的决策。在比较和选择活动方案时,如果未来情况只有一种并为管理者所知,则须采用确定型决策方法。常用的确定型决策方法有线性规划和量本利分析法等。

例如,某物流公司现在可以接受的物流项目有两项:A 项目可盈利 80 万元;B 项目可盈利 100 万元。假如,由于运输设施不足,仅能选择其一,则在其他条件相同的情况下就应选择 B 项目,这就是确定型的决策问题。

但是,在很多情况下,确定型的决策也并不是轻而易举的。例如,某邮递员准备给 20 个单位送邮件,如何选择才能使邮递路线最短?这种决策就不是轻而易举的了。

确定型决策分析法主要有线性规划法、盈亏平衡分析法,下面简单介绍盈亏平衡分析法。

- 盈亏平衡分析的基本模型

它是研究生产、经营一种产品达到不盈不亏时的产量或收入的决策问题。这个不盈也不亏的平衡点即为盈亏平衡点。显然,生产量低于这个产量时,则发生亏损;超过这个产量时,则获得盈利。如图 8.3 所示,随着产量的增加,总成本与销售额随之增加,当到达平衡点 A 时,总成本等于销售额(总收入),此时不盈利也不亏损,正对应此点的产量 Q 即为平衡点产量,销售额即为平衡点销售额。同时,以 A 点为分界,形成亏损与盈利两个区域。此模型中的总成本是由固定成本和变动成本构成的。按照是以平衡产量 Q 还是以平衡点销售额 R 作为分析依据,可将盈亏平衡分析法划分为盈亏平衡点产量(销量)法和盈亏平衡点销售额法。

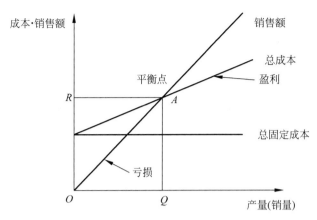

图 8.3 盈亏平衡分析的基本模型

- 盈亏平衡点产量(销量)法

即以盈亏平衡点产量或销量作为依据进行分析的方法。其基本公式为：$Q=\dfrac{C}{P-V}$

式中：Q 为盈亏平衡点产量(销量)；C 为总固定成本；P 为产品价格；V 为单位变动成本。

当要获得一定的目标利润时，其公式为：$Q=\dfrac{C+B}{P-V}$

式中：B 为预期的目标利润额；Q 为实现目标利润 B 时的产量或销量。

例 8.1 某厂生产一种产品。其总固定成本为 200 000 元；单位产品变动成本为 10 元；产品销售价格为 15 元。

求：该厂的盈亏平衡点产量应为多少？如果要实现利润 20 000 元，其产量应为多少？

解 $Q=\dfrac{C}{P-V}=\dfrac{200\,000}{15-10}=40\,000$(件)

即当生产量为 40 000 件时，处于盈亏平衡点上。

$Q=\dfrac{C+B}{P-V}=\dfrac{200\,000+20\,000}{15-10}=44\,000$(件)

即当生产量为 44 000 件时，企业可获利 20 000 元。

② 风险型决策方法。风险型决策也称随机型决策，或统计型决策。在比较和选择活动方案时，如果未来情况不止一种，管理者不知道到底哪种情况会发生，但是可以估计出各种自然状态发生的概率，则须采用风险型决策方法。常用的风险型决策方法是决策树法。风险型决策必须具备以下条件：存在着决策人企图达到的明确目标；存在可供决策人选择的两个以上的方案；存在不依决策人主观意志为转移的两种以上的自然状态；不同方案在不同自然状态下的损益值是已知或者是可计算的；未来可能发生的自然状态概率是已知或可预测的。

③ 不确定型决策方法。在比较和选择活动方案时，如果管理者不知道未来情况有多少种，或虽知道有多少种，但不知道每种情况发生的概率，则须采用不确定型决策方法。常用的不确定型决策方法有小中取大法、大中取大法和最小最大后悔值法等，这种决策方

法,很大程度上取决于决策人的主观判断和经验。

8.1.3 物流系统决策的体制

要做出科学的管理决策,必须建立完整的管理决策体制,完善决策过程,提高管理决策者的素质,尽量做到决策程序化、规范化,以保证决策的科学性和可行性。根据古今中外的管理实践和管理理论,管理决策体制主要分为管理决策的中枢系统、咨询系统和信息系统三个基本层次。

1. 决策中枢系统

决策中枢系统是现代管理决策体制的核心,它一般由若干名握有决策权的决策者组成,其主要任务是"断",即对咨询系统提出的各种预选方案进行分析、比较、鉴别,权衡利弊得失,选出最佳方案,做出正确的决断。

决策中枢系统在整个决策体系中处于核心地位,因而在整个决策过程中都起着关键性作用。主要表现在:

(1) 提出问题,设立目标。提出问题和设立目标是整个决策过程的起点,没有大量、准确的问题提出,没有明确的奋斗目标,任何决策都不可能做出,也不可能保证其他系统作用的正常发挥。在整个决策系统中,咨询系统和信息系统要发挥作用,必须依赖于中枢系统。因为咨询系统和信息系统要发挥作用,必须有一定的物力和财力及其他条件,离开了中枢系统的支持,咨询系统和信息系统所需的条件就很难具备,作用的发挥也无从说起。

(2) 做出决策,付诸实施。对同一现象或问题,人们可能有多种看法,对解决同一问题,人们也可能提多种方案。但是,在各种方案中,究竟哪种方案最好,只有依靠中枢系统来决断,也只有中枢系统才具有做出决策并付诸实施的条件,这也是中枢系统最重要的作用。

管理决策的中枢系统,实际上是各级领导集团。各级领导集团是国家、各级政府以及企事业单位居组织中上层并从事着经济及社会整体发展的管理工作的机构。正是决策中枢系统这种特殊地位,决定了科学的管理决策和中枢系统必须有科学的结构。决策中枢系统的成员在年龄上、知识上、能力上,都要有科学的、合理的结构。结构合理的领导集团有利于发挥每个成员的优势,弥补彼此不足,做到扬长避短;能协调人际关系,做到齐心协力;能团结合作,发挥集体力量,突破个人的局限性,形成新的智力优势,增强应变能力,应对各种复杂的工作局面。相反,如果决策中枢系统结构不合理,配备不当,互相掣肘,产生内耗,使每个成员的长处无法发挥,则不利于决策的做出。

2. 决策咨询系统

管理决策咨询系统,是现代管理决策体制的重要组成部分,是辅助管理决策中枢系统进行决策的智囊机构。它主要是由有关方面专家学者组成,其主要任务是"谋",即进行决策研究,分析决策的环境和条件,拟定各种可能的行动方案,论证、分析、评价各种方案,提出建议、意见等,为中枢系统决策出谋划策和提供科学依据。

古往今来,凡举大事者,必有同谋;凡成大事者,必有善谋。"二战"以后,社会的政治、经济等形势发生了很大的变化,过去那种以政治权术和军事韬略为专长的智囊,逐渐被以经济为中心、科学技术为手段的多学科综合的专家群体——现代智囊团所取代。

现代决策活动的设计过程和抉择过程的相对分离,使决策咨询系统承担了大量的决策设计工作。从这个意义上说,咨询系统是广泛的开发智力、协助决策中枢系统的重要组织形式。它不仅能够承担复杂的长远战略性决策的研究任务,为有关的决策中枢系统提供咨询服务,而且可以对决策中枢系统忽略的问题进行研究,补救疏漏。

咨询系统在现代社会管理中已经发挥着越来越重要的作用。具体表现在:

① 它具有搜集信息和储存信息的作用。信息是进行科学决策的重要条件,没有真实可靠、丰富多样的信息,任何决策的科学性都值得怀疑。而咨询系统由于是一种知识密集型的机构,它有条件搜集和储存大量的信息,为决策的科学化奠定基础。

② 它具有预测验证的作用。任何一种决策方法从形成到比较完善,都要受到多种因素的影响,有些因素是可知的、明了的,而有些因素暂时还不明了。在这种情况下,必须对各种方案进行严密的验证,对其实施过程中产生的后果进行预测,以期付出的代价最小,获得的效益最好。

③ 协调沟通的作用。任何方案在形成和实施过程中,决策者之间、决策者和执行者之间都会有一个逐步统一认识的过程;而在这个过程中,咨询机构可能通过各种途径的介绍,协调好各种关系,使人们逐步达成共识,同心协力为实施某项决策而奋斗。

④ 人才库和人才培训的作用。人才是现代社会的一切竞争的基础,无论科学研究,还是经济建设或各项管理,都离不开人才;而咨询机构本身就是一个人才库,它集中了各个方面的优秀人才,随时可以向各种机构输送人才。同时,它还可以凭借自身优势,大力培训人才,为社会发展提供智力资源。

⑤ 谋划设计功能的作用。在现代社会中,决策系统的中枢系统面临着复杂的社会、政治、经济、技术以及其他问题需要解决。因此,中枢系统的重心已逐渐转向管理决策的抉择上,而决策本身谋划、设计的大量工作主要是由咨询系统来完成的。这是现代社会发展的一种必然趋势。

3. 决策信息系统

管理决策的信息系统是现代管理决策体系的神经系统。决策的中枢系统和咨询系统作用的发挥都要以信息系统为基础。管理决策信息系统主要是由情报信息搜集、处理、存储、传递等机构和部门组成的,其主要任务是及时而准确地为决策的中枢系统和咨询系统提供可靠、全面、系统的信息,使管理决策建立在真正可靠的基础上。建立和组织一个良好的管理决策信息系统,是决策者最重要的任务之一。

(1) 决策中枢系统和咨询系统必须高度重视信息系统在现代管理中的作用。信息是现代社会的重要资源,现代社会就是一个信息社会。人类的一切活动都离不开信息。从一定意义上讲,现代社会的竞争,就是对信息的争夺,谁能获得丰富准确的信息,并能及时进行加工和利用,谁就能赢得竞争。尤其是对管理决策的中枢系统和咨询系统来说,信息的重要性显得更为突出。信息是决策的基础和前提,管理过程是一个信息流动的过程同时又是一个信息处理的过程。现代社会一切都处在迅速变化之中。如果不能及时捕捉到有用的信息或信息失真、片面、不足,都可能导致决策的失误,甚至一败涂地。因此,决策的中枢系统和咨询系统必须高度重视信息系统在管理中的地位和作用,绝不能将信息系统看成可有可无,或者无足轻重的东西。应当明确,没有科学的系统,现代决策的系统化、定量化和最优化就无从说起,中枢系统和咨询系统的作用也将大为削弱,甚至根本不可能发挥。

(2)应当重视信息的处理。信息的存在是大量的、客观的,但由于主客观条件不同,人们处理信息的能力也有很大的差别。作为决策的中枢系统和咨询系统,一项非常重要的工作就是对信息的处理。如果对大量存在的信息视而不见,充耳不闻,那么信息的作用就无法发挥出来。信息的处理是一个复杂的过程,包括信息的传递、信息的加工和信息的反馈等阶段。要利用信息,就必须首先获得和掌握信息,这是整个信息处理的开端。虽然信息是大量客观存在的,但信息并不会自动地满足人,也不是所有信息对某个决策都有重要的直接作用。所以,必须通过决策者自觉活动去进行有目的的信息搜集和选择。同时,人们还必须对搜集的信息做进一步加工,去伪存真,去粗取精。经过筛选剔除虚假的、不确定的和无用的信息,选择那些真实的、确定和有用的信息以供决策之用。在现代社会中,信息的传递和反馈对决策也有着重要的影响。

(3)应高度重视信息机构的建设和管理。随着管理决策对信息依赖的增大,信息又逐渐从决策体系中独立出来,成为决策大系统的独立系统。因此,信息机构的建设和管理问题已成为决策中枢系统和咨询系统的重要工作。建立完善的图书资料库和信息数据库,建立由大量从事信息工作的"软""硬"专家组成的信息机构和电子计算机网络,已成为现代化的重要标志。

在决策系统中,咨询系统和信息系统是决策支持系统。决策支持系统随着社会的进步在不断完善与创新。在古代,决策支持是靠一些具有聪明才智的谋士来完成;随着社会的进步和发展,决策活动和决策内容越来越复杂,单靠若干谋士的才智已很难应付面对的决策问题,于是就出现了各种支持管理和决策的职能部门;近代随着科学技术尤其是信息技术和信息的高度发展,又出现了支持决策的智囊机构和计算机应用系统。因此,决策支持实体就包括谋士、职能部门、智囊机构和计算机应用系统。应利用计算机存储能力强,存储信息恒稳,信息提取和模拟分析速度快、"照章办事"等特性进行信息搜集、信息提取;利用人类的知识和计算机系统帮助决策者了解、分析决策问题,确定可行性方案,并对实施过程进行管理,及时反馈信息给决策者。

决策支持的作用就是创造一种决策分析环境。在此环境下,一方面决策者能够充分利用其已有的经验、知识,主动利用决策支持系统提供的各种分析工具如模型、情景分析模块、信息咨询模块等进行分析,不断地获得所需求的信息;另一方面决策支持系统也能在一定程度上对决策者进行诱导,帮助其获得非自求的信息。这样决策者能够和决策支持系统双向互动,不断深入地分析问题,最终做出有效的决策。

中枢系统、咨询系统和信息系统构成了现代管理的决策系统。在这个完整的系统中,三者是互相联系,不可分割的。在现代管理中,只有依靠信息系统提供真实丰富、准确可靠的信息,决策和咨询才有了科学的基础;只有经过咨询系统的充分研究和论证,决策也才会更加科学和可靠。当然,离开了中枢系统,咨询系统和信息系统的作用也无法发挥。中枢系统在决策中起着最终的关键作用,科学决策是中枢系统、咨询系统和信息系统共同作用的结果。决策在现代管理中发挥着至关重要的作用。在现代社会化大生产以及激烈的市场竞争中,管理者怎样进行决策以及做出什么样的决策,决定了一个企业、组织的发展前途和命运。一个管理者只有充分意识到决策的重要性,熟悉各种现代决策技术和方法,建立科学完善的决策体制,才能在正确的决策下引领组织的顺利发展。总而言之,决策是管理活动中关键性的环节,决策是否正确,关系到管理工作全局的成败。决策错了,全盘皆输;决策正确,便能保证管理工作的成功。

8.2 非确定型物流系统决策

非确定型决策,是指在可供选择的方案中存在着两种以上的自然状态,而且这些自然状态所出现的概率是无法估测的。越是高层,越是关键的决策,往往是非确定型决策。

由于决策方案制定者与决策者只知道未来可能呈现出多种自然状态,但对每一种自然状态出现的概率全然不知,无法直接得出哪一个方案好或差的结论,所以在比较不同方案时,就只能根据主观的一些原则来进行选择。不同的决策人员有不同的决策结果,因此对非确定型问题决策时,应该首先确定决策准则。

8.2.1 平均准则(Laplace 准则)

这种方法假定各种自然状态发生的概率相等,计算方案损益期望值,进而以损益期望值为决策标准。这种决策的出发点是,既然不能肯定哪种状态比另一种状态更可能出现,就认为各种状态出现的概率相等。

决策步骤:编制决策损益表(损益矩阵);按相等概率计算每一个方案的平均收益值;选择平均收益值最大的方案作为最佳方案。

8.2.2 乐观准则(max-max 准则)

如果决策者比较乐观,认为未来会出现最好的自然状态,所以不论采用何种方案均可能取得该方案的最好效果,那么决策时就可以首先找出各方案在各种自然状态下的最大收益值,即在最好的自然状态下的收益值,然后进行比较,找出最好自然状态下能够带来最大收益的方案作为决策实施方案。这种决策原则也叫"最大收益值规则"。这种决策的思路是,从最有利的结果出发,以在最有利的结果中取得最有利的结果的方案作为最优方案(与悲观准则刚好相反)。

决策步骤:编制决策损益表(损益矩阵);计算找出各个方案的最大收益值;选取最大收益值最大的方案作为最佳方案。

8.2.3 悲观准则(max-min 准则)

悲观准则与乐观准则相反,决策者对未来比较悲观,认为未来会出现最差的自然状态,因此企业不论采取何种方案,都只能取得该方案的最小收益值。所以在决策时,首先计算和找出各种方案在各种自然状态下的最小收益值,即与最差自然状态相应的收益值,然后进行比较,选择在最差的自然状态下仍能带来最大收益(或最小损失)的方案作为实施方案。这种方法也叫"小中取大规则"或"最小最大收益值规则"。这种决策的思路是,从最不利的结果出发,以在最不利的结果中取得最有利的结果的方案作为最优方案。

决策步骤:编制决策损益表(损益矩阵);计算找出各个方案的最小收益值;选取最小收益值最大的方案作为最佳方案。

8.2.4 折中准则(Hurwicz 准则)

这种方法认为应在两种极端中求得平衡。决策时,既不能把未来想象得如何乐观,也不能描绘得太悲观。最好和最差的自然状态均有出现的可能。因此,可以根据决策者的判断,给最好自然状态一个乐观系数,给最差自然状态一个悲观系数,两者之和为1,然后用各种方案在最好自然状态下的收益值与乐观系数相乘所得的积,加上各种方案在最差自然状态下的收益值与悲观系数的乘积,得出各种方案的期望收益值,然后据此比较各种方案的经济效果,做出选择。这种方法也叫乐观系数准则。乐观系数准则比较接近实际,但乐观系数的决定很关键,常带有决策者的主观性;如果乐观系数以出现的自然状态概率推算,则非确定型决策又转变为风险型决策了。这种决策的思路是,对悲观准则和乐观准则进行折中。决策时,先根据个性、经验选定乐观系数 α,然后按乐观和悲观两个方面计算折中值。

决策步骤:编制决策损益表(损益矩阵);计算各个方案的折中收益值;选择折中收益值最大的方案作为最佳方案;折中收益值=α×最大收益值+$(1-\alpha)$×最小收益值。

α 的取值在 0~1 之间,α 越大,最大收益值对结果的影响越大。

当 $\alpha=0$ 时,即为悲观准则法。

当 $\alpha=1$ 时,即为乐观准则法。

8.2.5 后悔准则(Savage 准则)

决策者在选定方案并组织实施后,如果遇到的自然状态表明采用另外的方案会取得更好的收益,企业在无形中遭受了机会损失,那么决策者将因此而感到后悔。后悔值原则就是一种力求使后悔值尽量小的原则。根据这个原则,决策时应先计算出各种方案在各种自然状态下的后悔值(用方案在某自然状态下的收益值去与该自然状态下的最大收益值相比较的差),然后得出每一种方案的最大后悔值,并据此对不同的方案进行比较,选择最大后悔值最小的方案作为实施方案。这种方法也叫"最小最大后悔值规则"。思路是希望找到一个方案,当此方案执行后,无论自然状态如何变化,决策者产生的后悔感觉都最小。

后悔感觉的大小用后悔值表示。在每一自然状态下,每一方案的收益值与该状态的最大收益值之差,叫作后悔值。

决策步骤:找出各个自然状态下的最大收益值,定其为该状态下的理想目标;将该状态下的其他收益值与理想目标之差,作为该方案的后悔值,将它们排列成一个矩阵,称为后悔矩阵;找出每一方案的最大后悔值;选取最大后悔值最小的方案作为最佳方案。

8.2.6 非确定型决策准则的比较

实际工作中采用哪一种决策方法有相当程度的主观随意性。一般来说,悲观准则主要由那些比较保守稳妥并害怕承担较大风险的决策者所采用;乐观准则主要是由那些对有利情况的估计比较有信心的决策者所采用;平均准则和折中准则主要由那些对形势判断既不乐观也不太悲观的决策者所采用;后悔准则决策方法主要由那些对决策失误的后果看得较重的决策者所采用。

例 8.2 根据资料,一条集装箱船舶每个航次从天津到厦门港所需的舱位数量可能是下面数量中的某一个:100,150,200,250,300,具体概率分布不知道。如果一个舱位空着,则在开船前 24 小时起以 80 美元的低价运输。每个舱位的标准定价是 120 美元,运输成本是 100 美元。假定所准备的空舱量为所需要量中的某一个:

方案 1:准备的空舱量为 100;
方案 2:准备的空舱量为 150;
方案 3:准备的空舱量为 200;
方案 4:准备的空舱量为 250;
方案 5:准备的空舱量为 300;

决策问题:如何准备合适的空舱量?

因为各事件状态出现的概率未知,因此属于非确定型决策问题。

需求的舱位数为 a_i,准备的舱位数为 b_j,损益值为 c_{ij},根据计算可以建立下面的损益矩阵(表 8.4)。

表 8.4 损益矩阵表

空舱量 \ 需求量	a_1 (100)	a_2 (150)	a_3 (200)	a_4 (250)	a_5 (300)
b_1(100)	2 000	2 000	2 000	2 000	2 000
b_2(150)	1 000	3 000	3 000	3 000	3 000
b_3(200)	0	2 000	4 000	4 000	4 000
b_4(250)	−1 000	1 000	3 000	5 000	5 000
b_5(300)	−2 000	0	2 000	4 000	6 000

损益值 = 收入 − 成本 = a_i×标准定价+剩余舱位×折价−b_j×成本单价

如:$c_{11} = a_1 \times 120 - b_1 \times 100 = 2\,000$(美元)

$c_{41} = a_1 \times 120 + (b_4 - a_1) \times 80 - b_4 \times 100 = 100 \times 100 + (250 - 100) \times 80 - 250 \times 100 = -3\,000$(美元)

从损益矩阵可以看出,不同方案的赢利结果不同。可能赢利多的方案有可能出现亏损,风险也相对大,各种准则决策结果见表 8.5。

表 8.5 决策结果

准 则	最佳方案	准 则	最佳方案
平均准则	第 3 方案	折中准则	第 1 方案
悲观准则	第 1 方案	后悔准则	第 3 方案
乐观准则	第 6 方案		

其中折中准则决策中，$\alpha=0.3$。

后悔矩阵见表 8.6。

表 8.6 后悔矩阵

空舱量 \ 需求量	a_1 (100)	a_2 (150)	a_3 (200)	a_4 (250)	a_5 (300)
b_1(100)	0	1 000	2 000	3 000	4 000
b_2(150)	1 000	0	1 000	2 000	3 000
b_3(200)	2 000	1 000	0	1 000	2 000
b_4(250)	3 000	2 000	1 000	0	1 000
b_5(300)	4 000	3 000	2 000	−1 000	0

8.3 风险型物流系统决策

8.3.1 损益期望准则

1. 风险型决策概述

风险型决策问题具有以下基本特点：第一，每个被选方案都受到不能肯定的外部环境状态的影响；第二，每个方案可能遇到的自然状态可以估计出来；第三，各种自然状态出现的概率可以估计出来。

不同方案在不同自然状态下的损益值可以计算出来，但在未来的时间内，究竟会出现哪种状态是不能确定的，只知道各种自然状态出现的概率。因此，无论采取哪种方案，都具有一定的风险。解决风险决策问题的方法有损益期望值准则和决策树法。

2. 不同标准的决策方法

常用的方法有：以期望值为标准的决策方法、以等概率（合理性）为标准的决策方法、以最大可能性为标准的决策方法等。

（1）各种方法描述。以期望值为标准的决策方法：以收益和损失矩阵为依据，分别计算各可行方案的期望值，选择其中期望收益值最大（或期望损失值最小）的方案作为最优方案。

以等概率（合理性）为标准的决策方法：由于各种自然状态出现的概率无法预测，因此假定几种自然状态的概率相等，然后求出各方案的期望损益值，最后选择收益值最大（或期望损失值最小）的方案作为最优决策方案。

以最大可能性为标准的决策方法：此方法是以一次试验中事件出现的可能性大小作为选择方案的标准，不是考虑其经济的结果。

（2）各种方法的适用场合。

① 以期望值为标准的决策方法一般适用于几种情况：概率的出现具有明显的客观性质，而且比较稳定；决策不是解决一次性问题，而是解决多次重复的问题；决策的结果不会对决策者带来严重的后果。

② 以等概率(合理性)为标准的决策方法适用于各种自然状态出现的概率无法得到的情况。

③ 以最大可能性为标准的决策方法适用于各种自然状态中其中某一状态的概率显著地高于其他方案所出现的概率,而期望值相差不大的情况。

3. 损益期望值准则

(1) 损益期望值的含义。所谓损益期望值就是某方案实施后在各种自然状态下可能得到的损益值的"期望"。这里的"期望"是概率论中的一个数学概念,表示若干随机数值的概率平均值。

(2) 损益期望值的计算。损益期望值的计算方法是将每一个被选方案在不同状态下的损益值与对应的状态概率相乘之后相加。计算出损益期望值后,选择收益值最大或损失值最小的方案作为最优方案。

(3) 方法描述。已知:

风险型决策的决策空间为(可选择的方案):$\boldsymbol{a}=\{a_1,a_2,\cdots,a_m\}$;

风险型决策的状态空间为(可能存在的自然状态):$\boldsymbol{s}=\{s_1,s_2,\cdots,s_n\}$;

各自然状态的概率集合为:$\boldsymbol{p}=\{p_1,p_2,\cdots,p_n\}$;

各方案在各种自然状态下的损益值为:$\boldsymbol{v}=\{v_{ij}\}, i=1,2,\cdots,m; j=1,2,\cdots,n$。

要求:根据损益期望值选择最优方案。

第 i 个方案的损益期望值公式如下:

$$E(a_i)=\sum_{j=1}^{n}v_{ij}p_j \quad (i=1,2,\cdots,m)$$

8.3.2 决策树法

1. 决策树的基本原理

决策树法的基本原理是以损益期望值为依据,通过计算损益期望值做出决策。所不同的是决策树法是一种图解法,能够直接反映决策的过程,对分析较复杂的决策问题更有效。

2. 决策树的构成

决策树由四个要素构成:决策点、方案分枝、状态点和概率分枝。分析决策问题时首先画决策点,决策点一般用方框表示,决策点下引出方案分枝,有几个方案引几条方案分枝。方案分枝下是状态点,状态点一般用圆圈表示,状态点下引出概率分枝,有几种状态就引几条概率分枝。在每条概率分枝上注明该种自然状态以及该自然状态出现的概率,同时在概率分枝的末端标注方案在该自然状态下的损益值。决策问题一般有多种方案和多种自然状态,所以有多条枝线,在画决策树时一般由左向右,由简向繁,根据问题的层次展开构成一个树形图,如图 8.4 所示。

决策树由五要素构成:决策点,方案枝,状态点,概率枝和结果点。

3. 决策树的步骤

(1) 画出决策树;

(2) 计算各概率枝的期望值,$E=$收益×收益年限×概率;

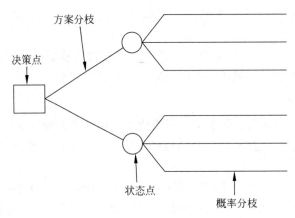

图 8.4 决策树

(3) 计算状态点上的期望值,E＝各概率枝期望值之和－方案投资度;

(4) 方案选优,剪枝。

4. 决策树的应用

应用决策树法决策时,计算过程一般从右向左,逐步后退。根据右方的损益值和状态树枝上的概率值,计算该方案在不同状态下的期望值,并根据计算的损益期望值选择方案,选择后舍弃的方案称为"剪枝",最后决策点只留下一条树枝,这就是决策的最佳方案。

例 8.3 某企业规模扩张,拟订两个建厂方案,新建大厂需投资 300 万元,建小厂需投资 160 万元,方案的使用周期均为 10 年,方案的自然状态概率和年收益如表 8.7,问如何决策?

表 8.7 损 益 表 1

自然状态 \ 方案年收益	大厂	小厂	概率
畅 销	100	40	0.7
滞 销	－20	10	0.3

解 第一步:画出决策树(图 8.5)。

第二步:计算各状态点期望值。

$E_1 = (100 \times 10 \times 0.7) + [(-20) \times 10 \times 0.3] - 300 = 340$

$E_2 = [(40 \times 10 \times 0.7) + 10 \times 10 \times 0.3] - 160 = 150$

第三步:比较各状态点的期望值可知,新建方案较好。

若上例中分前三年和后七年考虑,前三年销路好的概率为 0.7,如果前三年销路好,则后七年销路好的概率是 0.9,若前三年销路差,则后七年销路肯定差。

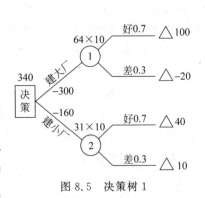

图 8.5 决策树 1

试问在这种情况下应采用哪种方案?

解 画出决策树(图 8.6),计算状态点的期望值可知,应该选择建大厂。

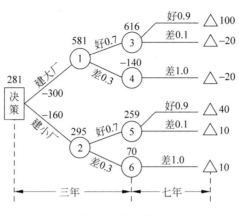

图 8.6 决策树 2

延续上例,先建小厂,如销路好,三年后扩建,扩建需追加投资 140 万元,扩建后可使用七年,每年的损益值与大厂相同,将该方案与建大厂的方案比较,优劣如何?

解 画出决策树(图 8.7),计算状态点的期望值可知,应该选择建大厂。

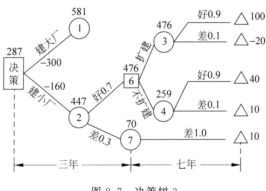

图 8.7 决策树 3

8.3.3 风险决策的灵敏度分析

1. 风险决策灵敏度分析概述

在决策过程中,自然状态出现的概率值变化会对最优方案的选择造成影响。概率值变化到什么程度才引起方案的变化,这一临界点的概率称为转折概率。对决策问题做出这种分析,就叫作灵敏度分析。

2. 灵敏度分析的步骤

(1) 求出在保持最优方案稳定的前提下,自然状态出现概率变动的容许范围;

(2) 衡量用以预测和估算这些自然状态概率的方法,其精度是否能保证所得概率值在此允许的误差范围内变动；

(3) 判断所做决策的可靠性。

8.3.4 效用概率决策方法

1. 效用概率决策概述

效用概率决策方法是以期望效用值作为决策标准的一种决策方法。

(1) 效用。决策人对于期望收益和损失的独特兴趣、感受和取舍反应就叫作效用。效用代表着决策人对于风险的态度，也是决策人胆略的一种反映。效用可以通过计算效用值和绘制效用曲线的方法来衡量。

(2) 效用曲线。用横坐标代表损益值，纵坐标代表效用值，把决策者对风险态度的变化关系绘出一条曲线，就称为决策人的效用曲线。

2. 效用曲线的类型

效用曲线(图 8.8)可以分为以下三种类型：

(1) 上凸曲线。代表了保守型决策者。他们对于利益反应比较迟缓，而对损失比较敏感。大部分人的决策行为均属于保守型。

(2) 下凸曲线。代表了冒险型决策者。他们对于损失反应迟缓，而对利益反应比较敏感。

(3) 直线。代表了中间型决策者。他们认为损益值的效用值大小与期望损益值本身的大小成正比，此类决策人完全根据期望损益值的高低选择方案。

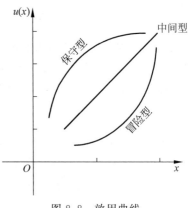

图 8.8　效用曲线

3. 使用效用概率决策方法的步骤

(1) 画出决策树图，把各种方案的损益值标在各个概率枝的末端。

(2) 绘出决策人的效用曲线，可使用提问法得到决策者的效用倾向，然后用五点法绘制效用曲线，假设存在两种方案 A_1, A_2。

A_1：无风险可得一笔金额 x_2；

A_2：以概率 p 得一笔金额 x_3，以概率 $(1-p)$ 损失一笔金额 x_1。

不失一般性取 $x_1 < x_2 < x_3$，用 $u(x_i)$ 表示金额 x_i 的效用值。

在某种条件下，决策者认为 A_1, A_2 两方案等效，衡量公式为：

$pu(x_1) + (1-p)u(x_3) = u(x_2)$，其中有 p, x_1, x_2, x_3 共 4 个变量，已知其中 3 个可定第 4 个。

一般的做法是固定 $p=0.5$，每次给出 x_1, x_3，通过向决策者提问确定 x_2，用平衡公式求出 $u(x_2)$，定 5 个点作图。

例如，某次决策中，可能的最大收益是 200 万元，可能的最大损失为 100 万元，所以 $u(200)=1, u(-100)=0$。

令 $x_1=-100, x_3=200$，决策者认为 $x_2=0$，计算得 $u(0)=0.5$；

令 $x_1=0, x_3=200$,决策者认为 $x_2=100$,计算得 $u(100)=0.75$;
令 $x_1=-100, x_3=0$,决策者认为 $x_2=-50$,计算得 $u(-50)=0.25$。
利用上述效用值,绘制效用曲线,如图 8.9 所示。

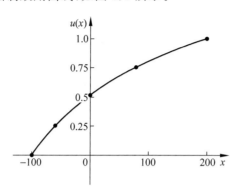

图 8.9 五点法绘制效用曲线

(3) 找出对应于原决策问题各个损益值的效用值,标在决策树图中各损益值之后。

(4) 计算每一方案的效用期望值。以效用期望值作为评价标准选定最优方案。

4. 效用概率决策方法的应用

对于例 8.3 的问题,最大可能收益值是 700 万元,即建大厂且销路较好,得到 $u(700)=1$。而最大的损失值是 500 万元,也就是建大厂但销路很差,得到 $u(-500)=0$。与决策者沟通,得知其效用曲线如图 8.10。

由效用曲线得到 $u(240)=0.82$,$u(-60)=0.58$,绘制决策树。

因而如果按决策者的效用曲线来判断,应该建小厂比较合理。

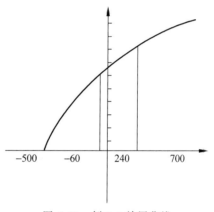

图 8.10 例 8.3 效用曲线

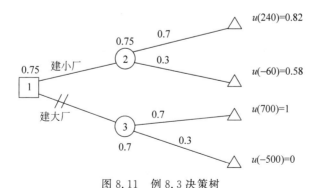

图 8.11 例 8.3 决策树

本章小结

物流系统决策是物流系统管理中必然包含的管理内容,物流决策正确与否,关系到预期目标能否实现、物流运作的效率高低甚至是区域经济的兴衰。

物流系统决策的决策者、自然状态、损益值和可选方案是决策的基本要素。此外,决策问题的类型和管理体制也都决定了决策的方法和流程。

常见的物流系统决策主要有确定型决策、非确定型决策和风险型决策。其中非确定型决策的决策准则有平均准则、乐观准则、悲观准则、折中准则和后悔准则。风险型决策主要的方法有决策树方法和损益矩阵法。

复习与思考

1. 什么是风险型决策?
2. 决策有哪些类型?划分依据是什么?
3. 风险型决策经常应用的方法有哪些?实践中如何选择这些方法?
4. 计算题

某厂准备生产一种新的电子仪器。可采用晶体管分立元件电路,也可采用集成电路。采用分立元件电路有经验,肯定成功,可获利 25 万元。采用集成电路没有经验,试制成功的概率为 0.4。若试制成功可获利 250 万元,若失败,则亏损 100 万元。

(1) 以期望损益值为标准进行决策。

(2) 对先验概率进行敏感性分析。

(3) 规定最大收益时效用为 1,亏损最大时效用为 0。决策者认为稳得 25 万元与第二方案期望值 100 万元相当。要求用效用概率决策法进行决策,并与(1)的决策结果比较。

5. 某企业准备生产一种新产品,有三种方案:新建、扩建、改建。这三种方案在不同的自然状态下的收益如下表,试用乐观准则法、悲观准则法和后悔准则法进行决策。

万元

年收益 \ 自然状态 方案	畅 销	一 般	滞 销
新建	110	50	−5
扩建	60	35	10
改建	40	25	20

案例

中石化物流供应链管理决策支持项目

1. 公司简介

中国石油化工集团公司（简称中国石化集团公司，英文缩写 Sinopec Group）是 1998 年 7 月国家在原中国石油化工总公司基础上重组成立的特大型石油石化企业集团，是国家独资设立的国有公司、国家授权投资的机构和国家控股公司。中国石化集团公司注册资本 1 049 亿元，总经理为法定代表人，总部设在北京。中国石化集团公司对其全资企业、控股企业、参股企业的有关国有资产行使资产受益、重大决策和选择管理者等出资人的权利，对国有资产依法进行经营、管理和监督，并相应承担保值增值责任。

中国石化集团公司控股的中国石油化工股份有限公司先后于 2000 年 10 月和 2001 年 8 月在境外境内发行 H 股和 A 股，并分别在香港、纽约、伦敦和上海上市。

中国石化集团公司主营业务范围包括：实业投资及投资管理；石油、天然气的勘探、开采、储运（含管道运输）、销售和综合利用；石油炼制；汽油、煤油、柴油的批发；石油化工及其他化工产品的生产、销售、储存、运输；石油石化工程的勘探设计、施工、建筑安装；石油石化设备检修维修；机电设备制造；技术及信息、替代能源产品的研究、开发、应用、咨询服务；自营和代理各类商品和技术的进出口（国家限定公司经营或禁止进出口的商品和技术除外）。中国石化集团公司在 2023 年度《财富》500 强企业中排名第 6 位。

2. 管理诉求

中国石油化工集团公司希望实现公司全国范围内的数据集中式管理，通过构建集中式决策支持平台，支持全国范围的业务决策多级扩展，使得公司内部的资源可以充分共享，总部可以更加关注诸如资源流向、调运计划、运力资源等有限关键资源，物流部可以实现对区域内的生产企业仓库、配送中心以及网点库的物流资源的集中管理，最终达到总部可以全面控制供应链各环节的管理要求。

另外，中国石油化工集团公司也希望建立以订单处理、业务协同为核心的管理机制，通过加强对物流业务协同的核心经营管理，实现外部单一物流订单向内部多个作业执行指令的转变，当订单处理结束下达以后，各协同机构都可以看到与某订单有关的作业指令单，及时安排本责任范围内的操作，同时实现对物流全过程的业务监控，对运输配送的订单和调拨订单进行全程跟踪，对订单执行过程中的业务异常情况进行实时反馈至调度中心，调度中心根据实际情况进行相应决策，并对业务进行及时调整。

3. 项目实施

中国石化作为中国石油化工行业的龙头老大，其信息化发展一直走在行业的最前沿，它的 ERP 系统项目是由世界知名公司 SAP 完成。此次选中上海博科资讯股份有限公司也正是看重博科公司强大的技术实力以及丰富的行业经验和完善的项目管理实施能力，尤其是在物流供应链软件方面拥有众多成功的知名实施案例。中国石化对此次物流系统项目的要求极其严格，要求项目完成的时间仅有 3 个月。

博科项目小组面对中石化庞大的营销网络和复杂的物流调度决策体系,在如此紧迫的时间和质量要求下刻苦工作,废寝忘食,仅仅2个多月就顺利完成项目调研和现场开发,中国石化物流调度决策支持信息系统项目成功上线,目前已在全国全面推广使用。项目实施所应用的软件平台为上海博科资讯股份有限公司自主开发的Himalaya(喜马拉雅)软件平台,通过平台提供的开放RIA架构,结合J2EE和.NET双重体系的优点,实施人员可以充分保障应用的可扩展性。平台以业务逻辑为驱动,提供面向服务的架构和工具,从而可以达到深度灵活、满足动态需求的客户要求。在本次的项目实施过程中,项目组提出的项目目标为建立中石化国内统一的物流网,支持九个生产企业十一个省的化工销售业务。物流供应链管理决策支持项目范围包括基础信息系统、业务信息系统及管理信息系统三个子系统的构建。通过项目实施帮助中石化构建多级物流网络(生产企业、区域配送中心、网点库),并可以按照销售情况合理安排资源流向。以上项目目标均在本次项目中达成。

4. 应用效果

此次物流供应链管理决策支持项目上线后,中石化建立起了更加完备的现代化物流体系,通过现代化信息技术,企业优化了资源流向,保障了化工产品安全高效的运送,完全达到了项目建设初期提出的"稳定渠道、在途跟踪、提高效率、降低成本"的系统目标。截至目前,本项目已经成为除SAP系统之外支撑中石化化工销售业务板块的第二大管理信息系统。从应用效果的层面看,该系统支撑了中石化全国业务近千亿化工产品的销售和物流配送,支撑了中石化全国各地数百个信息点的同时在线操作,实现了中石化全国各分公司信息的充分共享,系统为中石化整个供应链各环节提供了数百个业务功能,通过系统的实际应用,中石化已节约了大量的巨额交通运输费用,平均每笔业务交货周期也缩短了数天。

5. 物流新模式的拓展

由于中石化物流供应链管理决策支持系统的成功上线,中国石化集团公司采用三种物流模式,这三种物流模式分别为用户到石化厂自行提货,用户到网点(区域代理商)提货,销售分公司直接将货送到用户手中。三种模式执行三种不同的价格,到石化厂自行提货享受厂价,网点提货为区域价,送货上门模式采用送货价。此举目的旨在降低物流成本,提高配送效率,增强对用户的服务。三种物流模式对中石化而言,可谓开了先河,更是一种变革。此前数十年,中石化采用的都是用户到石化厂自行提货或用户到网点提货两种模式,而这种变革,得益于中石化对于物流调度决策支持管理水平的提升。

(资料来源:中国物流与采购联合会网站)

参 考 文 献

[1] 王勇,刘永.运输与物流系统规划[M].成都:西南交通大学出版社,2018.
[2] 程士国,朱冬青,杨一姬,张越作.花卉低碳冷链物流系统的构建与绩效研究[M].昆明:云南大学出版社,2021.
[3] 刘新全.多方法物流系统仿真教程[M].北京:北京理工大学出版社,2019.
[4] 赵雷,房泓任.电商物流[M].济南:山东科学技术出版社,2022.
[5] 张莉莉,姚海波,熊爽.现代物流学[M].北京:北京理工大学出版社,2020.
[6] 李海民,王珊,陈明佳.物流管理基础[M].北京:北京理工大学出版社,2019.
[7] 宾厚,王欢芳,邹筱.现代物流管理[M].北京:北京理工大学出版社,2019.
[8] 杨清,吴立鸿.冷链物流运营管理[M].北京:北京理工大学出版社,2018.
[9] 张磊,张雪.物流与供应链管理[M].北京:北京理工大学出版社,2021.
[10] 冯国壁,邓亦涛.物流设施与设备[M].北京:北京理工大学出版社,2021.
[11] 彭扬,孙丽.现代物流学案例与习题[M].北京:北京理工大学出版社,2022.
[12] 赵智锋.物流设施设备运用[M].上海:上海财经大学出版社,2017.
[13] 邹娟平,胡月阳,李艳.基于物联网技术的现代物流管理研究[M].青岛:中国海洋大学出版社,2019.
[14] 鲁衎,黄惠春,陈乐群.现代物流基础[M].成都:电子科技大学出版社,2020.
[15] 刘武君,寇怡军.航空货运物流规划[M].上海:同济大学出版社,2020.
[16] 陈惠红,刘世明.区域物流与网络构建研究[M].长春:吉林教育出版社,2019.
[17] 徐小峰.协同物流网络优化:理论、方法与应用[M].北京:科学出版社,2022.
[18] 张乐,王强,宁博.系统综合评价方法及实践研究[M].济南:山东大学出版社,2018.
[19] 周敏.物流系统仿真实验[M].北京:清华大学出版社,2022.
[20] 黄颖,何金聪,蒋俊杰.物流系统仿真与应用[M].北京:清华大学出版社,2021.
[21] 马洪伟.物流系统建模与仿真[M].南京:南京大学出版社,2019.
[22] 戴亚平,贾之阳,赵凯鑫.决策支持系统中的经典与智能化方法[M].北京:北京理工大学出版社,2022.
[23] 唐海萍.系统工程方法与应用——系统分析与决策[M].北京:高等教育出版社,2019.
[24] 毛艳丽,兰征.物流与配送[M].第3版.北京:高等教育出版社,2022.
[25] 蒋宗明,王兴伟,周爽.物流配送管理实务[M].北京:北京师范大学出版社,2022.
[26] [英]杰里·拉德(Jerry Rudd).物流管理实战指南:运输、仓储、贸易和配送[M].欧阳恋群,黄帝 译.北京:人民邮电出版社,2022.
[27] [美]尤西·谢菲(Yossi Sheffi).大物流时代:物流集群如何推动经济增长[M].岑雪品,王微 译.北京:机械工业出版社,2019.
[28] [日]玉木俊明.物流改变世界历史[M].苏俊林,候振兵,周璐 译.北京:华夏出版社,2022.
[29] Leszek Borzemski, Henry Selvaraj, Jerzy witek. Advances in Systems Engineering[M]. Springer International Publishing. 2022.
[30] Azad M. Madni, Barry Boehm, Daniel Erwin, Mahta Moghaddam, Michael Sievers, Marilee Wheaton. Recent Trends and Advances in Model Based Systems Engineering[M]. Springer International Publishing. 2022.

[31] John M. Longshore；Angela L. Cheatham. Managing Logistics Systems：Planning and Analysis for a Successful Supply Chain[M]. Routledge. 2022.

[32] Sarder. Logistics Transportation Systems[M]. Elsevier. 2020.

[33] Heinrich Martin. Warehousing and Transportation Logistics：Systems，Planning，Application and Cost Effectiveness[M]. Springer；Kogan Page. 2017.

教师服务

感谢您选用清华大学出版社的教材！为了更好地服务教学，我们为授课教师提供本书的教学辅助资源，以及本学科重点教材信息。请您扫码获取。

》教辅获取

本书教辅资源，授课教师扫码获取

》样书赠送

物流与供应链管理类重点教材，教师扫码获取样书

 清华大学出版社

E-mail: tupfuwu@163.com
电话：010-83470332 / 83470142
地址：北京市海淀区双清路学研大厦 B 座 509

网址：https://www.tup.com.cn/
传真：8610-83470107
邮编：100084